Dieter Planck, Willi Beck

DER LIMES

in Südwestdeutschland

Limeswanderweg
Main – Rems – Wörnitz

Zweite, völlig neubearbeitete Auflage

Konrad Theiss Verlag Stuttgart

Reihe Hauptwanderwege
des Schwäbischen Albvereins (HW 6)

CIP-Kurztitelaufnahme der Deutschen Bibliothek

Planck, Dieter:
Der Limes in Südwestdeutschland : Limes-
wanderweg Main-Rems-Wörnitz / Dieter Planck ;
Willi Beck. – 2., völlig neubearb. Aufl. –
Stuttgart : Theiss, 1987
(Hauptwanderwege des Schwäbischen Albvereins;
HW 6)
1. Aufl. u.d.T.: Beck, Willi: Der Limes
in Südwestdeutschland
ISBN 3-8062-0496-9
NE: Beck, Willi:; Schwäbischer Albverein:
Hauptwanderwege des Schwäbischen . . .

Redaktion: Gabriele Süsskind

Zweite, völlig neubearbeitete Auflage 1987

Gesamtherstellung: Gulde-Druck GmbH, Tübingen
Printed in Germany
ISBN 3-8062-0496-9

Bildnachweis

Illustrationen:
Christoph Matz, Karlheinz Ponradl, Christoph Rytka,
Heinz Vogel und Gerald Weißhuhn

Fotos:
Bad. Landesmuseum, Karlsruhe: 33
Th. Baumhauer, Zürich: 107
Bay. Landesamt für Denkmalpflege, Nürnberg: 134
W. Beck, Stuttgart 67, 77
R. Bisterfeld, Leinfelden-Echterdingen: 1
Landesdenkmalamt Baden-Württemberg (Karl Natter): 11, 34, 37, 52, 66, 71, 74, 88, 89, 100, 101, 105, 115, 116, 117, 118
Luftbild A. Brugger, Stuttgart: 2 (28948 C), 73 (2/50755), 75 (2/41082), 92 (2/40903), 132 (2/25342) und Einband (2/14497 C)
P. Fuchs, Weinheim: 31
B. Hildebrand, Aalen: 123, 130, 131
U. Pfistermeister, Fürnried: 54, 58
H. Quayzin, Murrhardt: 61
Reutti, Osterburken: 26
H. Rudel: 82
Saalburgmuseum, Bad Homburg: 19
T. Uhland-Clauss, Esslingen: 62, 68

Alle weiteren Fotos wurden vom Landesdenkmalamt Baden-Württemberg, Archäologische Denkmalpflege zur Verfügung gestellt.

Geleitworte

Zu den großartigsten Zeugnissen der römischen Vergangenheit in unserem Lande zählt zweifellos der Limes, der schon seit längerer Zeit nicht nur Fachleute, sondern auch viele Liebhaber der Frühgeschichte und zahlreiche Wanderer anzog. Der Rems-Murr-Kreis mit seinem Limeswanderweg und der Ostalbkreis u. a. haben hier Schrittmacherdienste geleistet. Ein durchgehender Wanderweg und seine Beschreibung, um diese hervorragende Leistung jener Zeit in vollem Umfang zu erleben, fehlte aber bis jetzt.
Das nun vorliegende Limes-Sachbuch verdankt sein Entstehen einer fruchtbaren Zusammenarbeit zwischen dem Landesdenkmalamt, Abteilung Bodendenkmalpflege, dem Schwäbischen Albverein, Odenwaldklub, Welzheimer-Wald-Verein, den Landkreisen, Städten, Gemeinden, Forstämtern und vielen Einzelpersonen. Ihnen allen und dem Konrad Theiss Verlag, der in vorbildlicher, schwieriger Arbeit mit viel Geduld das Zustandekommen dieses wertvollen Buches ermöglicht hat, gebührt ein herzlicher Dank. Dank schulden wir auch jenen, die es durch Zuwendungen möglich machten, daß dem Buch die Wanderkarte beigegeben werden konnte.
Besonders dankbar bin ich aber meinem Freunde Professor Dr. Willi Beck, dem Hauptwegmeister und Hauptkartenwart des Schwäbischen Albvereins. Er hat in außerordentlich mühevoll und langwieriger Erkundungsarbeit, verbunden mit sorgfältiger Aufnahme, den ganzen Limes, zum Teil mehrfach, abgewandert. Zuverlässige Geländeschnitte wurden von ihm gefertigt, die den jeweiligen Strecken vorangestellt sind. Sein Verdienst ist es zudem, daß dem Werk eine vorzügliche Wanderkarte im Maßstab 1:50000 mit Eintragung des Limeswanderweges beigegeben werden konnte. Wer selbst einmal solche Wege im Gelände erkundete, weiß, welch große Aufgabe hier vorbildlich bewältigt wurde.
Es mag die Frage aufgeworfen werden, warum das Taschenbuchformat unserer Reihe »Natur – Heimat – Wandern« verlassen wurde. Verlag, Autoren und Schwäbischer Albverein kamen überein, daß ein so großer Abschnitt am besten in Form eines kombinierten Sachbuches mit Bildband behandelt werden könne.
Ein Sachbuch und Wanderführer zugleich, eine vorbildliche Leistung, der man eine weite Verbreitung und besonders viele Wanderer in unserer schönen Heimat wünschen möchte.

Prof. Dr. Helmut Schönnamsgruber
Präsident des Schwäbischen Albvereins

Die Beschäftigung mit den Zeugnissen der römischen Vergangenheit kann in Baden-Württemberg auf eine fast 400jährige Tradition zurückblicken. Neu belebt und ins Bewußtsein der Bevölkerung gerückt wurde sie um die Jahrhundertwende, vor allem durch die Grabungen und Forschungsarbeiten der Reichslimeskommission.
Der römische Limes als Grenze zwischen dem römischen Weltreich und dem freien Germanien, der Baden-Württemberg auf ca. 180 Kilometer Länge durchzieht und vielerorts auf weiten Strecken verfolgt werden kann, ist seither wohl das bekannteste und meistbesuchte archäologische Denkmal unseres Landes. Römische Wachtürme wurden als markierende Anschauungswerte nachgebaut, Kastelle, Portale und Bäder wurden restauriert, vor allem aber wurden in den letzten Jahren von der Bodendenkmalpflege zahlreiche Ausgrabungen durchgeführt, deren Ergebnisse weit über unsere Landesgrenzen Aufsehen erregt haben.

Das Landesdenkmalamt Baden-Württemberg begrüßt es deshalb außerordentlich, daß es in gemeinsamer Initiative mit dem Schwäbischen Albverein, mit örtlichen Wandervereinen, den Landkreisen, Städten und Gemeinden, den Forstämtern und dem Landesvermessungsamt gelungen ist, einen durchgehenden Limeswanderweg zu schaffen und eine Publikation vorzulegen, die in Text und mit einer hervorragenden Wanderkarte das größte Bodendenkmal Baden-Württembergs in bisher einmaliger Weise erschließt. Möge dieses Buch als archäologischer Wegweiser Anregungen geben zu Ausflügen in die Vergangenheit – nicht zuletzt bei der Jugend und an den Schulen – und beitragen zur Förderung des Geschichtsbewußtseins in unserem Lande.

Prof. Dr. A. Gebeßler
Präsident des Landesdenkmalamtes
Baden-Württemberg

Bei der Arbeit an diesem Buch haben wir von vielen Seiten Hilfe erhalten. Im Gelände waren dies vor allem die Wegmeister und Wegwarte des Schwäbischen Albvereins, der Wegmeister des Odenwaldklubs, Herr R. Müller, Walldürn, die Forstverwaltung, insbesondere die Forstämter, und Herr Dipl.-Ing. Hermann Hess, der unmittelbar bei der Erkundung mithalf.
Für den archäologischen Teil sei stellvertretend Herrn Dr. Rolf-Heiner Behrends und Herrn Dr. Egon Schallmayer vom Landesdenkmalamt Baden-Württemberg, Außenstelle Karlsruhe, Herrn Dr. Philipp Filtzinger vom Württembergischen Landesmuseum und Herrn Kreisarchivar Hildebrand, Aalen, recht herzlich gedankt. In den Dank mit einschließen möchte ich meine Mitarbeiter Dr. Jörg Biel, Gerald Weißhuhn und Monika Streng.

Zur Illustration haben Christoph Matz, Karl-Heinz Ponradl, Christoph Rytka, Heinz Vogel und Gerald Weißhuhn beigetragen. Zahlreiche Aufnahmen von Funden stammen von Karl Natter.
Seit der ersten Auflage hat sich der Wanderweg, der auf der Kartenbeilage verzeichnet ist, in manchen Bereichen verändert. Für die Begehung und Korrektur sorgte der Hauptwegmeister des Schwäbischen Albvereins, Herr Dieter Stark.
Ihnen allen und dem Verlag, vor allen Dingen Frau Gabriele Süsskind, möchten wir herzlich danken.

Im Februar 1987 Dieter Planck/Willi Beck

Inhalt

Der Limeswanderweg

von Willi Beck

Der Limes, die römische Reichsgrenze, zieht sich von der Gegend um Koblenz über 500 km bis zur Donau und ist damit das größte Bodendenkmal in Mitteleuropa, vom Main bis zur Wörnitz sind es allein um 180 km. Pfahlgraben und Teufelsmauer führen vor allem in Baden-Württemberg wie mit dem Lineal gezogen durch große Waldgebiete über Berge und Höhen und durch Täler und Schluchten.
Um diese bau- und vermessungstechnische Leistung ermessen zu können, muß man größere Strecken abgewandert haben. Mit dieser Erkenntnis verband sich der Wunsch, zwischen Main und Wörnitz einen durchgehenden Wanderweg zu erkunden, der, wenn möglich, auf dem Limes selbst liegt oder ihn nahe begleitet. Mit dieser reizvollen, wenn auch sehr strapaziösen Aufgabe konnte gleichzeitig der Plan verwirklicht werden, das Wanderwegenetz des Schwäbischen Albvereins auszubauen. Der Limeswanderweg ist der Hauptwanderweg Nr. 6.
So bietet der Limeswanderweg neben seinen archäologischen Sehenswürdigkeiten landschaftlich ein Erlebnis mit vielen Höhepunkten und wechselnden Eindrücken auf der Strecke vom Main über den Odenwald, die fruchtbare Hohenloher Ebene, die Höhen und Tiefen des Schwäbischen Waldes bis zur Schwäbischen Alb. Die landschaftliche und geologische Vielfalt des südwestdeutschen Schichtstufenlandes in seinem nordöstlichen Bereich ist ein besonderes, immer wieder von neuem faszinierendes Erlebnis.
Der Limeswanderweg ist in Wanderstrecken aufgeteilt. Sie können, müssen aber nicht, einer Tageswanderung gleichgestellt werden. Sie zusammenzufassen oder gar in kleinere Abschnitte zu trennen, ist durchaus möglich und einkalkuliert. Der Reiz dieses Weges wird aber wohl in der durchgehenden Wanderung liegen. Entweder, daß er in etwa zwölf Tagen durchwandert wird oder daß mehrere Abschnitte zu einer Wanderung zusammengefaßt werden. Die Orte, an denen die Tagesstrecken beginnen oder enden, sind durch kurze geschichtliche Abrisse oder andere Hinweise ausgezeichnet. Da eine Landschaft nicht aus ihren geschichtlichen Zusammenhängen gerissen werden kann, kann sie nur verstanden werden, wenn ihre historische Vergangenheit einigermaßen erhellt ist. Doch haben diese Abrisse nur den kleinen Auftrag, auf die Möglichkeiten und Sehenswürdigkeiten hinzuweisen, weniger ihre Hintergründe zu beweisen oder im Detail zu erfassen.
Der Weg ist im ganzen festgelegt, im einzelnen werden sich auf den Wanderstrecken immer wieder Änderungen ergeben. Zu viele juristische, administrative, wirtschaftliche Fragen und

Interessen spielen in den Plan, einen solchen Weg zu verwirklichen, hinein.
Die beigegebene, aus zahlreichen topographischen Karten 1:50000 zusammengestellte Karte ist der eigentliche Leitfaden, nach dem der Weg im Gelände gefunden werden soll. Die Karte ist dem Buch so beigegeben, daß sie auch getrennt benutzt und mitgeführt werden kann. Auf dieser Karte ist nicht nur der Wanderweg farbig kenntlich gemacht, sondern auch der Verlauf des Limes mit seinen Bauwerken.
Topographische Karten enthalten aber darüber hinaus ein weit größeres Informationsangebot. Orts- und Flurnamen können zur geschichtlichen Leitlinie ausgewertet werden. Sie sind am Limes entlang leicht zu entdecken, dank der Namen, die oft Bezug nehmen auf diese Grenze (Pfahl, Hag u. a.). Die Höhenlinien können zu erdgeschichtlichen Hinweisen und Gruppierungen und Formen der Dörfer und Städte zur Siedlungsgeschichte umgemünzt werden.
Den einzelnen Wanderstrecken ist im Buch jeweils ein Geländeschnitt des Limesverlaufs vorangestellt. Es handelt sich dabei um Auszüge aus den Topographischen Karten, zur besseren Veranschaulichung stark überhöht (10fache Überhöhung). Die Höhen entstammen der Topographischen Karte 1:25000. Da die Lage der Wachtürme (WP) in den Karten nicht absolut exakt kartiert werden konnte, sind diese Profile großzügig zu verstehen. Doch genügen sie auch in ihrer geringeren Genauigkeit den Anforderungen durchaus. Nur sollte das überhöhte Bild richtig übersetzt werden. Die Frage, wie die gerade Strecke von 80 km zwischen Walldürn und dem Haghof bei Welzheim von den Römern abgesteckt werden konnte, hat die Fachwelt immer wieder beschäftigt. Auch der Wanderer wird sie sich stellen. Eine endgültige Antwort ist bisher nicht möglich.
Verschiedene Argumente deuten darauf hin, daß Anfangs- und Endpunkt der geraden Strekke festlagen. Dafür spricht die Grundrichtung etwa 30 km östlich parallel zum Neckar, die offenbare Forderung, den Limes nahe Miltenberg an den Main heranzuführen, um dadurch ein Stück des Stromes für die Grenze zu gewinnen (Miltenberg-Großkrotzenburg). Die günstige Lage des Endpunktes im Süden, in seiner Abhängigkeit von der Distanz zum Filstal, dem Verlauf des rätischen Limes etwa parallel zur Rems und dem Schnitt von Stufenrand und Trasse sind Hinweise einer solchen Fixierung. Um diese beiden Punkte aber endgültig zu finden, waren Erkundungen im Gelände unverzichtbar, wobei sicher die gegenseitige Lage bald durch Feuersignale von Holzgerüsten weiter erkundet wurde.

1. Hinweistafel auf den Limeswanderweg

2. Der Limes beim
Haghof (Gde. Alfdorf)

Hammer hat die Genauigkeit der Absteckung des Limesverlaufs durch Rechnung und Schätzung auf ± 2 m eines Punktes ermittelt. Ein überraschend gutes Ergebnis. Er hat daraus geschlossen, daß diese Genauigkeit nur durch ein Verfahren garantiert werden konnte, bei dem von festgelegten Endpunkten aus Zwischenpunkte in die Verbindungslinie eingewiesen wurden. Anders konnte vermutlich schon deshalb nicht vorgegangen werden, weil die Hälfte der Strecke im Wald lag und teilweise auf unbegehbarem Gelände.

Die Geländeschnitte zeigen, daß diesem Verfahren, die gerade Strecke von den Endpunkten aus festzulegen, nichts im Wege stand. Es ist danach davon auszugehen, daß folgendes Verfahren angewandt wurde: Nach Festlegung der vorläufigen Endpunkte bei Wachtposten (WP) 8/1 (440 m NN, Kastell Hönehaus) und Wachtposten 9/116 (560 m NN) bei Kaisersbach wurde zwischen diesen beiden der Wachtposten 9/83 (530 m NN) eingewiesen. Zwischen WP 9/83 und WP 8/1 wurden WP 9/60 (475 m NN) oder 9/62 (480 m NN) eingerichtet. Ein weiterer Zwischenpunkt war 9/51 (410 m NN). Von hier aus war nach Norden weit zu sehen. Zwischen den jeweiligen Endpunkten ist natürlich Sichtverbindung vorauszusetzen, d.h. die Sicht zwischen den Endpunkten bzw. Zwischenpunkten durfte durch kein Hindernis unterbrochen sein. Dank des günstigen Geländeaufbaus (Stufenlandschaft) konnte diese Bedingung relativ leicht erfüllt werden. Mit Licht als Zielzeichen zu arbeiten, wurde ja bis vor kurzem und wird in verfeinerter Form bis heute praktiziert. Nur die Lichtquellen haben sich geändert. Mit Hilfe der Geländeschnitte kann das Verfahren überprüft werden.

Die Endpunkte (8/1 und 9/116) waren allerdings nicht die Schlußpunkte der geraden Linie. Sie lagen 2 km nördlich bzw. 10 km weiter südlich. Der Festlegung der endgültigen Endpunkte der geraden Limesstrecke auf diese kurzen Entfernungen dürften sich aber keine Schwierigkeiten in den Weg gestellt haben.

Die Kennzeichnung des Limeswanderwegs ist im Gelände ein Doppelzeichen, römisches Turmsymbol und roter Strich. Unterstützt werden diese Zeichen noch durch kleine Wegtafeln. Sie tragen die Aufschrift »Limeswanderweg Main–Rems–Wörnitz« oder umgekehrt, entsprechend der Richtung, in die die Tafeln zeigen.

Der Limes, seine Geschichte und seine Bauwerke

von Dieter Planck

Der Limes – als Begriff

Das Wort Limes bedeutet »der künstlich gebahnte und gerade, ein Gebiet durchquerende Weg, eine Vermessungsachse oder ein zwei Gebiete scheidender Weg«. Wir wissen heute nicht sicher, ob das römische Imperium eine Staatsgrenze moderner Definition gekannt hat. Der Limes, den es nicht nur im heutigen Deutschland gab, sondern an nahezu allen römischen Grenzen des Weltreiches, vom Norden bis zum Süden und vom Westen bis zum Osten, bildete mit seinen sehr unterschiedlichen Wehrbauten in der römischen Kaiserzeit die leicht zu verteidigende Grenze des römischen Imperiums. Die Hadriansmauer und der Antoniuswall in Großbritannien sind noch heute eindrucksvolle Zeugen dieser Grenzsicherung. Weitere Limites sind vom Schwarzen Meer zum Euphrat und aus Nordafrika bekannt.

Die Verletzung des Limes löste, wie wir aus der römischen Geschichte wissen, eine Folge von militärischen Aktionen aus. Vor dem Limes bestand in der Regel ein Vorfeld, das auf Sichtweite überwacht werden konnte. Eine Wassergrenze, wie sie etwa der Rhein jahrhundertelang war, gehört eigentlich nicht in den Bereich der Definition »Limes«.

Der äußere obergermanisch-rätische Limes des Römerreiches vom Rhein bis zur Donau stellt in Südwestdeutschland die letzte und am weitesten nach Osten vorgeschobene Grenzsicherung des römischen Imperiums gegen das freie Germanien dar. Diese, insgesamt über ungefähr 500 km lange, stark befestigte Reichsgrenze vom Rhein bei Koblenz bis zur Donau bei Eining, westlich von Regensburg, bildet eines der hervorragendsten archäologischen Denkmäler Mitteleuropas. Wir wissen heute, daß diese Grenze nicht in einem Zug errichtet, sondern von Rhein, Bodensee und entlang der Nordalpen Schritt um Schritt vorverlegt und ausgebaut bzw. befestigt wurde. Zu diesem äußeren obergermanisch-rätischen Limes gehören über 60 größere Auxiliarkastelle, dazu eine ganze Anzahl von kleineren entweder als Kleinkastelle oder Feldwachen bezeichnete Anlagen, und schließlich zählen die mindestens 900 Wachtürme zu der eigentlichen äußeren Grenzbefestigung. Sie dienten der Absicherung und zur Einsichtnahme der Grenzlinie. Diese enormen Wehranlagen sind sprechende Zeugnisse für die Auseinandersetzung zwischen Rom und den Germanen, bis schließlich spätestens im Jahre 260 n. Chr. diese Grenze nach verschiedenen mehr oder weniger erfolgreichen Anstürmen germanischer Heerscharen, insbesondere der Alamannen, endgültig überrannt wurde.

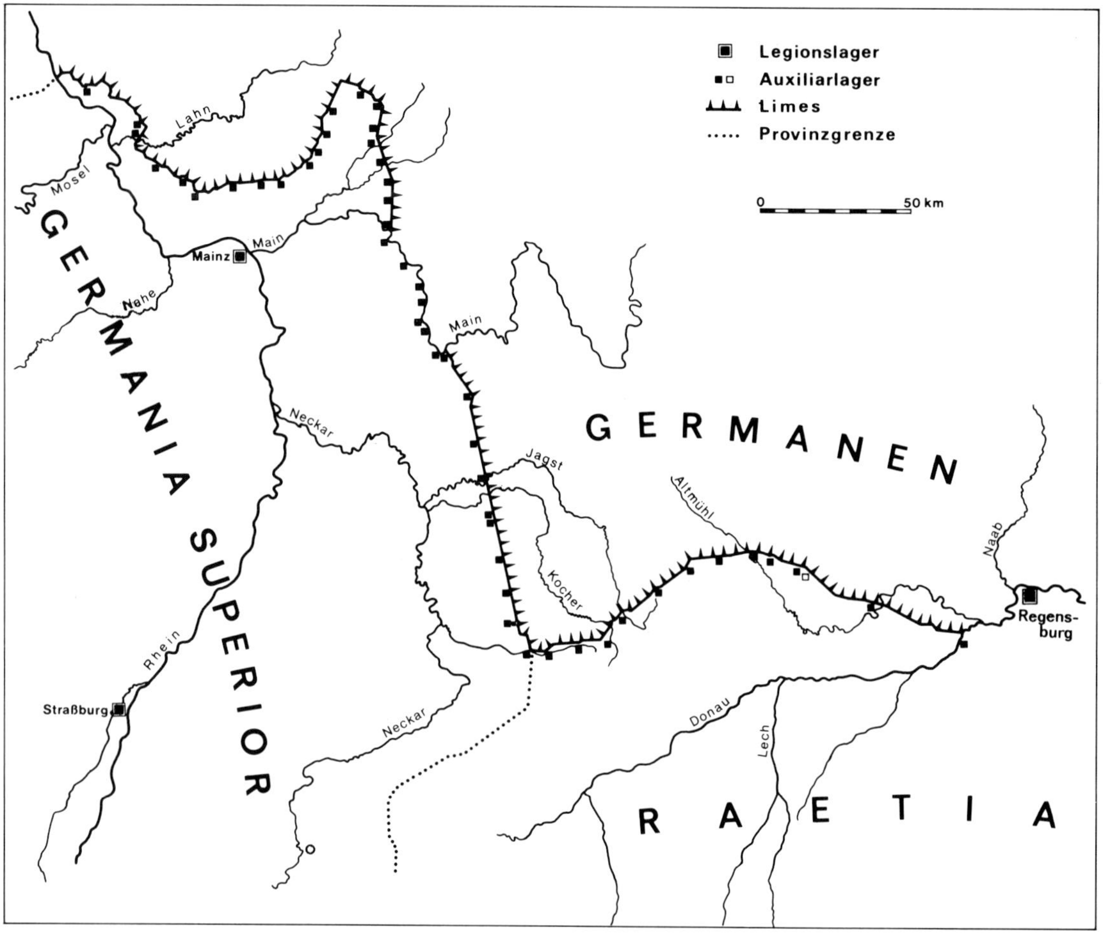

3. Der gesamte obergermanisch-rätische Limes von Brohl am Rhein bis Eining an der Donau mit seinen Kastellen. Letzte Ausbauphase

Der Limes zwischen Main und Wörnitz und seine Erforschung

Der Limes zwischen Main und Wörnitz bildet etwa ein Drittel des gesamten obergermanischen und rätischen Limes. Die Erforschung dieses einzigartigen Befestigungswerkes geht schon ins 16. Jahrhundert zurück. Wesentliche Forschungen wurden dann aber erst im 18. Jahrhundert durchgeführt. Stellvertretend für eine ganze Reihe namhafter Gelehrter sei hier der Hohenloher Archivrat Christian Ernst Hanßelmann genannt, der insbesondere über den Raum Öhringen und Mainhardt in seinem Werk »Beweiß, wie weit der Römer Macht, in den mit verschiedenen teutschen Völkern geführten Kriegen auch in die nunmehrige ostfränkische, sonderlich hohenlohische, Lande eingedrungen« in 2 Bänden 1768 und 1773 veröffentlicht hat. Unter dem Druck von historischen Vereinen, die sich mit der Limesforschung beschäftigten, wurden im 19. Jahrhundert zahlreiche Ausgrabungen durchgeführt, ohne daß allerdings eine systematische und wissenschaftlich saubere Fragestellung vorlag. In der ersten Versammlung des Gesamtvereins der Deutschen Geschichts- und Altertumsvereine im Jahre 1852 in Mainz wurde »ein Beschluß gefaßt, eine Kommission zur Erforschung des Limes imperii romani« einzurichten. Da aber die entsprechenden finanziellen Mittel fehlten, war die Limesforschung einige Jahrzehnte auf die lokalen Vereine bzw. Wissenschaftler beschränkt. In Württemberg wurde 1877 eine Württembergische Limeskommission gegründet, der, außer dem Initiator E. Herzog, auch E. Paulus der Ältere und der Jüngere und Oberstleutnant Fink angehörten. Ihr Arbeitsziel war systematische Strecken-

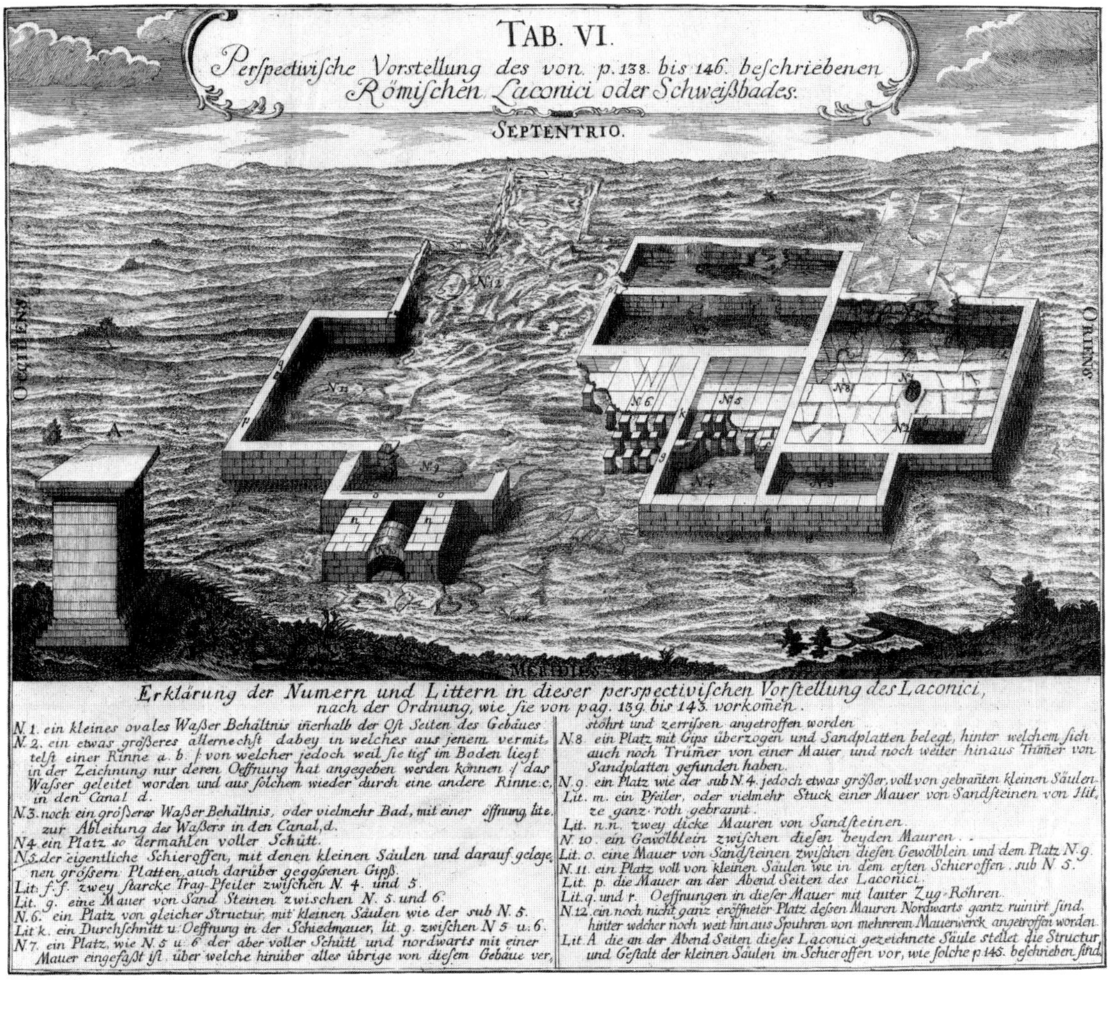

4. Plan des Bades von Öhringen. Aus Chr. E. Hanßelmann, Fortsetzung des Beweißes, wie weit der Römer Macht... (1773)

begehung, kartographische Aufnahme und Ausgrabungen.
Auf Betreiben des berühmten Historikers Theodor Mommsen genehmigte schließlich der Reichstag 1892 die notwendigen Geldmittel zur Einrichtung einer Reichslimeskommission. Diese Kommission, deren Vorsitz zunächst Theodor Mommsen übernahm, begann ihre Arbeit in einer für wissenschaftliche Bereiche beispiellosen Aktivität. Archäologen, Historiker, Altertumsfreunde aus den verschiedensten Berufen, insbesondere aus dem Militär, widmeten sich der Erfassung sämtlicher Befestigungsbauten am äußeren obergermanischen und rätischen Limes und Vorgängeranlagen in dessen Hinterland.
Entsprechend den damals geltenden Landes- und Verwaltungsgrenzen wurde der Limes in Süddeutschland in insgesamt 15 Strecken eingeteilt. Für jede Strecke wurde ein sog. Streckenkommissar eingesetzt, der als Koordinator der an diesem Abschnitt durchgeführten Ausgrabungen und Forschungen fungierte. Diese Einteilung der Reichslimeskommission hat bis heute ihre Bedeutung und ist auch diesem Buch zugrunde gelegt. Der äußere obergermanische Limes umfaßt die Strecken 1–9, der rätische Limes die Strecken 12–15. Der Abschnitt vom Main bis zur Wörnitz gehört zu den Limesstrekken 7, 8, 9, 12 und ein kleiner Teil von 13. Innerhalb der Strecken sind die Türme dann durchnumeriert. Das Ergebnis der Ausgrabungen im Gelände und der Vermessung und Kartierungen erschien in dem großen Werk »Der obergermanisch-raetische Limes des Roemerreiches«, herausgegeben von E. Fabricius, F. Hettner und O. von Sarwey. Die Bände der Abteilung A enthalten die Beschreibung der Limesstrecken mit den Wachtürmen und Kleinkastellen, die der Abteilung B die Limeskastelle. Die 14bändige Veröffentlichung der Reichslimeskommission, kurz Limeswerk genannt, erschien in den Jahren 1894–1937.
Zwischen dem 1. und 2. Weltkrieg fanden am äußeren obergermanischen und rätischen Limes nur vereinzelt Grabungen statt. Insbesondere im Dritten Reich wurde der Forschungszweig »Provinzialrömische Archäologie« weitgehend totgeschwiegen. Nach 1945 wurde unter völlig veränderten Bedingungen wieder mit Grabungen begonnen. Ausgrabungs- und Deutungsmethoden der Feldarchäologie wurden seit Anfang des 20. Jahrhunderts wesentlich verfeinert. Damit waren neue, genaue Ergebnisse zu erwarten. Auch bei der Fundauswertung wurden grundlegende Fortschritte erzielt, hier vor allen Dingen dank der Hilfe der naturwissenschaftlichen Forschung. Sie ermöglichte neue Einsichten in die Chronologie, die Erforschung von Holzbauten, insbesondere das Erkennen von Pfosten und Pfostengräbchen. Damit konnten nicht nur Stein-, sondern auch Holzbauten erfaßt werden. Da der größte Teil der Kastellinnenbauten aus Holz besteht, ist es jetzt möglich, gesamte Kastellgrundrisse zu erkennen. Viele Fragen harren allerdings noch einer Klärung. So ist das Verhältnis zwischen den Germanen und den provinzialrömischen Bevölkerungen diesseits des Limes nur andeutungsweise bekannt. Bebauungspläne von Städten und Gemeinden in den letzten Jahrzehnten machten zahlreiche Grabungen notwendig. Die zuständigen Ämter der Staatlichen Bodendenkmalpflege führten z. T. beachtliche Flächenuntersuchungen durch. Der hier behandelte Abschnitt des Limes wurde besonders vom Landesdenkmalamt Baden-Württemberg, Abteilung Bodendenkmalpflege in Stuttgart und Karlsruhe und vom Bayerischen Landesamt für Denkmalpflege, Außenstelle Würzburg und Nürnberg betreut. In den Jahren nach dem 2. Weltkrieg betrieben die Limesforschung vor allen Dingen die Römisch-Germanische Kommission des Deutschen Archäologischen Instituts und das Saalburg-Museum bei Bad Homburg v. d. Höhe und einige andere Institutionen. Namen wie W. Schleiermacher, H. Schönberger und D. Baatz seien hier stellvertretend genannt. Größere For-

schungsvorhaben wurden entweder von der Deutschen Forschungsgemeinschaft oder vom Land Baden-Württemberg finanziert. Die wissenschaftliche Arbeitsweise hat sich so verfeinert, daß heute fundierte Fachkenntnisse für Ausgrabungen Voraussetzung sind, damit die Befunde nicht zerstört werden.
Nicht nur Mauern, sondern vor allen Dingen auch Bodenschichten sind für die wissenschaftliche Deutung von allerhöchstem Wert. Ein unsachgemäßer Eingriff in eine Bodenschicht kann deshalb weitreichende Zerstörungen des Befundes zur Folge haben. Aus diesem Grunde haben u. a. die Landtage von Baden-Württemberg und Bayern Gesetze erlassen, nach denen Ausgrabungen jeglicher Art nicht ohne Genehmigung der zuständigen Bodendenkmalpflege durchgeführt werden dürfen. Nicht selten kommen bei Bauarbeiten auch Bodenfunde ans Tageslicht. Für sie besteht eine Meldepflicht.

Vorläufer des obergermanisch-rätischen Limes

Nach dem Scheitern der ersten offensiven Germanienpolitik unter Kaiser Tiberius im Jahre 17 n. Chr. bildeten die Grenze des römischen Weltreiches der Oberrhein, der Hochrhein und eine Kette von militärischen Stationen am Nordrand der Alpen, u. a. die Lager für Hilfstruppen in Kempten, dem antiken Cambodunum, und auf dem Lorenzberg bei Epfach. Doch noch in der Regierungszeit von Kaiser Tiberius und seinem Nachfolger Caligula und schließlich vor allem unter der Regentschaft von Kaiser Claudius wurde die Grenze zur Donau vorgeschoben und durch eine Kette von Kohortenkastellen von Hüfingen donauabwärts abgesichert. Neuerdings lassen sich auch bei Nersingen und Burlafingen Kleinkastelle nachweisen. Sie wurden zunächst, wie neue Grabungen in Rißtissen, Unterkirchberg und Oberstimm zeigten, als reine Holz-Erde-Lager errichtet und sind in ihrer Spätphase z. T. mit Steininnenbauten ausgestattet worden. Gleichzeitig mit dem Donaulimes wurde auch die Provinz »Raetia« gegründet. Vom Kastell Hüfingen führte eine Straße durch den Schwarzwald hinab ins Rheintal zu dem dort nachgewiesenen gleichzeitigen Kastell Riegel am Nordrand des Kaiserstuhls, von dort in die Nähe von Sasbach, überquerte den Rhein und mündete in der Gegend von Magoldsheim in die römische Rheinstraße auf dem Westufer.
Nach neuesten Grabungen am Oberrhein ist der Rhein zu dieser Zeit nicht mehr als starre Grenze aufzufassen. Vielmehr sind zahlreiche Kastelle rechts des Oberrheins, so in Heidelberg-Neuenheim, Ladenburg a. N. und das erwähnte Riegel am Kaiserstuhl wohl nicht nur als Brükkenköpfe, sondern vielmehr als rechtsrheinische Absicherung des Rheintales zu deuten. Dasselbe gilt wohl auch für das rechte Hochrheintal und den südlichen Schwarzwald.
Unter den drei flavischen Kaisern Vespasianus, Titus und Domitianus, die seit dem Jahre 69 n. Chr. in Rom residierten, wurden in Südwestdeutschland größere Bereiche rechts des Rheins und nördlich der Donau militärisch unterworfen. Während des großen Bataveraufstandes im Jahre 69/70 n. Chr. wurden zur Unterdrückung dieses Aufstandes Truppen aus den östlichen Provinzen, insbesondere aus Noricum, herbeigeholt. Es war damals besonders deutlich geworden, daß eine kürzere Verbindung von Rätien notwendig war.
Kaiser Vespasianus ordnete deshalb eine Vorverlegung der Grenze an. Unter dem Oberbefehl des kaiserlichen Legaten Cnaeus Pinarius Cornelius Clemens wurde spätestens 73/74 n. Chr. eine Straße durch den Schwarzwald von Argentorate (Straßburg) das Kinzigtal aufwärts über Rottweil nach Tuttlingen an die Donau angelegt. Die Inschrift auf einem Meilenstein aus Offenburg überliefert diese Verbindung »...ab Argentorate in Raetiam« (von Straßburg nach Rätien). Dem Bau dieser Straße ging unmittelbar die Absicherung des oberen Nekkars um Rottweil und Hüfingen voraus. Zur

Sicherung der Querverbindung von Straßburg nach Rätien wurden weitere Lager errichtet. Dazu gehört ziemlich sicher das Kastell Waldmössingen (heute Stadt Schramberg) und ein mögliches Lager in Tuttlingen. In Rottweil, dem antiken Arae Flaviae, können bis heute insgesamt fünf verschiedene Lager mit sechs Ausbauphasen nachgewiesen werden. Wenn auch bis jetzt die Datierung nicht bei allen Lagern sicher ermittelt werden kann, so ist doch anzunehmen, daß vor allem die Kastelle rechts des Neckars auf Flur »Hochmauren« in jener Zeit entstanden sind. Die Grenze des sog. Donaulimes bestand von Tuttlingen donauabwärts für einige Jahre weiter. Die z. T. zerstörten Kastelle wurden unter Kaiser Vespasian neu aufgebaut, erweitert und teilweise mit Steinbauten ausgestattet. Die Grenzkorrektur der Provinz Obergermanien am oberen Neckar hatte zwangsläufig eine Vorverlegung der Nordgrenze der Provinz Rätien zur Folge. Der Beginn der verschiedenen Kastelle auf dem Kamm der Schwäbischen Alb, die man bis heute als sog. Alblinie oder Alblimes bezeichnet, ist bisher nur sehr schwer zu ermitteln, da in neuerer Zeit kaum Grabungen durchgeführt wurden. Nach diesem Forschungsstand wurde die Grenze nicht gleichzeitig auf die Alb vorverlegt. Zur Absicherung von Rottweil sind das Kastell Sulz und ein im Jahre 1986 entdecktes Kastell beim Häsenbühlhof auf Gemarkung Geislingen am Riedbach wohl schon um 80 n. Chr. errichtet worden. Zu den ersten Lagern auf der Schwäbischen Alb, spätestens zwischen 80 und 85 n. Chr. angelegt, gehörte auch das Kastell Burladingen-Hausen im Zollernalbkreis. Die Kastelle im östlichen Teil der Schwäbischen Alb, so etwa die Kastelle Donnstetten, Urspring, Heidenheim und Oberdorf am Ipf dürften etwas später entstanden sein. Wie die Grabungen im Alenkastell der Ala II Flavia in Heidenheim gezeigt haben, ist mit dem Beginn dieses Lagers nicht vor 90 n. Chr., also in der Spätzeit Kaiser Domitians, zu rechnen. Nach Osten bilden die Kastelle Aufkirchen, Unterschwaningen, Gnotzheim, Weißenburg und Pfünz die Verbindung zur Donau.

Im Jahre 83 n. Chr. besiegte Kaiser Domitian in einem groß angelegten Krieg die Chatten, einen germanischen Volksstamm, der die Grenze des römischen Weltreiches bedrohte. Ein Ausbau des Limes im Taunus-Wetterau-Raum war die Folge dieses Krieges. Nach Süden wurde frühestens um 85 n. Chr. eine Kette von Militäranlagen auf der linken Neckarseite errichtet, die die Verbindung zwischen den Kastellen im Main-Wetterau-Gebiet und denen am oberen Neckar bzw. der Alb schufen. Ob am Neckar entlang nur stützpunktartige Kastelle errichtet worden sind, wie D. Baatz annahm, oder ob gleichzeitig eine Reihe von regulären Kohortenkastellen angelegt wurde, kann bis heute nicht sicher ermittelt werden. Die neuesten Forschungen, insbesondere der Nachweis eines 0,6 ha großen Holz-Erde-Lagers aus der Frühphase des römischen Walheim, scheinen diese Annahme zu bestätigen. Sowohl von Köngen, Stuttgart-Bad Cannstatt, Benningen, Walheim, Heilbronn-Böckingen und Wimpfen, den bisher bekannten Kastellen am mittleren Neckar, liegen Funde vor, die auf einen Beginn dieser Lager um 90 n. Chr. oder wenig später hindeuten. In sämtlichen hier genannten Kastellen wurden ältere Holz-Erde-Kastelle nachgewiesen, die offenbar die gleiche Größe hatten wie die jüngeren Steinlager. Wir möchten annehmen, daß wir auch am mittleren Neckar, ähnlich wie in den anderen Abschnitten des Limes, mit einer einheitlichen Anlage von Kohortenkastellen in der Spätzeit Kaiser Domitians rechnen können. Ob sie allerdings alle gleichzeitig erbaut worden sind, läßt sich aufgrund des derzeitigen Forschungsstandes nicht sagen.

Spätestens in der frühen Regierungszeit von Kaiser Trajan wurde die Verbindung zwischen Neckarlinie und den Lagern am Main hergestellt. An diesem sog. Odenwaldlimes wurde wohl erstmals die Grenze mit Holzwachtürmen und später Steinmauern künstlich befestigt.

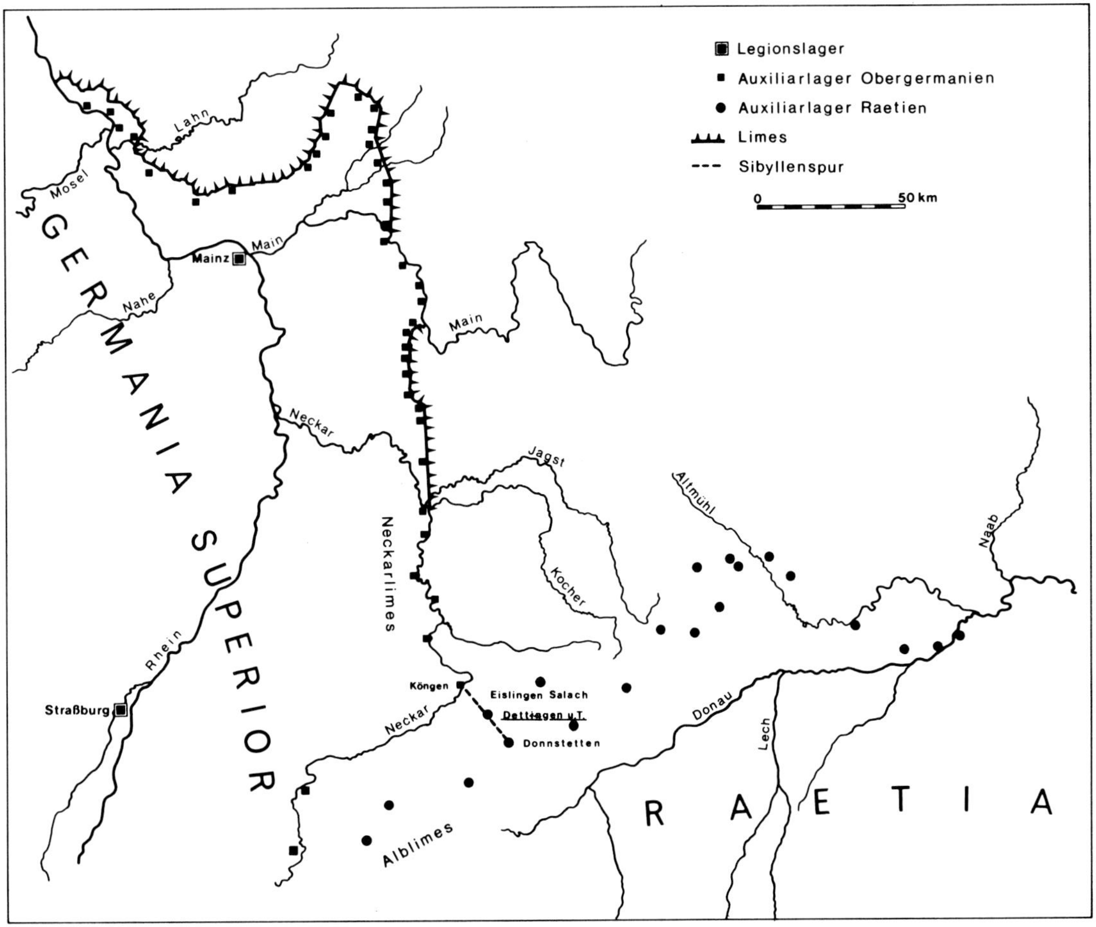

5. Der obergermanische Limes mit Odenwald-, Neckar- und Alblimes um 100 n. Chr.

Kleinkastelle dienten den Wachkommandos als Unterkunft. Sie waren durch einen Postenweg, an dem die Wachtürme aufgestellt waren, miteinander verbunden. Wohl unter Kaiser Hadrian wurden zusätzlich Palisadenzäune errichtet. Damit war der obergermanisch-rätische Limes vom Rhein bis zur Donau lückenlos geschlossen.

1982 konnte die schon lange von Sagen umwobene Sibyllenspur zwischen Dettingen und Owen unter Teck, Lkr. Esslingen, als römische Befestigung im Tal der Lauter ermittelt werden. Sie besteht aus zwei Spitzgräben, die heute noch 3,6 bzw. 2,8 m breit sind. An der Innenseite konnte ein Gräbchen ermittelt werden, das zweifellos als Frontversteifung eines Erdwalls zu deuten ist. Die bisher vorliegenden Funde zeigen, daß diese Grenzbefestigung am Ende des 1. Jh. n. Chr. errichtet wurde und in den ersten Jahrzehnten des 2. Jh. aufgegeben wurde. Es handelt sich hier um ein Limesstück, das den Neckarlimes zwischen Köngen und den Alblimes bei Donnstetten verbindet. Mit diesem sog. Lautertallimes wurde das langgesuchte Bindeglied zwischen obergermanischem Neckarlimes und rätischem Alblimes entdeckt. Ein kleines, ca. 60 × 70 m großes Holz-Erde-Kastell hatte die Aufgabe der Sicherung des Lautertals. Ähnliche Lager sind neuerdings auch vom älteren Donaulimes bei Neu-Ulm bekannt. Es wurde wahrscheinlich ersetzt durch das schon 1966 entdeckte Kastell Eislingen-Salach im Filstal bei Göppingen.

Diese stabile Grenze, markiert durch einen mit Wachtürmen gesicherten Postenweg oder durch einen Fluß wie am Neckar, trug viel dazu bei, daß das Hinterland des Limes, wie zahlreiche Fundplätze mit Keramik des 1. Jahrhunderts n. Chr. zeigen, kurz nach der Sicherung der Grenze dicht besiedelt war. Ein entscheidender Punkt dieser zivilen Entwicklung war erreicht, als um 85 n. Chr. aus den beiden germanischen Heeresbezirken des unteren Heeres und des oberen Heeres reguläre Provinzen geschaffen wurden, so daß der eine Teil dieses Gebiets nun zur Provinz Obergermanien (Germania superior) und der andere Teil zur Provinz Rätien (Raetia) gehörte. Im Schutze dieser befestigten Reichsgrenze wurde nun mit dem Bau der großen direkten Verbindungsstraße von der Provinzhauptstadt Mainz (Mogontiacum) zur Provinzhauptstadt Augsburg (Augusta Vindelicum) begonnen. Diese Hauptverbindungsstraße innerhalb des Limesgebietes führte von Mainz über Großgerau, Gernsheim, Ladenburg, Heidelberg, Stettfeld, Cannstatt, Urspring, Heidenheim und Günzburg nach Augsburg. Dieser Route folgt auch die heutige Bundesautobahn Frankfurt–München. Neben dieser wichtigen großen Durchgangsstraße entstanden aber auch zahlreiche Verbindungsstraßen von Süden nach Norden und von Westen nach Osten.

Im 2. Jahrhundert verlagerte sich der Verkehr deutlich nach Osten. Am mittleren Neckar beim Kastell Cannstatt trafen sich Straßen von Mainz, Straßburg, Wimpfen und Rottenburg. Für den Straßenbau und ihren Unterhalt war der Statthalter der jeweiligen Provinz zuständig. Er beauftragte die Einheiten des Heeres. Die an den Straßen wohnende Provinzbevölkerung innerhalb der Dörfer (vici), Städte (municipia) und Gaue (civitates) mußte das Material, wie Steine und Sand, zur Verfügung stellen.

Hauptmerkmal der römischen Straßen ist die häufig geradlinige Führung. Sie sind in unserem Bereich meist sechs Meter breit und besitzen einen mehr oder weniger guten Unterbau. Unmittelbar neben dem Kastell Benningen am mittleren Neckar im Landkreis Ludwigsburg konnte ein Teilstück einer römischen Straße freigelegt werden. Der Straßenkörper wurde rechts und links von je einem Straßengraben begleitet, in dem bei der Ausgrabung im Jahre 1972 zahlreiche Kleinfunde zutage kamen.

Wann die letzte Grenzverschiebung stattfand, ist nicht genau datierbar, da nicht klar ist, wann die Kastelle auf der Schwäbischen Alb aufgegeben worden sind. Vermutlich wurden die westlichen Lager früher aufgegeben als die östlichen. Einige Lager, wie etwa die Kastelle Burladingen-Hausen, Urspring und Heidenheim wurden noch in Stein ausgebaut und dienten wohl weiterhin als Nachschublager während des Ausbaues der Reichsgrenze. Dagegen ist bei den Kastellen Oberdorf (Stadt Bopfingen, Ostalbkreis), Munningen, Unterschwaningen und möglicherweise auch Nördlingen keine Steinbauphase nachweisbar. Aufgrund der jüngsten Ausgrabungen, bei denen im Kastell Buch Scherben des späten 1. und der ersten Hälfte des 2. Jahrhunderts gefunden wurden, nimmt man an, daß das Kastell Buch am äußeren rätischen Limes für das wohl in trajanischer Zeit aufgegebene Kohortenkastell Oberdorf angelegt wurde.

Gerade die auffällige Verschiedenheit im Ausbau der Kohortenlager am Neckar und im Be-

6. Altar, gestiftet von einem Befehlshaber der 1. Kohorte von Helvetiern im Jahre 148 n. Chr. (gefunden in Heilbronn-Böckingen)

reich der östlichen Alb – am Neckar wurden alle Lager in Stein ausgebaut – könnte ein Hinweis dafür sein, daß am rätischen Limes schon früher als am obergermanischen Limes erneute Grenzkorrekturen geplant und durchgeführt worden sind.

Zu einer letzten Grenzverschiebung und Grenzkorrektur kam es dann noch einmal spätestens um die Mitte des 2. Jahrhunderts n. Chr., als der obergermanische Limes vom Neckar und Odenwald weiter nach Osten vorverlegt wurde. Der Grund für diese erneute Grenzkorrektur ist bis heute schwer nachvollziehbar. Am Neckar-Odenwald-Limes sind durch Inschriften Bautätigkeiten in den Jahren 145, 146 und 148 nachweisbar. In diesen Jahren bestanden also demnach noch diese militärischen Anlagen.

Nur wenige Jahre später wurde die Grenze aufgegeben und vorverlegt. D. Baatz glaubt neuerdings, in gewissen halbfertigen Bauteilen im Bereich der steinernen Umwehrung C des von ihm untersuchten Kastells Hesselbach am Odenwaldlimes Hinweise gefunden zu haben, daß die Aufgabe unmittelbar nach dem Umbau erfolgte. Die Funde vom Kastell Hesselbach bestätigen das Ende der militärischen Anlagen am Odenwaldlimes um die Mitte des 2. Jahrhunderts. Anlaß für die Vorverlegung der Grenze um etwa 30 km nach Osten auf die Linie Miltenberg am Main – Walldürn – Osterburken – Jagsthausen – Öhringen – Mainhardt – Murrhardt – Welzheim – Lorch könnten erste Anzeichen von Unruhen gewesen sein, um damit das Land östlich des Neckars durch eine leicht überschaubare Grenzlinie, den äußeren Limes, zu sichern. Der geradlinige Verlauf erleichtert das Überwachen der Grenze und des Grenzverkehrs zwischen dem römischen Imperium und dem freien Germanien. Die Limeslinie vom Main bis ins Remstal überwachten nun die Besatzungen von acht Kohortenkastellen, neun Kleinkastellen und 267 Wachtürmen. Die Grenze wurde zweifellos unter Kaiser Antoninus Pius ausgebaut. Vielleicht sind schon unter Kaiser Hadrian einzelne »vorgeschobene Posten« am äußeren obergermanischen Limes errichtet worden. Ältere Funde von Miltenberg-Altstadt, Öhringen und Welzheim sprechen dafür.

Der obergermanische und der rätische Limes zwischen Main und Wörnitz während ihres Bestehens

An den äußeren obergermanisch-rätischen Limes wurden, soweit es sich bisher ersehen läßt, die Truppen vom Neckar-Odenwald- und Alblimes vorverlegt. Die Grenze zwischen Obergermanien und Rätien traf sich zwischen Lorch und Schwäbisch Gmünd im Rotenbachtal. Sie wurde mit einer Palisade und mit Stein- bzw. Holzwachtürmen befestigt. Schon unmittelbar nach ihrer Errichtung mußte zwischen 162 und 170 n. Chr. diese Grenze Angriffen der Chatten

standhalten. Während der Markomannenkriege wurde bei deren Vorstoß zwischen 167 und 175 n. Chr. die nördliche Grenze der Provinz Rätien stark in Mitleidenschaft gezogen, vor allem am östlichen Abschnitt des rätischen Limes sind Zerstörungen zu verzeichnen. Inwieweit auch der westliche Abschnitt des rätischen Limes davon betroffen war, kann bisher nicht abschließend beurteilt werden. Zerstörungen an den Kastellmauern in Buch könnten ebenfalls in diese Zeit gehören. In dieser schwierigen Krise des römischen Weltreiches ließ Kaiser Marc Aurel

7. Das Limestor bei Dalkingen, Ostalbkreis, nach der Restaurierung

neue Legionen ausheben und die Legio III Italica nach Rätien verlegen. Sie errichtete das erste Legionslager der Provinz in Castra Regina, dem heutigen Regensburg (179/180). Der Bau der durchgehenden Steinmauer in Rätien und die Anlage von Wall und Graben als Ersatz für die Palisade am äußeren obergermanischen Limes waren wohl die Folge dieser Unruhen.

Im Jahre 213 griffen die Alamannen (in diesem Zusammenhang von den Römern erstmals so genannt) den obergermanischen und rätischen Limes an. Kaiser Caracalla führte gegen diese einen, wenn auch nicht einwandfrei geklärten Krieg. Die Quellen über den eigentlichen Kriegsverlauf sind zwar spärlich, aber eine enorme Truppenkonzentration in diesem Gebiet spricht für ein kriegerisches Unternehmen größeren Ausmaßes. So wurde etwa die Legio II Traiana aus Ägypten und Teile der Legio II Adiutrix aus Pannonien hierher abkommandiert. Nach wenigen Wochen feierte Caracalla in Rom einen Sieg über die Alamannen und nahm am 20. Mai den Titel »Germanicus Maximus« an, in jenen Jahren eine besondere Auszeichnung. Eine Inschrift aus einem römischen Gutshof bei Meimsheim, Lkr. Heilbronn, zeugt vom Sieg über die Germanen, der in Rom am 8. Oktober 213 bekannt wurde. Wie der antike Schriftsteller Cassius Dio berichtet, unternahm Caracalla danach eine Reise nach Rätien und machte einen Abstecher zum Heiligtum des Apollo Grannus in Faimingen an der Donau, das nur knapp 40 km südlich des Limes liegt. Vermutlich inspizierte er auch die Grenze und besuchte möglicherweise das Kastell der Ala II Flavia in Aalen. Das Limestor bei Dalkingen wurde wohl in diesem Zusammenhang mit der triumphbogenartigen Fassade ausgestaltet.

Dieser Feldzug gegen die Germanen führte noch einmal zu einer relativ ruhigen Zeit. Aber schon 233 n. Chr. erschütterten erneute Unruhen im Osten das römische Weltreich, insbesondere Angriffe der Parther. Diese Situation nützten wiederum die Germanen, vor allem die Alamannen aus und griffen an. Zahlreiche Limeskastelle, Gutsanlagen und Städte wurden in jenem Jahr geplündert und zerstört. Zeugnisse sind zahlreiche Schatzfunde in ganz Südwestdeutschland. Ob die Zerstörungen an den Bauten am obergermanischen und rätischen Limes ausgebessert bzw. Neubauten errichtet wurden, ist bis heute noch nicht sicher. Einige Bauwerke wurden auf jeden Fall endgültig aufgegeben, z.B. zeigten die Grabungen im Limestor von Dalkingen, daß dieses Gebäude ausgebrannt ist und nicht mehr erneuert wurde. In Schatzfunden, die von der aufgeschreckten Bevölkerung vor den anstürmenden Alamannen versteckt worden sind, fanden sich neben Geld, Schmuck, Bronze- und Silbergeschirr auch zahlreiche Eisengeräte, zu diesem Komplex gehören auch die jüngsten Funde im Kastelldorf von Buch.

Die Kartierung zeigt Fundstellen, vor allen Dingen entlang der großen römischen Straßen und konzentriert im westlichen Rätien bis zum Allgäu. Die hier ansässige Bevölkerung zog offenbar fluchtartig ins Hinterland. Das römische Mi-

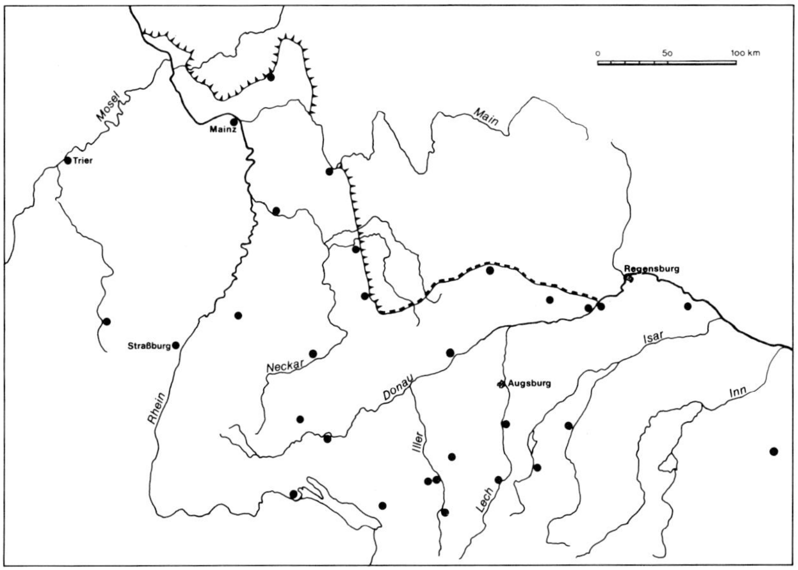

8. Römische Schatzfunde aus der Zeit des Alamanneneinfalls 233 n. Chr.

litär zwang Kaiser Severus Alexander, die von den westlichen Grenzen abgezogenen Truppen wieder dorthin zurückzuführen. Eine Soldatenrevolte in Mainz im Jahre 235 n. Chr. verlangte die sofortige Befreiung ihrer Gebiete. Es kam damals zur Ermordung des Kaisers im März 235 n. Chr. Sein Nachfolger, der zum Kaiser erhobene General Maximus Thrax (235–238 n. Chr.) führte von Mainz aus eine groß angelegte Gegenoffensive über den Rhein hinweg in das germanische Gebiet und vertrieb die Alamannen aus dem besetzten Limesgebiet. Nach einer kurzen Zeit des ruhigen Wiederaufbaus durchbrachen die Alamannen vermutlich um 242 n. Chr. erneut den rätischen Limes im östlichen Bayern. Zerstörungen in den Kastellen Gunzenhausen, Kösching und Künzing lassen auf einen örtlich begrenzten Einbruch schließen. In den folgenden Jahren sind immer wieder Vorstöße der Alamannen zu verzeichnen, wie Schatzfunde aus dem Jahr 254 n. Chr. im nordwestlichen Rätien und in der Nordschweiz zeigen. Kaiser Valerian (253–259) beauftragte deshalb seinen Sohn Gallienus (253–268) mit der Verteidigung der westlichen Grenzen.

Innere Unruhen, insbesondere die Machtergreifung des von den pannonischen Truppen zum Kaiser ausgerufenen Ingenuus führten dazu, daß Gallienus den größten Teil der westlichen Truppen nach Osten abkommandierte. Diese Gelegenheit nahmen die Alamannen in den Jahren 259/60 wahr, überrannten die Grenzwachen am äußeren Limes und stießen über den Rhein und die Donau vor. Der im Jahre 259 zum Kaiser ausgerufene Postumus, der sich infolge der inneren Unruhen selbständig gemacht hatte, versuchte den Vormarsch der Alamannen zu stoppen, konnte jedoch lediglich noch die Rheingrenze erhalten. Das rechtsrheinische Gebiet ging für das römische Weltreich verloren. Die militärischen Bauten im rechtsrheinischen Gebiet der Provinz Obergermanien, insbesondere die Grenzbefestigung am äußeren Limes, wurden damals endgültig zerstört. Die Alamannen drängten nach Süden und wurden 260/61 bei Mailand von den Truppen des Kaisers Gallienus geschlagen.

Soldaten am Limes

Die Verteidigung der überaus langen Grenze des römischen Weltreiches, nicht nur zwischen Rhein und Donau, sondern auch im Osten, Süden und Westen erforderte ein gut durchorganisiertes Heer. In der mittleren römischen Kaiserzeit war das römische Heer ein Berufsheer, dessen Soldaten lange dienten. Die einzelnen Armeen in den Provinzen bestanden aus Legionen und aus Hilfstruppen. Die Legionen, deren Soldaten das römische Bürgerrecht besaßen, errichteten ihre Lager im Hinterland. Z. Zt. des Bestehens des äußeren obergermanisch-rätischen Limes gab es in Obergermanien die Legionslager Mogontiacum (Mainz) und Argentorate (Straßburg), in Rätien ab den Markomannenkriegen das Legionslager Castra Regina (Regensburg). Die Legion dieser Zeit hatte eine ungefähre Stärke von 5500 Mann. Sie war in 10 Kohorten eingeteilt, wobei die erste Kohorte etwa 1000 Mann besaß, die restlichen umfaßten je 500 Mann. Die Kohorten waren wiederum in Centurien unterteilt (1 Centurie = 80 Mann, Legion = 64 Centurien). Außerdem gab es kleinere Spezialeinheiten, wie etwa eine Reitereinheit für die Aufklärung. Der Legionskommandeur (legatus), unmittelbarer Beauftragter des Kaisers, war entsprechend seinem Stand aus senatorischem Adel von Rom. Daneben gab es Stabsoffiziere (tribuni militum). Der Lagerkommandant (praefectus castrorum) hatte insbesondere für den Nachschub und die Versorgung der Truppe zu sorgen. Die Centurionen bildeten dann die Führer der jeweiligen Centurie. Zu einer Legion gehörten außerdem noch zahlreiche Spezialeinrichtungen. Handwerksbetriebe, Lazarette und Magazine waren für die Versorgung und für die Ausstattung der jeweiligen Legion verantwortlich. Die großen Legionslager der mittleren Kaiserzeit waren bis zum letzten genau durchorganisiert, berühmt etwa das Legionslager Novaesium (Neuß-Grimlinghausen), das von der Vielschichtigkeit dieser militärischen Einheit zeugt.

Den eigentlichen Schutz der Grenze übernahmen jedoch die Hilfstruppen, nicht die Legionen.

Diese Hilfstruppen (auxilia) rekrutierten sich in der Kaiserzeit aus den Angehörigen der unterworfenen Völker bzw. Stämme. Die Soldaten dieser Einheiten hatten anfangs das römische Bürgerrecht (civitas Romana) nicht, sie erhielten es erst nach 25jähriger Dienstzeit mit der Aushändigung des Militärdiploms. Da auf ihnen sämtliche, in der jeweiligen Provinz stationierten Auxiliareinheiten genannt waren, sind diese Militärdiplome für die Archäologie wertvolle Quellen. Mit dem Erlaß von Kaiser M. Aurelius (Caracalla) Antoninus im Jahre 213, der Constitutio Antoniniana, erhielten dann auch die Auxiliarsoldaten das römische Bürgerrecht.

Die Hilfstruppen waren in Reitereinheiten (alae), Kohorten und Numeri gegliedert. Von ihnen hatten die Reitereinheiten das höchste Ansehen und die größte Bezahlung. Ihnen folgte die Infanterieeinheit (cohors) und schließlich der wohl unter Kaiser Hadrian eingerichtete Numerus. Sowohl bei den Alen, als auch bei den Kohorten gab es zweierlei Stärken, einmal 500, zum anderen 1000 Mann. Sie werden daher als Cohors quingenaria (ala quingenaria) oder Cohors milliaria (ala milliaria) bezeichnet. Auch diese Einheiten besaßen Unterabteilungen, die Ala bestand aus 16 bzw. 24 Turmae, die Turma wiederum aus 30 bis 40 Reitern. Die Kohorten waren in sechs bzw. zehn Centurien eingeteilt. Darüber hinaus gab es gemischte Verbände (cohors equitata), bei denen 120 bzw. 240 Reiter hinzukamen. Der Numerus, wohl ebenfalls eine Infanterieeinheit, bestand in der Regel aus kaum mehr als 200 Mann. Später wurden sie um einiges vergrößert.

9. Der römische Soldat ▷ der mittleren Kaiserzeit, bewaffnet mit Helm, Panzer, Schild, Schwert und Pilum (nach H. R. Robinson)

Außerdem gab es unter den Hilfstruppen zahlreiche Spezialeinheiten. So ist z.B. dank zahlreicher Inschriften bekannt, daß hier die Cohors I Flavia Damascenorum milliaria equitata sagittariorum lag, eine teilweise berittene 1000 Mann starke Einheit, die nach ihrer Rekrutierung ursprünglich aus damaszenischen Bogenschützen bestand. Fast alle Hilfstruppen hatten Beinamen, die zeigten, in welcher Region die jeweilige Hilfstruppe ursprünglich rekrutiert wurde, z.B. die Cohors I Sequanorum et Rauracorum in Miltenberg, die Cohors III Aquitanorum in Osterburken, die Cohors I Germanorum in Jagsthausen, die Cohors I Helvetiorum in Öhringen, die Cohors I Asturum in Mainhardt. Im Laufe der Zeit wurde die Truppe allerdings aus der Zivilbevölkerung des Gebietes ergänzt, in dem sie zu dieser Zeit lag.
Für unser Gebiet besonders interessant sind die sogenannten Benefiziarierstationen. Die Benefiziarier sind in der Regel Legionssoldaten, die vor allen Dingen zur Überwachung der Straßen sowie zur Instandhaltung der Verkehrswege, aber auch zur Kontrolle des grenzüberschreitenden Fernhandels von ihrer Stammeinheit abkommandiert worden sind. Derartige Benefiziarierstationen finden wir häufig an wichtigen Straßenkreuzungen bzw. strategischen Punkten. Insgesamt lassen sich bisher mindestens 14 derartige Militärstationen in unserem Lande nachweisen. Besonders der 1982 in Osterburken entdeckte Weihebezirk der Benefiziarier hat wichtige neue Gesichtspunkte ergeben. Die hier gefundenen, z.T. vorzüglich erhaltenen Weihesteine stammen aus den Jahren zwischen 174 und 238 n.Chr. Die nach Osterburken abkommandierten Soldaten gehörten zur Legio XXII in Mainz, der Legio VIII in Straßburg und der Legio III in Regensburg. Der noch in situ gefundene Weihebezirk, verbunden mit verschiedenen Holztempeln, gab erstmals Einblikke in die Anlage solcher heiliger Bezirke.

10. Zu den Angriffswaffen des römischen Heeres gehörten auch Dolche (gefunden im Kastell Künzing)

Die Bewaffnung

So vielschichtig wie die Organisation, so verschieden war auch die Bewaffnung der Soldaten. Es kann hier nicht der Platz sein, auf die Bewaffnung des römischen Militärs im einzelnen einzugehen, zumal sie sich im Laufe der Jahrhunderte stark verändert hat. Der Legionär in der mittleren Kaiserzeit trug den in jenen Jahren entwickelten Schienenpanzer, meist reich verziert, über einer langen Tunika, und genagelte, halbhohe Stiefel. Als Schutzwaffen dienten neben dem Helm ein rechteckiger, leicht gebogener Schild (scutum). Die Angriffswaffen bestanden in der Regel aus dem Schwert (gladius), dem Dolch (pugio) und der sehr gefährlichen und gefürchteten Wurflanze (pilum). Der Soldat der Hilfstruppe war demgegenüber mit einer dreiviertellangen Lederhose und einer kurzen Tunika bekleidet. Auch er trug einen Schienenpanzer oder ein Kettenhemd, dessen Ränder häufig ausgezackt waren. Zum Schutz des Kopfes trug auch er einen Helm, ein prächtiges Beispiel wurde im Jahre 1978 in einem Brunnen in Buch geborgen. Stark vertreten war die Lanze (hasta) und bei den Reitern ein leichterer, ovaler oder runder Schild (parma). Möglicherweise unter germanischem Einfluß entwickelte sich das Langschwert (spatha), das in den Limeskastellen immer wieder aufgefunden wurde. Die Spezialeinheiten hatten noch die verschiedensten Waffen. Die meisten Auxiliareinheiten hatten außerdem Schleudermaschinen, entweder einarmige zum Werfen schwerer Steinkugeln oder zweiarmige zum Schießen mit leichteren Steinkugeln oder mit Eisenbolzen, die auf den Türmen oder auf speziell hierfür vorgesehenen Bastionen der Lager aufgestellt waren.

Zur Ausrüstung der römischen Truppen gehörte aber auch alles, was zum Bau von Straßen, Häusern und Wasserleitungen an Handwerkszeug benötigt wurde. In fast allen Kastellen, wo in den letzten Jahren Ausgrabungen durchgeführt wurden, findet man neben Teilen der Angriffswaffen Hämmer, Meißel, Nägel, Schaufeln, Hacken usw. Interessant ist, daß die Formen dieser Geräte bis heute größtenteils dieselben sind.

In fast allen Bauten des äußeren obergermanischen Limes fanden sich bei den Ausgrabungen Tongefäße, die darauf hindeuten, daß jeder Soldat sein eigenes Eß- und Trinkgeschirr, sein Küchengerät und seine Lebensmittel bei sich hatte. Unter den Gefäßformen lassen sich neben der glänzend roten Terra sigillata, Töpfe, Schüsseln, Näpfe, Tassen, Reibschalen, Krüge, Becher, Amphoren und schließlich teilweise auch Gläser aussondern.

Jeder Soldat, nicht nur in der Legion, sondern auch in der Auxiliareinheit, hatte für seine tägliche Ernährung selbst zu sorgen. Deshalb finden wir immer wieder neben Handmühlsteinen auch Backöfen und Herdstellen. Aus dem ungemahlenen Getreide wurde eine Art Grütze hergestellt, die auf dem täglichen Speisezettel des Soldaten stand. Das gemahlene Getreide wurde in den Reibschalen weiter verarbeitet. In kleinen Tassen und Schalen befand sich die Würze der Grütze. In großen Amphoren wurden Wein, Öl und Fischsoßen, das sog. Garum, importiert. Die botanische Untersuchung der Füllung von Brunnen 1 im Ostkastell in Welzheim gibt einen kleinen Einblick in den Speiseplan der römischen Soldaten. Daß Obstarten sehr beliebt waren, zeigen Funde von Pflaumen, Kirschen, Pfirsichen, Walnüssen, Haselnüssen u. ä.

In fast allen Kastellen und Limestürmen finden sich aber auch eine große Zahl von Tierknochen, meist von Schwein und Rind, selten solche von Schafen und Ziegen oder von Hühnern, wenige Knochen von Wild, es hat also offensichtlich für die Ernährung keine wesentliche Rolle gespielt.

Die Bauten am Limes und ihre Funktion

Den wichtigsten Teil der römischen Grenzbefestigung bildeten ohne Zweifel die Kastelle. Über 60 derartige Lager, in der Antike Präsidium oder Castellum genannt, wurden dem Limes entlang errichtet. Die Kastelle der Auxiliareinheiten der mittleren Kaiserzeit am Limes zwischen Main und Wörnitz entsprachen im Grundschema dem Legionslager. Dieses hatte eine Innenfläche von 18–25 ha, die Kastelle der Auxiliareinheiten Flächen von 0,6–6,0 ha. Die Größe des jeweiligen Kastells läßt auf die darin stationierte Einheit schließen. Die Kastelle der mittleren Kaiserzeit waren alle rechtwinkelig angelegt mit sich kreuzenden Straßen. Die beiden Hauptachsen des Lagers bildeten die Aus-

11. Bronzener Infanteriehelm, gefunden beim Kastell Buch

fallstraße (via praetoria) bzw. rückwärtige Lagerstraße (via decumana) und die Lagerhauptstraße (via principalis). Vom Haupttor (porta praetoria) gelangte man durch die Via praetoria zum Stabsgebäude (principia) an der Via principalis. Diese verband das rechte Seitentor (porta principalis dextra) und das linke Seitentor (porta principalis sinistra). Um das Stabsgebäude verlief eine Straße, die zum rückwärtigen Tor (porta decumana) führte. In der Mitte des Lagers befand sich ursprünglich beim Marschlager, aus dem letztendlich das in massiver Bauweise errichtete Standlager hervorging, das Feldherrenzelt (praetorium). In der mittleren Kaiserzeit trennte man jedoch das Wohnhaus des Lagerkommandanten vom reinen Verwaltungsgebäude ab, das man dann als Principia bezeichnete. Neben dem Stabsgebäude gab es neu das Wohnhaus des Lagerkommandanten (praetorium). Im mittleren Lagerteil des Auxiliarlagers befanden sich weitere zentrale Versorgungsbauten, wie Getreidemagazine (horrea), Werkstätten (fabricae) u. ä. In der Frühzeit bestanden sämtliche Innenbauten der römischen Lager aus Holz. Während der Anlage des äußeren obergermanisch-rätischen Limes wurden jedoch nach und nach die wichtigsten Innenbauten, wie das Stabsgebäude und das Prätorium, in Stein errichtet. Das übrige Lagerareal bestand beim Kohortenkastell in erster Linie aus Mannschaftsunterkünften, zu denen bei den Alenkastellen selbstverständlich noch die Ställe für die Pferde kamen. In zahlreichen Lagern gab es aber auch ein Lazarett und größere Magazine für die Versorgung der Truppen. Das gesamte Lagerareal war mit einer Mauer, ursprünglich aus Holz und Erde, später aus Stein, umgeben. Ein V-förmiger Graben (Spitzgraben), oft doppelt oder dreifach geführt, diente als Annäherungshindernis. Der Aushub des Grabens diente häufig innerhalb der Mauer als Mauer- bzw. Wallanschüttung, um schneller und leichter auf den Wehrgang zu gelangen. Seltener war die Innenseite des Erdwalls durch eine Holzwand versteift. In Welzheim befand sich innerhalb der Mauer ein hölzerner Wehrgang. Die Befestigung wurde in der Regel überragt von den beiden die Tore flankierenden Tortürmen und häufig von zusätzlichen Zwischentürmen. Die Wehrmauer hatte abgerundete Ecken. Die Höhe der Kastellmauer betrug meist nicht mehr als vier bis fünf Meter, was klar und deutlich zeigt, daß die Limeskastelle keine reinen Wehrbauten, sondern befestigte Kasernen waren.

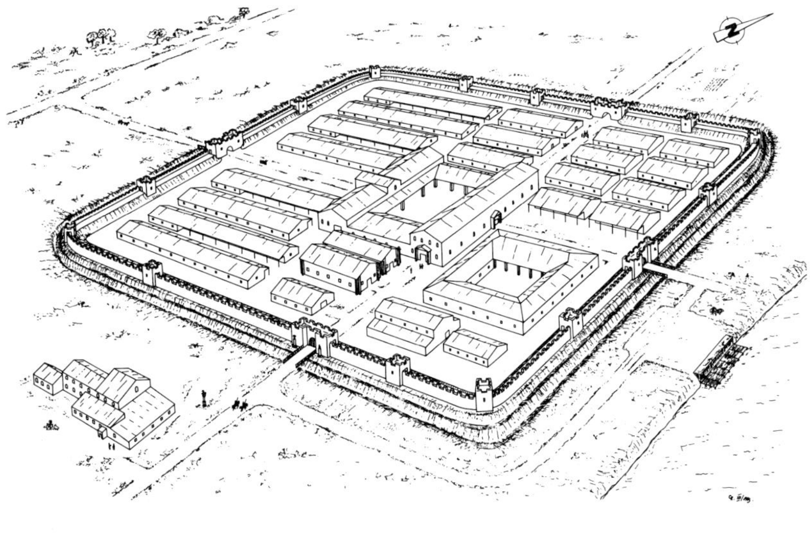

12. Rekonstruktion des sog. Altstadtkastells mit Militärbad und Hafenanlage in Miltenberg (nach B. Beckmann)

Das Stabsgebäude bildete das zentrale Kult- und Verwaltungsgebäude im römischen Lager. Sein Grundriß kann mit Recht vom Forum der römischen Städte abgeleitet werden. Zentrum des Gebäudes war das Lagerheiligtum (sacellum), das neben den Feldzeichen der Truppe das Kaiserstandbild enthielt. Unter diesem Raum war meist ein Keller, in dem der Lagerschatz und die Lagerkasse aufbewahrt waren. Vor dem Fahnenheiligtum war normalerweise eine große, sog. Querhalle, in der die offiziellen Kult- und Verwaltungshandlungen stattfanden. Rechts und links des Fahnenheiligtums befanden sich die Büros (tabularia) für die Verwaltung der Truppe und Versammlungsräume

(scholae) für Offiziere und Unteroffiziere. Vor der Querhalle war in der Regel ein großer, offener Hof, an dessen beiden Seiten die Waffenkammern (armamentaria) lagen. Die große, die Lagerhauptstraße überspannende Halle diente als Antreteplatz für die Truppe.
Der Speicher (horreum) war das große Getreidemagazin des Lagers. Besonders charakteristisch für derartige Magazine sind stützenartige Pfeiler, häufig auch aus Holz, um den Fußboden des Speichers über das Niveau abzuheben und das Getreide trocken lagern und vor unliebsamen Tieren schützen zu können.
Das Wohnhaus des Lagerkommandanten (praetorium) gehörte von der Architektur her zu den großen zivilen Bauten mit einem Innenhof, um den sich die einzelnen Wohnräume gruppierten.
Die Mannschaftsbaracken waren in der Regel große, lange, schmale Holzbauten mit zehn Doppelkammern (contubernia), in denen eine Centurie (ca. 80 Mann) untergebracht waren. Eine Doppelkammer waren Wohn- und Schlafstatt von acht Soldaten. In der hinteren Kammer schliefen sie, in der vorderen befand sich ihr Hab und Gut. Hier finden sich häufig einfache Herde, auf denen die Soldaten ihr Essen kochten. Vor den Räumen lag eine überdachte Vorhalle (porticus). An einer Seite der Mannschaftsbaracke, einem erweiterten Kopfbau, waren die Wohn- und Diensträume des Führers der Centurie (centurio).
Zu jedem Kastell gehörte ein in der Regel außerhalb gelegenes Bad (balineum). Zum Bad, einem großen, prächtigen Steingebäude, teilweise mit über 50 m Länge, gehörte ein Auskleideraum (apodyterium), ein Kaltbad (frigidarium), ein Laubad (tepidarium), ein Heißbad (caldarium) und häufig auch ein Schwitzbad (sudatorium). Die Beheizung der Räume erfolgte durch Warmluft, die unter dem hoch gelegten Fußboden und durch Hohlziegel entlang der Wände zirkulierte (Hypokaustanlage). Kleine Pfeiler aus auseinandergelegten Ziegeln (z. B. Schwäbisch Gmünd und Buch) oder auch massive Steinpfeiler (Walldürn) wurden in bestimmten Abständen auf einen unteren Boden gestellt. Auf diese Pfeiler wurden große Ziegel oder Natursteinplatten als Abdeckung gelegt. Diese Platten bildeten die Grundlage für den eigentlichen, normalerweise aus Mörtelestrich bestehenden Fußboden. In den zwischen Unterboden und eigentlichem Fußboden entstandenen Hohlraum wurde durch Kanäle heiße Luft vom Heizraum (praefurnium) geleitet. Die

13. Rekonstruktion eines Stabsgebäudes (principia), wichtigster Bestandteil des Kastells

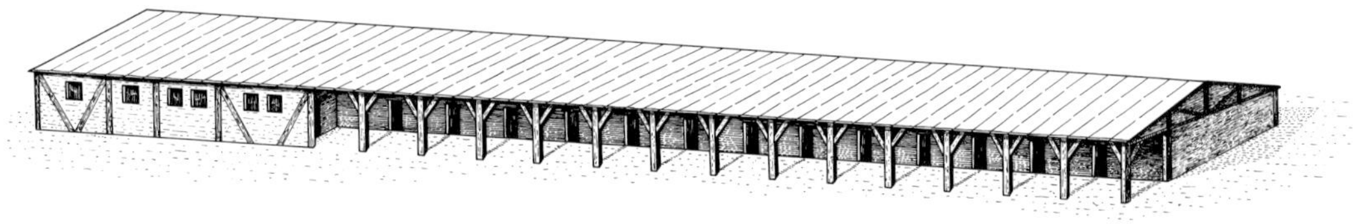

14. Rekonstruktion einer Mannschaftsbaracke. Im Kopfbau waren die Chargen untergebracht (nach D. Planck)

Warmbäder waren außerdem mit Wandheizung ausgestattet. Vierkantige Röhren (tubuli) oder mit Warzen versehene Platten (tegulae mammatae) leiteten die heiße Luft vom Hohlraum unter dem Fußboden an den Wänden hoch. Ein Kamin, der besseren Luftzirkulation wegen meist am entgegengesetzten Ende der Heizanlage, zog die in der Zwischenzeit abgekühlte Luft ins Freie. Das Anheizen und das erstmalige Erwärmen einer Hypokaustanlage war, wie moderne Versuche gezeigt haben, so langwierig und erforderte so viel Heizmaterial, daß diese Badeanlagen wohl ganzjährig betrieben worden sind.
Die am äußeren Limes zwischen Main und Wörnitz bisher bekannten, insbesondere auch durch neuere Grabungen erforschten Bäder gehören durchweg dem sog. Reihentypus an, einer Bauform, die seit dem 1. Jahrhundert typisch für Badeanlagen war. Die Hauptbaderäume wie Auskleideräume, Kaltbad, Laubad und Warmbad sind in einer Reihe hintereinander angeordnet.
Hin und wieder gibt es in der Nähe des Kastells ein Unterkunftshaus (mansio), bekannt z. B. von der Saalburg. Neuere Untersuchungen östlich des Kastells Unterböbingen und südlich des Kastellbades Buch ergaben ebenfalls Steinbauten, die möglicherweise als Unterkunftshaus angesprochen werden können. Sie dienten als Rasthaus für Reisende.
Bei jedem für längere Zeit erbauten römischen Kastell entwickelte sich sehr rasch ein Lagerdorf (vicus), das der Aufsicht des Militärs unterstand, mit ihm wirtschaftlich aufs engste verbunden war und in dem Händler, Handwerker, Gastwirte, Soldatenfamilien und Veteranen lebten. Grabungen in den letzten Jahren im Bereich des Kastelldorfes Buch erbrachten wichtige Aufschlüsse zur Kenntnis dieser Siedlungen. In der Regel entlang einer der Hauptausfallstraßen vom Kastell standen langgestreckte Häuser, mit ihrer Schmalseite zur Straße orientiert. Häufig hatten sie hier einen entweder aus Holz

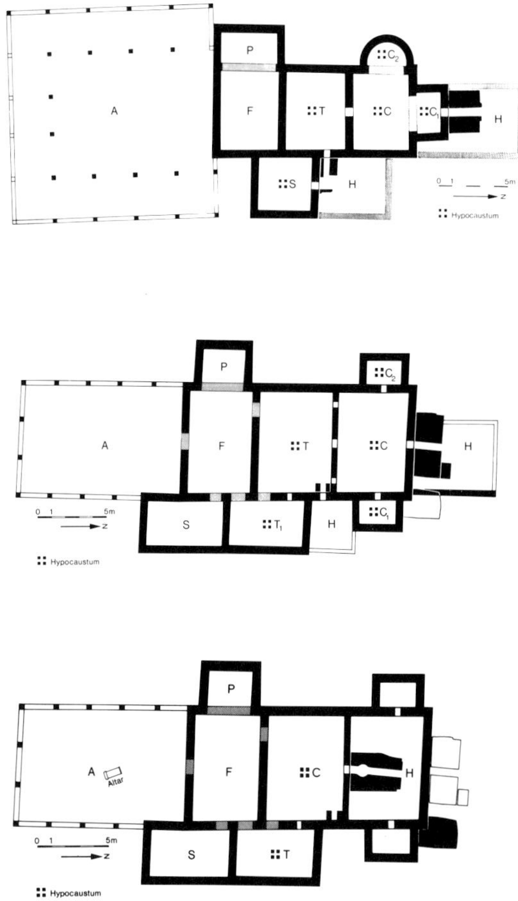

16. Die drei Bauphasen des Kastellbades Walldürn. A Umkleidehalle, F mit P Kaltbaderaum, S Schwitzbad, T, T_1 Laubad, C, C_1, C_2 Warmbad, H Heizraum ▷

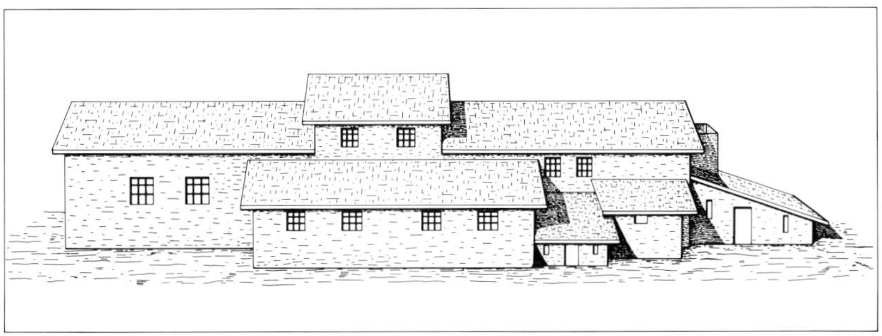

15. Rekonstruktion des Badegebäudes in Walldürn (nach D. Baatz)

oder Stein errichteten Keller. Anläßlich der Untersuchungen im Kastelldorf Buch wurden zahlreiche holzverschalte Keller und Brunnen aufgedeckt, die letzteren lagen teilweise zwischen den Wohnbauten. Zahlreiche Funde, wie Pferdegeschirr, Schreibgriffel, Mühlsteine, kennzeichnen die Bedeutung dieser Orte als wirtschaftlichen Mittelpunkt des Umlandes. Dazu gehörten auch ausgedehnte Handwerkerviertel, insbesondere Töpfereien (z.B. Welzheim oder Osterburken) oder Schmiedewerkstätten (z.B. Buch). Zahlreiche Kultbilder und Heiligtümer in den Dörfern waren nicht nur einheimischen, sondern auch häufig orientalischen Gottheiten geweiht. Zu erwähnen wäre hier ein Mithräum in Osterburken, von dem allerdings bisher nur das eindrucksvolle Kultbild des Mithras bekannt ist, oder Inschriften und Kultbilder des Jupiter Dolichenus aus Aalen.
Auf den Friedhöfen außerhalb des Kastelldorfes wurden Zivilisten und Soldaten beerdigt. In den letzten Jahren sind Gräberfelder mit z.T. mehreren Hundert Bestattungen in Osterburken, Welzheim und Schwäbisch Gmünd-Schirenhof systematisch untersucht worden. Man fand fast nur Brandgräber, wobei sich mehrere Bestattungssitten unterscheiden lassen. Neben dem reinen Urnengrab herrscht das sog. Brandschüttungsgrab vor. Es handelt sich hierbei um eine Grube, in die nach der Verbrennung die Reste des Toten und die dem Toten auf den Scheiterhaufen mitgegebenen Beigaben geworfen worden sind.
Neben den normalen Auxiliarkastellen gibt es am obergermanisch-rätischen Limes kleinere Anlagen, sog. Kleinkastelle. Größe und Struktur dieser Anlagen konnten durch Ausgrabungen von H. U. Nuber 1975 im Kastell Haselburg ermittelt werden. Es handelt sich dabei um Kastelle von ca. 0,2 ha Größe mit nur zwei Toren und einer Mannschaftsbaracke für eine Centurie im Innenraum, d.h. in Lagern dieser Größenordnung lag eine Centurie mit ihren Offizieren. Zu dieser Kastellgruppe gehören wohl noch die Kastelle Altheimer Straße, südlich von Walldürn, Hönehaus und Rinschheim und vielleicht Kastell Freimühle, nordwestlich von Schwäbisch Gmünd. Ob hier reguläre kleine Einheiten lagen oder ob diese Kleinkastelle als Unterkunft für kurzfristig abkommandierte Wachtruppen dienten, kann meines Erachtens bisher noch nicht sicher gesagt werden. Es könnte jedoch sein, daß hier kleine Hilfstruppen dauernd als Besatzung stationiert waren.
Die kleinsten Anlagen bildeten am obergermanischen und rätischen Limes die sog. Feldwachen oder Kleinkastelle. Sie hatten, soweit bisher übersehbar, nur ein Tor und einen U-förmigen Innenbau. Auch hier ist deutlich erkennbar, daß die Mannschaftsbaracke als Vorbild diente. Diesem Kastelltyp gehören die Kleinkastelle Hankertsmühle, Ebnisee, Kleindeinbach, Rötelsee und Orthalde, nordöstlich von Schwäbisch Gmünd an. Bei Grabungen am Kleinkastell Rötelsee 1974 gelang es erstmals, den voll-

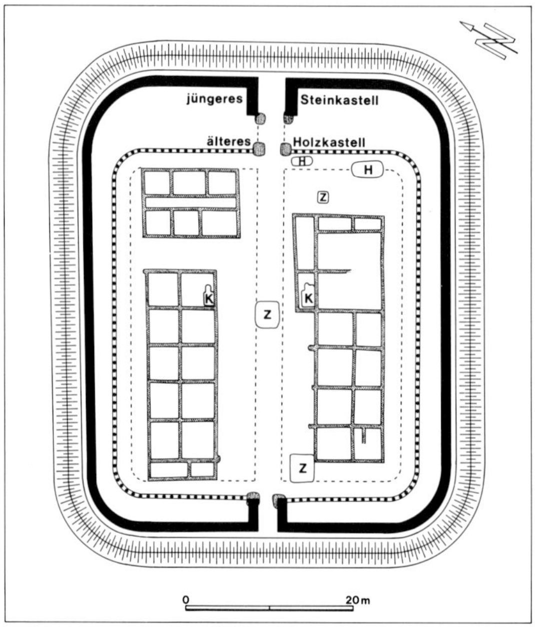

17. Gesamtplan des Kleinkastells Haselburg. Z Zisterne, K Keller (nach H. U. Nuber)

18. Rekonstruktion des Kleinkastells Rötelsee mit umlaufendem Graben

ständigen Grundriß einer solchen kleinen Anlage am südlichen Abschnitt des obergermanischen Limes zu ermitteln. Die massive Umwehrung mit zum Limes hin orientiertem Tor umschließt eine Fläche von 340 qm. In der Mitte des Kastells stand, um einen gepflasterten Innenhof gruppiert, eine U-förmige Mannschaftsunterkunft aus Holz. Die beiden Langseiten hatten zum Hof eine Portikus und waren in insgesamt zwei bzw. drei Räume unterteilt. Die Einheitlichkeit dieser kleinen Anlagen läßt vermuten, daß sie gleichzeitig mit dem Ausbau des Limes mit Wall und Graben gebaut wurden. Ihre Häufigkeit deutet auf Grenzbefestigungen, die der Unterbringung der zur Überwachung der Grenzabschnitte abkommandierten Truppen dienten. 1975 wurde am Ostrand von Mainhardt ein solches Kleinkastell entdeckt, dies weist auf weitere unbekannte Anlagen hin. Vielleicht gab es sie in einem mehr oder weniger gleich großen Abstand am Limes.

Der Limes selbst hatte, wie neuere Grabungen erbracht haben, die verschiedensten Arten von Befestigungen. Am obergermanischen Limes wurden im späten 1. und frühen 2. Jahrhundert Holztürme errichtet. Da am äußeren obergermanischen Limes zwischen Main und Rems bisher allerdings kein hölzerner Turm gesichert werden konnte, ist anzunehmen, daß sich diese auf den Odenwaldlimes beschränken. Die immer wieder beobachteten Pfostengruben und Verfärbungen gehören wohl durchweg zu Vermessungsgerüsten. Die hölzernen Türme waren in der Regel, zur Entwässerung der Turmfläche, von einem kreisförmigen bzw. quadratischen Graben umgeben.

In unwegsamen Gebieten wurden vermutlich breite Schneisen in den Wald gehauen, um die Sichtverbindung von Turm zu Turm herzustellen. Wohl bald erfolgte die Anlage einer hölzernen Palisade als Annäherungshindernis. Um die Mitte des 2. Jahrhunderts wurden die Holztürme fast durchweg durch Steintürme ersetzt. Sie waren quadratisch mit einer Seitenlänge zwischen 4 und 6 m. Die Untersuchung des WP 9/116 beim Spatzenhof auf Markung Kaisersbach im Jahre 1977 ergab einwandfrei, daß der Steinturm ursprünglich von einem ovalen Graben umgeben war und eine kleine Erdbrücke zur Palisade hatte. Wohl als Folge der Markomannenkriege, spätestens unter dem Eindruck der Alamanneneinfälle im Jahre 213 n. Chr., wurde der obergermanische Limes mit Wall und Graben ausgebaut. Diese Reste sind heute auf weite Strecken noch als eindrucksvolles Bodendenkmal erhalten. Die Palisade blieb bestehen, ebenso selbstverständlich auch die Steintürme. Besonders zu erwähnen sind zwischen Miltenberg und Walldürn zahlreiche Wachtürme mit kleineren massiven sog. Nebengebäuden, deren Funktion bisher allerdings nicht sicher gedeutet werden kann.

19. Obergermanischer Limes mit Palisade, Wall, Graben und Steinturm (Rekonstruktion)

Die massiven Steintürme am obergermanischen Limes waren wohl ähnlich wie die Holztürme konstruiert. Der Eingang führte über eine Leiter in das Wohngeschoß, darüber lag das für den Wachdienst bestimmte Obergeschoß mit großen Fenstern. Vielleicht hatten die Türme auch umlaufende Galerien, wie auf dem Relief der Trajansäule in Rom wiedergegeben. In Anlehnung daran wurden die Rekonstruktionen von Mainhardt, Lorch und Buch errichtet.
Am rätischen Limes war die Entwicklung ähnlich, wie die Untersuchungen des Limestores bei Dalkingen erbracht haben, wenn auch das hier ermittelte Ergebnis nicht von vornherein auf den gesamten rätischen Limes übertragen werden kann. Erste Grenzbefestigung bei Dalkingen war ein einfacher Zaun und ein quadratischer hölzerner Turm. Der Zaun wurde später durch eine Palisade ersetzt, von dieser konnte der durchlaufende Palisadengraben aufgedeckt werden. Die Türme dieser zweiten Phase waren wohl auch aus Holz, zumal das Torgebäude dieser Phase noch in Holz errichtet worden war. Als dritte Bauphase konnte ein quadratischer Steinturm erfaßt werden, zu dem vermutlich eine bei diesen Ausgrabungen nicht mehr ermittelte Palisade gehörte. Im späten 2. Jh. wurde schließlich die durchgehende Limesmauer errichtet. Damals wurde der Steinturm abgetragen. Damit wäre die Abfolge der Befestigungsteile am rätischen Limes vollständig erfaßt. Eine sehr ähnliche Periodisierung konnte im Wald Mahdholz bei WP 12/77 nachgewiesen werden durch einen isoliert stehenden Steinturm, der später, als die Limesmauer errichtet war, durch einen jüngeren quadratischen, in die Limesmauer eingebauten Turm ersetzt wurde.
Bei der rätischen Mauer, aber auch beim Wall und Graben des obergermanischen Limes, handelt es sich zweifellos um kein uneinnehmbares Bollwerk, sondern um eine Markierung der Grenze. Die Wirkung dieser Befestigungssysteme ist zunächst militärisch unverständlich, wenn man nur die Mauer bzw. den Wall und den Graben betrachtet. Der immer wieder angestellte Vergleich der chinesischen Mauer, die mit ca. 16 m Höhe zweifellos eine hervorragende Fortifikation bedeutete, mit dem rätischen Limes ist vom Ansatz her falsch. Eingangs wurde erwähnt, daß der Begriff »Limes« eine offene

20. Rätischer Limes. Letzte Ausbauphase mit Mauer und Steinturm (Rekonstruktion)

Bahn bedeutet, die eine Bewegung von Truppen erlaubt. Der Limes war also eine markierte Grenze des römischen Weltreiches und war als Meldelinie Teil eines tiefgestaffelten Verteidigungssystems, zu dem auch die rückwärtigen Lager bis zu den Legionslagern jenseits des Rheins gehörten. Dieses Verteidigungssystem war natürlich nur effektiv, wenn sämtliche Teilbereiche zusammenwirkten. Die äußere Grenzziehung, in der letzten Bauphase durch Wall-Graben bzw. Mauer gekennzeichnet, hatte in erster Linie die Aufgabe einer Meldelinie. Die Wachtürme, die ständig von etwa vier bis fünf Soldaten besetzt waren, waren so angelegt, daß durch Rauchzeichen oder Feuer Meldungen an den nächsten Turm bzw. in das rückwärtige Lager gegeben werden konnten. Ein eindrucksvolles Bild von dieser Funktion der Türme gibt das Relief auf der Trajanssäule, auf dem unmittelbar neben dem Turm ein aufgetürmter Strohhaufen zu erkennen ist und am Obergeschoß des Turmes eine Fackel hervorragt. Auf die Alarmzeichen griffen die Truppen aus dem Lager ein. Bei schweren Angriffen konnten die benachbarten Kastelle bis hin zu den Legionslagern jenseits des Rheins in Anspruch genommen werden. Dies zeigt deutlich, daß die militärische Funktion des äußeren obergermanischen und rätischen Limes in seiner Tiefenwirkung liegt. Der Ausbau des Limes durch verschiedenartige Annäherungshindernisse sollte in erster Linie

21. Taktisches Schema ▷ zur Abwehr eines kleineren germanischen Überfalls am Limes (nach D. Baatz)

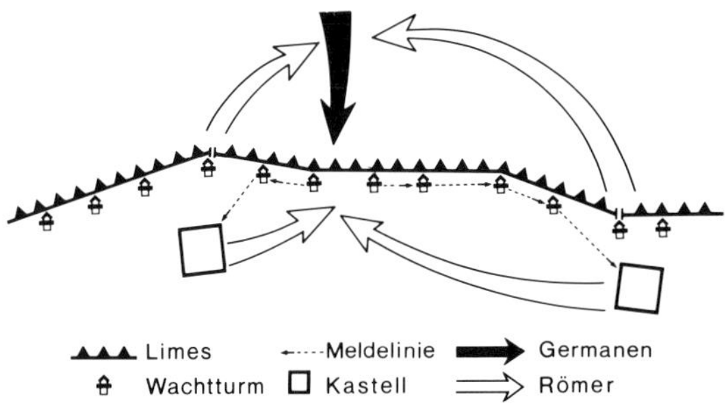

Eindringlinge länger aufhalten. Daneben hatte eine mit Türmen, Palisade, Wall, Graben oder Mauer befestigte Grenze eine psychologische Wirkung und muß den Germanen die Überlegenheit der römischen Zivilisation bewußt gemacht haben, zumal z.B. die rätische Mauer einen weißen Fugenputz mit roten Linien hatte.
Durch den Bau des obergermanisch-rätischen Limes wurde die Grenze an Rhein und Donau erheblich abgekürzt. Um nicht am stark gesicherten Niederrhein und an der eben so schwer befestigten Donaugrenze angreifen zu müssen, zogen die Alamannen den Einbruch am obergermanisch-rätischen Limes vor. Dadurch gerieten sie bei einem tiefen Angriff in die Gefahr, an den Flanken angegriffen, von hinten her abgeschnitten zu werden.
Daß hier aber auch ein reger Grenzverkehr zwischen dem diesseitigen und jenseitigen Land bestand, zeigen zahlreiche Funde außerhalb des obergermanischen und rätischen Limes. Über den Limes liefen zahlreiche politische Verbindungen, vor allem bildete der Handel mit den Germanen eine wichtige wirtschaftliche Grundlage für das Hinterland. Kostbarer Schmuck, Gefäße aus Terra sigillata, Bronze- und Glasgefäße, gefunden bis weit in den ostdeutschen Raum, zeugen von diesen starken Handelsverbindungen. Leider wissen wir über germanische Siedlungen der mittleren Kaiserzeit jenseits des Limes bis heute nur sehr wenig. Im Kochertal können wir zahlreiche Fundstellen aus dieser Zeit nachweisen, die darauf hindeuten, daß in den Flußtälern eine dichtere germanische Besiedlung bestand.

Die zivile Besiedlung im Hinterland des Limes

Im Hinterland des Limes, das sehr dicht besiedelt war, richteten die Römer in den Jahrzehnten nach der Besetzung eine zivile Verwaltung ein. Nach und nach erhielt die dort lebende Bevölkerung hier ein gewisses Mitspracherecht. Ein Teil dieser Verwaltungseinheiten (civitates) ist uns bekannt, u.a. die Civitas Aurelia G.S. mit dem vermutlichen Mittelpunktort Öhringen, die Civitas Sumelocenensis mit Rottenburg, die Civitas Auqensium mit dem Vorort Aquae (Baden-Baden), die Civitas Port... mit Hauptort Port... (Pforzheim). Eine Ausnahme war Arae Flaviae, das heutige Rottweil, das als einzige Siedlung rechts des Oberrheins zur Stadt (municipium) erhoben wurde. Das übrige Land war in römischer Zeit übersät von einer großen Zahl Gutsanlagen und Straßenstationen, die hauptsächlich der Versorgung der Truppen dienten. Die Dörfer und Siedlungen im Limeshinterland waren auf Handwerk und Handel ausgerichtet.

Die Wanderstrecken

Landschafts- und Wegbeschreibungen stammen von Willi Beck, für den archäologischen Teil zeichnet Dieter Planck.

Abkürzungen und Zeichenerklärungen zu den Wanderstrecken

BLM	Badisches Landesmuseum Karlsruhe
LDA	Landesdenkmalamt Baden-Württemberg, Abteilung Archäologische Denkmalpflege
ORL	siehe Literatur
RLK	Reichslimeskommission
WLM	Württembergisches Landesmuseum Stuttgart
WP	Wachtposten, Limesturm. Die darauf folgenden Zahlen geben die Limesstrecke und die Wachtpostennummer nach ORL an. Limesstrecke s. S. 16

Geländeschnitte

—	Limes, nicht sichtbar
▬	Limes, sichtbar
▽	WP, nicht sichtbar
▼	WP, sichtbar
7/37	Streckennummer + WP Nr.

I. Miltenberg–Walldürn

Weglänge 22 km, Wanderzeit 6½ Std. Ausschnitt 1 der beigefügten Karte
Top. Karte 1:50000, L 6320 Miltenberg, L 6322 Wertheim, L 6522 Walldürn

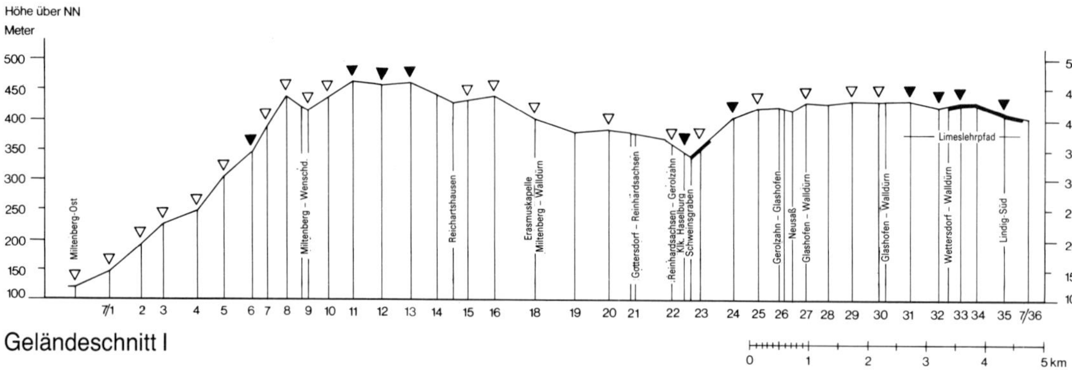

Geländeschnitt I

Miltenberg verdankt der Lage an der Südspitze des Mainknies im steilwandig in den Buntsandstein eingeschnittenen Prallhang am Ende des Durchbruchstals zwischen Odenwald und Spessart seine Stellung in einer langen Geschichte. So liegt im Süden der Stadt auf dem Greinberg (452 m) ein prähistorischer Ringwall, innerhalb dieser Befestigung errichteten die Römer ein Heiligtum für den Gott Merkur, ein zweiter Merkurtempel befand sich auf halber Höhe am Nordhang des Berges. Beide Tempel stehen wohl in unmittelbarer Tradition mit dem Ringwall, der möglicherweise ein Bergheiligtum war. Auf dem Greinberg wurde auch ein römischer Steinbruch entdeckt, in dem der vielbeachtete Toutonenstein, ein unfertiger römischer Grenzstein, geborgen wurde. Er steht heute im Hof der Burg.

Ein Rundgang durch die »Stadt aus Holz«, in der sich das mittelalterliche Stadtbild in seltener Geschlossenheit über Jahrhunderte erhalten hat, ist außerordentlich lohnend.

Das Altstadtkastell

Miltenberg hatte dank seiner strategischen Lage zwei römische Kastelle. Das »Altstadtkastell« liegt etwa 2 km nordwestlich vom heutigen mittelalterlichen Stadtkern westlich der Mud. Es ist

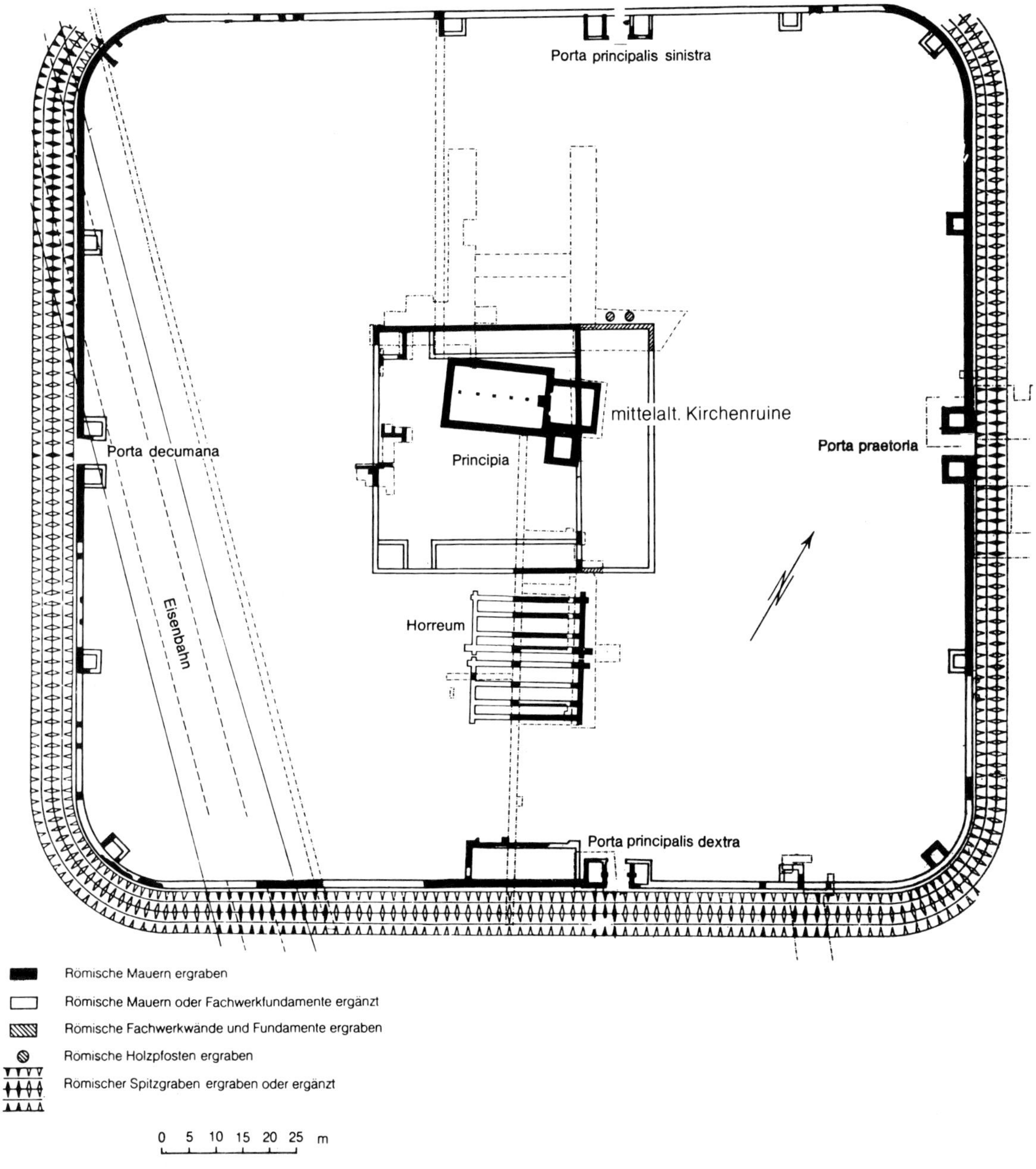

22. Miltenberg. Grabungsplan des »Altstadtkastells« nach Grabungsergebnissen von 1970–1975 (nach B. u. Ch. Beckmann)

das südlichste der Kastelle an der nassen Grenze, am sog. Mainlimes, und zugleich das nördlichste der Kastelle des vorderen und äußeren Limes. Hier begann die Straße vom Maintal zum Rhein und zum Neckar in Richtung Heidelberg–Speyer–Worms. Der Name »Altstadtkastell« rührt von der hochmittelalterlichen Bedeutung des Ortes her. Die Kastellmauern wurden damals wieder aufgeführt und eine befestigte Stadt mit Kirche errichtet, »Walehusen« genannt. Sie ging vor der Mitte des 13. Jh. unter.
Das Kastell (2,7 ha), ein Kohortenkastell, war auf den Main hin orientiert. Sichtbar ist der **Mauerstumpf der Mainfront** des Kastells, ferner Spuren der nordwestlichen Umwehrung am sog. Sprengbornbach, der im Nordwestgraben der Befestigung läuft. Über dem Stabsgebäude (principia, 46 × 44,5 m) wurde im Mittelalter die schon erwähnte Kirche errichtet.
1840 von Th. J. Madler entdeckt, führte Conrady bis 1878 im Auftrag der RLK Untersuchungen durch, die vor allem der Fixierung von Kastellmauer, Toren und Türmen galt. Die von B. Beckmann 1970 aufgenommenen Ausgrabungen ergaben einen Vorgängerbau des Altstadtkastells, Korrekturen am Kastellplan der RLK, insbesondere im Bereich der Befestigung der Tore, und schließlich Ergänzungen im Innenraum. Neben diesen zentralen Bauten konnten Spuren von Mannschaftsbaracken nachgewiesen werden. Besatzung des Kastells war die Cohors I Sequanorum et Rauracorum equitata.
Das Numeruskastell (0,6 ha) Miltenberg-Ost liegt am Ostrand der Stadt in einem mit Einfamilienhäusern bebauten Viertel, etwa 300 m östlich der Luitpoldstraße und 300 m vom Main entfernt und war die Garnison des Numerus exploratorum Seiopensium. Vom Kastell sind heute keine Spuren mehr sichtbar. Es war auf den Main hin orientiert und lag nur wenig von der Limesstraße entfernt, die hier den Berg hinauf in Richtung Wenschdorf steigt.
Von dem sicher recht großen Kastelldorf von Miltenberg sind nur geringe Spuren erhalten.

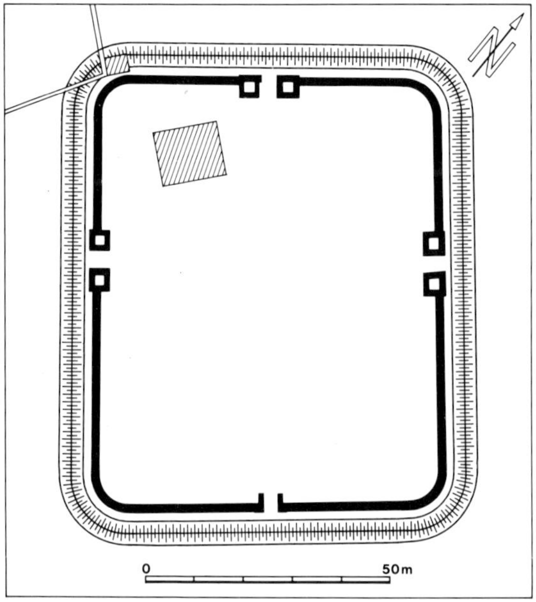

23. Miltenberg. Plan des Ostkastells

Museum der Stadt Miltenberg

Ehem. Amtskellerei am Marktplatz, Öffnungszeiten: Auf Anfrage
In diesem Museum befinden sich zahlreiche archäologische Funde, unter denen vor allen Dingen Kleinfunde aus Metall, Glas, Knochen, aber auch ein umfangreicher Keramikbestand zu erwähnen sind. Die Funde stammen vorwiegend aus den beiden Kastellen Miltenberg-Altstadt und Miltenberg-Ost. Daneben sind vor allem Reste von zwei Merkurtempeln vom Greinberg zu sehen. In dem sehr anschaulichen und umfangreichen römischen Lapidarium befinden sich aus den Kultbezirken der beiden Tempel zahlreiche Weiheinschriften an den Gott Merkur. Aber auch aus den Kastellen und der unmittelbaren Umgebung, also aus dem Lagerdorf geben Weiheinschriften an verschiedene Gottheiten einen interessanten Einblick in

die Religiosität der hier ansässigen Bevölkerung.

Wegbeschreibung

Der Limeswanderweg beginnt am neuen Rathaus, südliche Ecke des Engelsplatzes, und folgt zunächst der unteren Walldürner Straße. Er fällt hier mit einem Wanderweg des Odenwaldklubs zusammen (gelbes Dreieck) und führt zum Naturpark Bergstraße-Odenwald. An der Gaststätte Schützenhaus, nahe dem Höhenpunkt 248, reicht der Blick bis zum Spessart, zum Schnittpunkt des Limes mit dem Main und zum Kloster Engelberg. Auf der Südwestseite des Stephleins-Grabens geht es den Hang hinauf. Die Bergkante, die bei etwa 420 m liegt, bildet das besonders harte Hauptkonglomerat, das den Buntsandstein überlagert.
Der Limes verläßt den Main nahe dem Kastell *Miltenberg-Ost* und zieht an der Südwestseite des kleinen Tales den Hang hinauf. Die ersten sichtbaren Fundamentreste eines Limesturmes, **WP 7/6**, liegen oben an der Steigenklinge im Wald, ungefähr 500 m nordwestlich vom oberen Ende des Tales. Hier wurden auch zwei Nebengebäude ausgegraben; die Grundmauern des größeren, westlich vom Turm, sind heute noch

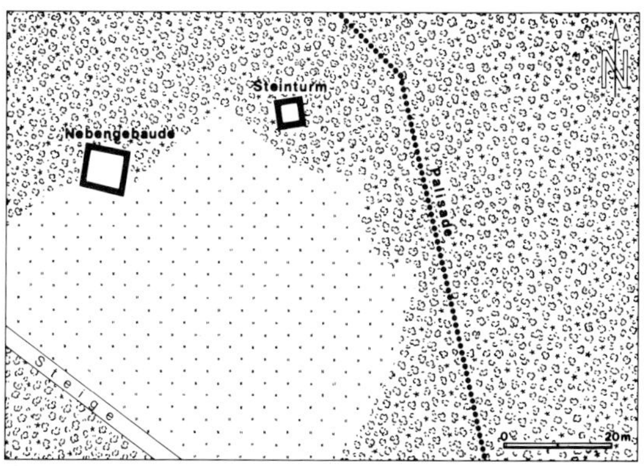

24. Lageskizze von WP 7/6 und Nebengebäude zur Limespalisade

erkennbar. An dieser Stelle trifft der Wanderweg auf die nach Süden abknickende Limestrasse, von der allerdings keine Spuren mehr erhalten sind. Am Ostrand von *Wenschdorf* trifft eine römische Straße auf den Limes, die vom »Altstadtkastell« ausgeht. Sie steigt an der Südwestflanke des Greinberges auf und zieht dann in einem Bogen auf Wenschdorf zu.
Südlich des Ortes sind die Spuren der Wachtürme **WP 7/11** und **12** als flache Hügel im Wald noch zu sehen, ohne daß hier allerdings Spuren des Limes erhalten sind. Im Haagwald nahe dem Waldrand liegt der eindrucksvolle Schutthügel von **WP 7/13**, heute mit Gestrüpp bewachsen. Auch hier fanden sich Reste eines Nebengebäudes. An dieser Stelle, nordöstlich *Reichartshausen*, ändert der Limes seine Richtung wieder. Die Limestrasse verläuft nun in Richtung auf Walldürn. Die mehrfachen Richtungsänderungen vom Main bis nach Walldürn sind zweifellos auf die geographische Lage zurückzuführen. Täler und Einschnitte waren zu umgehen, so daß keine gerade Linie wie von Walldürn bis zum Haghof eingehalten werden konnte. Der nächste Limesturm, **WP 7/17**, in der »Schwarzen Sutte« nahe der Grenze zwischen Bayern und Baden-Württemberg, ist wiederum als deutlicher Schutthügel erkennbar. An der L 518 *Miltenberg–Walldürn* steht eine kleine, dem heiligen Erasmus geweihte Kapelle. Sie liegt unmittelbar innerhalb der Limeslinie. Möglicherweise wurde die Kapelle auf den Grundmauern von WP 7/18 errichtet.
Der Wanderweg entfernt sich schon vor der *Erasmuskapelle* vom Limes, von dem bis WP 7/23 nichts mehr zu sehen ist. Der Weg liegt zunächst im Wald, führt dann durch Ackerfluren nach Reinhardsachsen, wobei sich schöne Ausblicke auf die Geländeformen des Oberen Buntsandsteins bieten. Von Reinhardsachsen aus führt ein Feldweg auf dem östlichen Hang des Heidelbachtales bergauf den Wald entlang. Zum Kastell Haselburg, das außerordentlich sehenswert ist, geht es etwa 600 m nach Reinhard-

sachsen auf der Höhe einer Scheune nach rechts über eine Bachbrücke zur Straße *Reinhardsachsen–Gerolzahn*. Links an dieser Straße ist nach 600 m das Kastell zu sehen.

Kleinkastell Haselburg

Das Kastell liegt ca. 70 m innerhalb des Limes auf einem nach Osten abfallenden Hang, der über dem verlängerten Heidelbachtal liegt. Neben dem Weg durch das Maintal über Miltenberg im Norden und durch das Marsbachtal bei Walldürn im Süden besteht hier eine weitere natürliche Verbindung zwischen Ost und West, zwischen dem Erf- und Mudtal. Von den beiden Toren ist das **Osttor** (Ausfalltor zum Limes) nach den Ausgrabungen 1975 konserviert worden.
Um 1780 wurden für den Bau der Kirche von Reinhardsachsen und danach zum Wegebau zahlreiche Wagenladungen Steine hier abgeführt; die Ruinen müssen also in dieser Zeit noch sehr ansehnlich gewesen sein. Nach Grabungen von W. Conrady im Auftrag der RLK hat H. U. Nuber 1975 im Auftrag des LDA die Kastellanlage vollständig ausgegraben. Dieses Ergebnis ist für die gesamte Limesforschung sehr wichtig. Die Grabung erbrachte eine zweiperiodige Befestigung (siehe Abb. 17). Das ältere Holz-Kastell mit zwei Ausbauphasen (48 × 43 m) hatte eine Holz-Erde-Mauer (Breite 3 m), die an der Außenseite durch eine Bohlenwand gehalten und an der Innenseite durch eine eng gesetzte Pfostenreihe zur Lagerringstraße (via sagularis, Breite 1,8 m) hin abgestützt wurde. Vier große Holzpfosten bildeten eine Durchfahrt (Breite 3 m). Links und rechts der die beiden Tore verbindenden Lagerstraße standen Fachwerkbauten; sie sind unschwer als auf 2 Seiten verteilte Hälften einer Mannschaftsbaracke vom üblichen Schema zu deuten. Die einzelnen Räume zerfielen in einen vorderen, größeren Aufenthalts- und in einen kleineren rückwärtigen Schlafraum. Kopfbau für den Kommandanten der Einheit und Endtrakt für den

25. Kleinkastell Haselburg. Blick auf das konservierte Osttor

Stellvertreter hatten eingetiefte Erdkeller. Ein Gebäude im Nordosten der Anlage mit Mittelgang und jeweils drei etwa gleich großen Räumen rechts und links ist noch nicht gedeutet. Eine große rechteckige Grube im Mittelpunkt des Lagers war laut Ausgräber eine Zisterne. Eine jüngere Zisterne lag vor dem Westtor. Ein Schacht im Südwesten ist möglicherweise mit den dortigen Werkstätten in Verbindung zu bringen. Dieses Holz-Erde-Kastell ist nur wenig nach seiner Entstehung völlig abgebrannt.

Die Befestigung wurde nun nach Osten erweitert und in Stein errichtet (N-S-Ausdehnung 44 m, W-O-Ausdehnung 53 m) mit einer Kastellmauer (Breite 1,2 m), von der nirgendwo mehr aufgehendes Mauerwerk ermittelt wurde. Hinter der Mauer war ein Erdwall (Breite 3 m) angeschüttet, der am Osttor (Breite 3,2 m) gegen die einspringenden Torwangen aufgeworfen wurde. Durch das Tor führten auch, wie meistens, Abwassergräben. Die Innenbebauung der jüngeren Anlage war der älteren wohl ähnlich. Es haben sich nur noch geringe Spuren erhalten. Die gesamte Kastellanlage wurde von einem Graben (Breite 4,8 m, Tiefe 2,3 m) umzogen, der vor den Toren nicht unterbrochen war. Unter dem umfangreichen Fundmaterial ist vor allen Dingen ein Depotfund aus Eisengeräten mit einem Eisenschwert (gladius) mit eingelegtem Dekor interessant. Nach dem Grundriß der Baracke war hier eine Centurie stationiert, die vermutlich dem Kastell Walldürn unterstand.

Kastell Haselburg wurde wohl um die Mitte des 2. Jh. n. Chr. angelegt und bestand aufgrund von Münzfunden mindestens bis 259 n. Chr. An das rückwärtige Kastelltor schloß sich, wie Streufunde zeigen, ein kleiner Kastellvicus an. 180 m südöstlich des Lagers, unmittelbar oberhalb einer Quelle, liegt vermutlich das Kastellbad.

Nach der Besichtigung des Kastells zurück auf der Straße bis zur Scheune und nach rechts über die Bachbrücke zum Wanderweg. Gegenüber dem Kastell auf der anderen Talseite des

26. Kleinkastell Rinschheim. Gesichtsurne. Maßstab 1:3 ▷

»Schweinsgrabens« liegt am Waldrand ein gut erhaltenes Stück des **Limes**, an dessen Anfang der Limesturm WP 7/23 ausgegraben wurde (nicht sichtbar). Am Ende des guten Limesstükkes befindet sich **WP 7/24** (4,3 × 4,3 m, Mauerbreite 0,8 m) im Wald »Tannenwald«. Obwohl nicht restauriert, läßt der Schutthügel deutlich den Umriß der Turmfundamente erkennen. Die folgende Limesstrecke ist nur schlecht erhalten. Auch sind keine Wachturmruinen vorhanden. 6 km nach der Ziegelhütte mündet der Wanderweg in den sog. **Limeslehrpfad** des Staatlichen Forstamtes Walldürn, der den Limes auf 2,2 km Länge begleitet und neben konservierten Bauwerken auf Erläuterungstafeln umfassende Informationen gibt. Vom Limesgraben ist anfangs nichts zu sehen. Der erste konservierte Limesturm **WP 7/31,** das sog. »Steinerne Haus«, liegt unmittelbar südlich der Landstraße *Walldürn–Glashofen*. Neben dem Turm sind die Reste eines vermutlich einstöckigen **Nebengebäudes** konserviert. An dieser Stelle hatte die Forstverwaltung versucht, das Aussehen der römischen

Palisade durch eine Rekonstruktion deutlich zu machen. Die zugespitzten Pfähle stehen dort, wo Ausgrabungen die römische Grenzsicherung nachgewiesen haben. Wie jedoch zahlreiche originale Limespalisaden zeigen, sind die hier benutzten Pfähle zu dünn und entsprechen nicht dem ursprünglichen Aussehen der römischen Palisadengrenze (s. S. 140). Bei **WP 7/32**, von dem nur wenige Reste sichtbar sind, ist der wieder ausgehobene Ringgraben interessant. Die Fundamente von **WP 7/33** sind recht gut restauriert und der dazugehörige Ringgraben ausgehoben, so daß sich der Besucher eine Vorstellung vom Aussehen eines Limesturmes in diesem Bereich machen kann. Hier ist der Limesgraben wenigstens in geringen Spuren wieder erkennbar, ebenso der Begleitweg des Limes als flacher Damm. Der nächste Wachturm, WP 7/34, konnte bisher nicht nachgewiesen werden. Vom Limesturm **WP 7/35** im Wald *»Lindig Süd«* sind wieder die Fundamente restauriert. Beim Waldrand weist ein Stein auf den Limes hin. Hier liegt auch der Parkplatz mit einer ausführlichen Erläuterungstafel über den Limes und seine Geschichte.
Das Kastell Walldürn liegt südöstlich des Ortes, deshalb Beschreibung auf Wanderstrecke II.

Heimat- und Wallfahrtsmuseum Walldürn

Hauptstraße 39, Öffnungszeiten: Mai bis September Dienstag, Donnerstag und Sonntag 14–16 Uhr und nach Vereinbarung
Im Heimatmuseum sind in der vor- und frühgeschichtlichen Abteilung Funde, vor allen Dingen aus der römischen Zeit zu sehen, u. a. Keramik und Kleinfunde aus dem Bereich des Limes und vom Kastell.

II. Walldürn–Osterburken

Weglänge 30 km, Wanderzeit 8 ½ Std. Ausschnitt 1 der beigefügten Karte
Top. Karte 1 : 50 000, L 6522 Walldürn

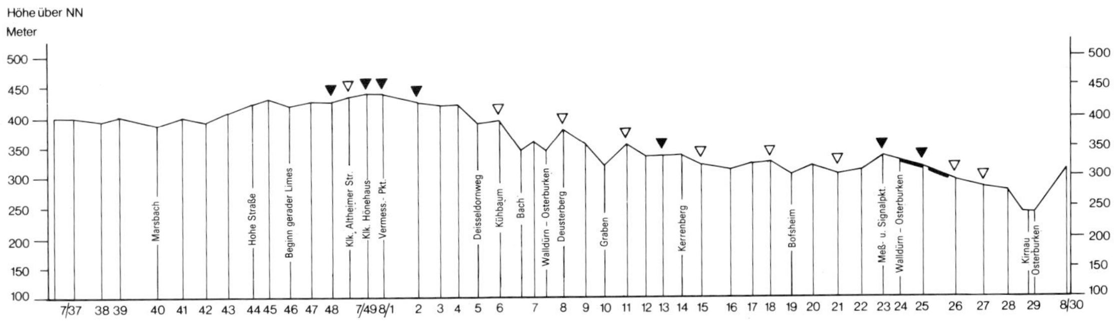

Geländeschnitt II

Landschaft

Bei Walldürn endet der Odenwald, die Muschelkalkplatte des »Baulands« wird jetzt zur bestimmenden Landschaft. Die von Nordost nach Südwest ziehende *Hohe Straße* folgt etwa dem Stufenrand des mittleren Muschelkalks, sie ist gleichzeitig Wasserscheide zwischen den Main- und Neckarzuflüssen. Der *Marsbach*, der dem römischen Bad das Wasser lieferte, und der Neue Seebach südwestlich Walldürn fließen dem Main zu, während der Rinschbach und die Kirnau mit ihrem Quellgebiet um Altheim nach Süden ziehen. Das Bauland greift im Süden bis zur Jagst aus, gegen das Tauberland ist die Grenze die Wasserscheide zur Tauber.

Wegbeschreibung

Nach 600 m auf der Kreisstraße Walldürn–Altheim mit der Überquerung der B 27 (Brücke) führt die zweite Abzweigung nach links zu Kastell und Kastellbad Walldürn (restauriert).

Kastell Walldürn

Das Kastell, 1 km südöstlich der Stadt auf flacher Höhe über dem Marsbach mit weitem Blick über die Hügellandschaft, befindet sich etwa 300 m innerhalb des Limes, etwa 0,5 km nordöstlich stand WP 7/39. Dort knickt der Limes nach Süden ab und verläuft bis WP 7/46

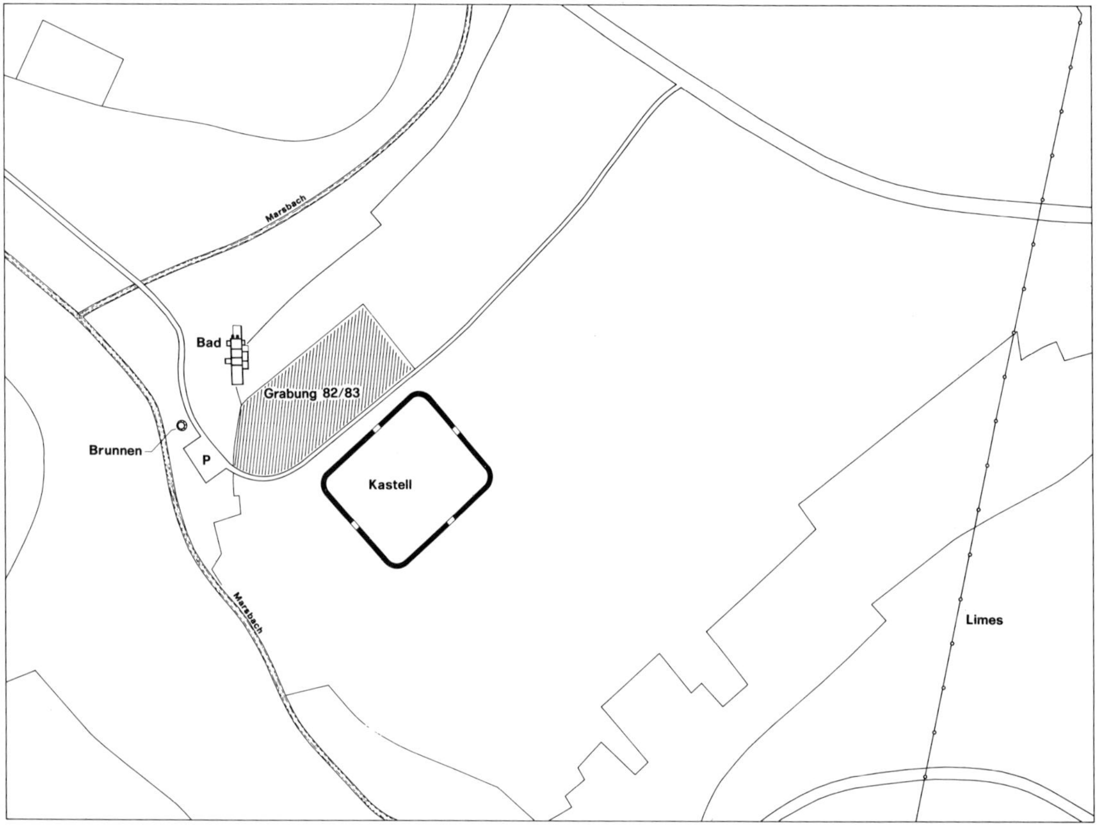

27. Walldürn. Lage des Vicus (Grabung 1982/83) zwischen Kastell und Bad (nach E. Schallmayer)

geradlinig. Weder Limes noch Wachtürme sind in diesem Abschnitt erhalten. Das Kastell (Breite 84,3 m, Länge 96,5 m = 0,8 ha), schon seit dem 18. Jh. bekannt, wurde 1896/97 von W. Conrady im Auftrag der RLK untersucht. Es hatte vier Tore, wobei nur an der Ostseite des rechten Seitentors (porta principalis dextra, Breite 3,9 m) ein vereinzelter Turm gefunden wurde. Ob dies allerdings den Tatsachen entspricht, ist nur durch eine erneute Ausgrabung abschließend zu beurteilen. Möglicherweise wurden die übrigen Türme übersehen. Von den Innenbauten des Lagers ist nichts bekannt.

Vicus Walldürn

1982/83 wurde im Lagerdorf nordwestlich des Kastells zwischen Kastell und Bad eine 3500 qm große Fläche untersucht, da sie durch die landwirtschaftliche Nutzung stark gefährdet war. Dabei konnten noch Reste der zivilen Bebauung, Keller, Abwassergräbchen und Gruben ermittelt werden. Alle übrigen Befunde sind der intensiven landwirtschaftlichen Nutzung zum Opfer gefallen. Die Grabung ergab, daß es sich hierbei wohl um Teile der bekannten langrechteckigen sog. Streifenhäuser handelt. Sie waren in nordsüdlicher Richtung angelegt, wie durch zahlreiche Einzelbefunde insbesondere Trauf- und Fundamentgräbchen nachgewiesen werden konnte. In Teilbereichen konnte eine Zweiperiodigkeit der Siedlungsentwicklung ermittelt werden. Unter den zahlreichen Funden ist vor allen Dingen ein Bronzedepotfund zu erwähnen, der in einer Grube zum Vorschein kam. Neben zwei verzinkten Bronzeschälchen wurde hier ein total zerdrückter, aber fast vollständig erhaltener Bronzekessel sowie Teile eines weiteren Bronzegefäßes geborgen. Zweifellos handelt es sich hierbei um einen kleinen Depotfund, der in die politisch schwierige Zeit des 3. Jh. n. Chr. datiert werden muß. Der Bronzekessel selbst wies mehrere Flickstellen auf. Wie zahlreiche Oberflächenfunde zeigen, müssen wir davon ausgehen, daß das Lagerdorf sich auch nördlich des Kastells erstreckte. Ebenso sind Befunde südlich und westlich vorhanden.

28. Walldürn. Bronzedepotfund aus dem Lagerdorf

Das Kastellbad

Ebenfalls 1896/97 entdeckt und teilweise ausgegraben, wurde das Bad 1971/72 im Auftrag des LDA durch D. Baatz erneut systematisch untersucht. Das **Badegebäude** ist heute sorgfältig konserviert. Die hölzerne Vorhalle des Umkleideraumes (apodyterium) (A) ist durch Pfosten angedeutet. Das Heizsystem erläutert eine nachgebaute Mustergruppe von Hypokaustelementen. Unter der von Conrady ermittelten Baderuine konnte Baatz das ältere Kastellbad entdecken und vollständig untersuchen (s. Abb. 15, 16). Beide Bauphasen hatten hölzerne Umkleidehallen (A). Das ältere Bad war ein kleiner, aber recht gut ausgeführter Thermenbau, erbaut zwischen 148 und 161 n. Chr., als die äußere Limeslinie angelegt wurde. Es gehört, wie das jüngere Bad, dem sog. Reihentypus an. Von der Umkleidehalle (A) gelangte man in das Kaltbad (frigidarium) (F) mit einem rechteckigen Kaltwasserbassin (piscina) (P). Anschließend folgten das lauwarme Bad (tepidarium) (T) und das Warmbad (caldarium) (C) mit angebautem Badebecken. Zwischen Kaltbad und Laubad wurde seitwärts das Sudatorium oder Schwitzbad (S) eingebaut. Die Räume C, S und T wurden von zwei Heizräumen (H) aus erwärmt. Das jüngere Bad, 232 n. Chr. eingeweiht, wie ein Sandsteinaltar für Fortuna, von dem ein Abguß aufgestellt ist, zeigt, wurde komplett neu gebaut. Laut der Inschrift war hier ein Numerus Brittonum Stu (...) stationiert. Außerdem waren an dem Bau Brittones gentiles, officiales Brittonum dediticiorum Alexandrianorum beteiligt. Die Mauern des älteren Bades sind damals bis unter die alte Oberfläche abgebrochen worden. Die Raumordnung folgte wiederum dem bekannten Schema: Auskleideraum, Kaltbad, Laubad, Warmbad mit entsprechenden Badebecken und Heizräumen. Auffallenderweise wurde beim Bau des jüngeren Bades ein zweites Tepidarium T1 errichtet, das unmittelbar an das Schwitzbad (S) anschloß.

29. Blick auf das restaurierte Kastellbad Walldürn

Erhebliche Schäden der Fußbodenheizung – die Hypokaustpfeiler hatten fast durchweg aus Buntsandstein bestanden, der durch die starke Hitze zerbröckelte – machten wohl im Laufe des 3. Jh. große Reparaturen notwendig. Infolge des wirtschaftlichen Niedergangs konnten diese nicht mehr durchgeführt werden, deshalb wurde das Caldarium (C) aufgegeben und das Laubad der Phase 1 (T) als Caldarium benutzt. Dafür wurde im ehemaligen Warmbad ein neuer Heizraum eingebaut. Dieses letzte Bad ging durch eine große Brandkatastrophe zugrunde, zahlreiche Brandschichten, verkohlte Hölzer und Nägel mit Brandpatina und geschmolzenes Fensterglas zeigten dies bei den Untersuchungen.
Beim topographischen Punkt 398 quert der Wanderweg den Limes, schlägt dann einen weiten Bogen nach Südosten und kehrt dann wieder zur allerdings nicht sichtbaren Limesstraße zurück. Knapp 300 m nördlich vom großen Wald, zwischen Walldürn und Rinschheim, lag der Limesturm WP 7/46 (nicht sichtbar). Hier beginnt die 80 km lange, *gerade Limesstrecke* des vorderen Limes von Walldürn über Welzheim zum Haghof. Der nächste sichtbare Limesturm **WP 7/48** liegt an der Westseite der Straße nach Altheim. Seine Grundmauern sind freigelegt und restauriert. Bei km 4,0, kurz vor dem Scheitelpunkt einer nach Westen schwingenden Straßenkurve, lag das *Kleinkastell »An der Altheimer Straße«* (0,2 ha), nicht sichtbar, vielleicht eine Vorgängeranlage des topographisch besser gelegenen Kastells Hönehaus, das nur 350 m südlich auf dem anstehenden Muschelkalk liegt.

Kleinkastell Hönehaus

Das Kastell (40 × 46 m) hat eine **Steinmauer** (Breite 1 m), die dank einer Neukonservierung 1967 vorzüglich erkennbar ist. An der Ost- und an der Westseite befand sich je ein Tor (Breite 2,5 m) mit eingezogenen Wangen (vgl. Kastell Haselburg S. 42). Anläßlich der Konservierung

30. Kleinkastell Hönehaus auf dem Rehberg, ein Hauptvermessungspunkt des Limes

1967 wurde ein kleines steinernes Votivhäuschen mit einer Inschrift gefunden. Die Widmung lautet Quintinius lector bonis casibus – den glücklichen Zufällen. *Kastell Hönehaus* auf dem Rehberg mit weiter Sicht nach Norden und Süden war vermutlich einer der *Hauptvermessungspunkte* der geraden Limeslinie.
Hier endet die Strecke 7, Strecke 8 beginnt. Limesturm **WP 8/1**, nur wenig südlich des Kastells, ist ebenfalls restauriert. Vom Limesgraben sind keine Reste mehr vorhanden. Limesturm **WP 8/2** liegt etwa 50 m westlich der Landstraße 518 Rinschheim–Walldürn. Er ist vorzüglich restauriert, das originale Mauerwerk war bei der Grabung noch 0,8 m hoch.
Nordöstlich von Rinschheim liegt im Gelände (nicht sichtbar) das Kleinkastell Rinschheim (0,3 ha). Vom *Deusterberg* reicht der Blick nach Norden über den vorspringenden *Kühbaum* bis zum Rehberg.
Zwischen dem Limesturm WP 8/18, »Altenhaus«, und dem WP 8/19, von denen heute nichts mehr erkennbar ist, in der Nähe des Friedhofes von *Bofsheim*, wurden die Spuren der nördlichsten Limesmauer (Breite 1,2 bis 1,85 m), der letzten Phase der römischen Grenzbefestigung, gefunden. Diese Mauer verband die Türme miteinander, war aber nicht im Verbund mit ihnen, wie beim rätischen Limes, sondern hörte vor dem Turm auf und setzte danach wieder ein. Dadurch entstand eine deutliche Lücke, die möglicherweise als Durchgang diente. Wie einige bauliche Befunde zeigen, wurde diese Mauer errichtet, als der *Pfahlgraben* schon aufgegeben war.
Der eindrucksvolle Schutthügel von **WP 8/23** bei der Höhe 353, der sog. »Bofsheimer Kalbe«, deutet dank des vorzüglichen Rundblicks, vor allem nach Süden, auf einen wichtigen *Meß- und Signalpunkt* hin. Ab der Straße *Walldürn–Osterburken*, nach diesem Geländepunkt, liegt der Weg im Wald auf dem Limes, der dort auf etwa 300 m gut sichtbar ist. Am Ende dieser Strecke liegen die restaurierten Grundmauern des Limesturmes **WP 8/25** im »Bangholz«. Nach dem Wald zieht der Weg über freies Feld allmählich hinunter nach *Osterburken* und gibt den Blick auf die Landschaft des Baulands frei. Steil wird er erst nach der nördlichen Talschulter der *Kirnau*.

Kastelle Osterburken

Etwa 455 m hinter der Limestrasse liegt in Flur »Hager« am Südhang des Kirnautales das Doppelkastell Osterburken. Nach Grabungen des Mannheimer Altertumsvereins 1867, die erstmals den Nachweis eines doppelten Lagers brachten, führte K. Schumacher 1892 und 1893 eine umfassende Ausgrabung der beiden Lager durch. Danach wurde der **Anbau (Annexkastell)** konserviert. Das Kohortenkastell (2,14 ha) liegt am südlichen Talhang etwa 3 m über der Talsohle und ist fast vollständig überbaut. Restauriert ist die **südöstliche Kastellmauer**, die gleichzeitig die nordwestliche Mauer des Annexkastells ist. Von der Kastellbefestigung,

31. Am Kastell Osterburken

umgeben von vermutlich nur einem Graben (Breite 7 m), konnten die üblichen Kastelltore mit jeweils zwei Tortürmen, vier Ecktürmen und je zwei Türmen im Südosten der Flankentore freigelegt werden. Das rückwärtige Lagertor (porta decumana) (4) hatte nur eine Durchfahrt. Beim Haupttor (porta praetoria) (1) war der östliche Teil der Durchfahrt zugemauert worden. Von der Innenbebauung wurden Teile des Stabsgebäudes (principia, 38,5 × 45,8 m) (5) mit dem Fahnenheiligtum untersucht. Getreidekörner in freigelegten Fundamenten im Nordwesten (6) lassen einen Speicher (horreum) vermuten. Besatzung war die Cohors III Aquitanorum equitata.

Das gesamte **Annexkastell** ist restauriert, auch Teile des Kastellgrabens sind erhalten. Nachbildungen von Bauinschriften befinden sich in der Wehrmauer des Kastells. Der Anbau stieg wegen der engen Tallage nach Süden innerhalb des Lagers um 22 m an. Das Kastell (1,3 ha) hatte drei Tore (7–9) mit jeweils flankierenden Türmen und auffallenderweise rechteckigen Eck- und Zwischentürmen. Das rechte Lagertor des Kohortenkastells (3) wurde beim Bau des Annexkastells geschlossen, die zwei Lager waren

also vollständig getrennt. Im Innenraum sind fast keine Flächengrabungen durchgeführt. Lediglich eine kreisrunde Grube sowie einzelne kleine Mauerzüge wurden ermittelt. Dieses Annexkastell war vermutlich die Garnison eines Numerus Brittonum Elantiensium, der schon in Neckarburken der Cohors III Aquitanorum zugeteilt war. Die für ein Numeruskastell große Fläche liegt an der topographischen Lage.
Das Kohortenkastell wurde um die Mitte des 2. Jh. erbaut, als der äußere Limes errichtet wurde, der Anbau Ende des 2. Jh. unter dem Oberbefehl der Legio VIII Augusta in der Regierungszeit von Kaiser Commodus.
Mit zwei Lagern gehörte Osterburken zu den wichtigsten Schwerpunkten am Limes. Die militärische Bedeutung wird unterstrichen durch eine ausgedehnte zivile Siedlung, die sich vorwiegend auf dem südlichen Ufer der Kirnau, zwischen Kastell und Limes, erstreckte. Allerdings sind zahlreiche Fundpunkte auch nördlich der Kirnau nachweisbar, hier insbesondere an den römischen Straßen nach Norden bzw. zum Limes bei WP 8/28 und im mittelalterlichen Kern der Stadt.
Auf dem rechten Kirnauufer ist an der Bofsheimer Straße 1863 das berühmte **Mithrasrelief** aufgefunden worden. Das Kunstwerk aus dem 3. Jh. n. Chr. stellt in Szenen und Figuren aus dem Leben des orientalischen Lichtgotts die gesamte Glaubenslehre dieser durch das Militär nach Westen eingeführten Religion dar. Diese Religion hatte im 2. und 3. Jh. im gesamten römischen Weltreich zahlreiche Anhänger.

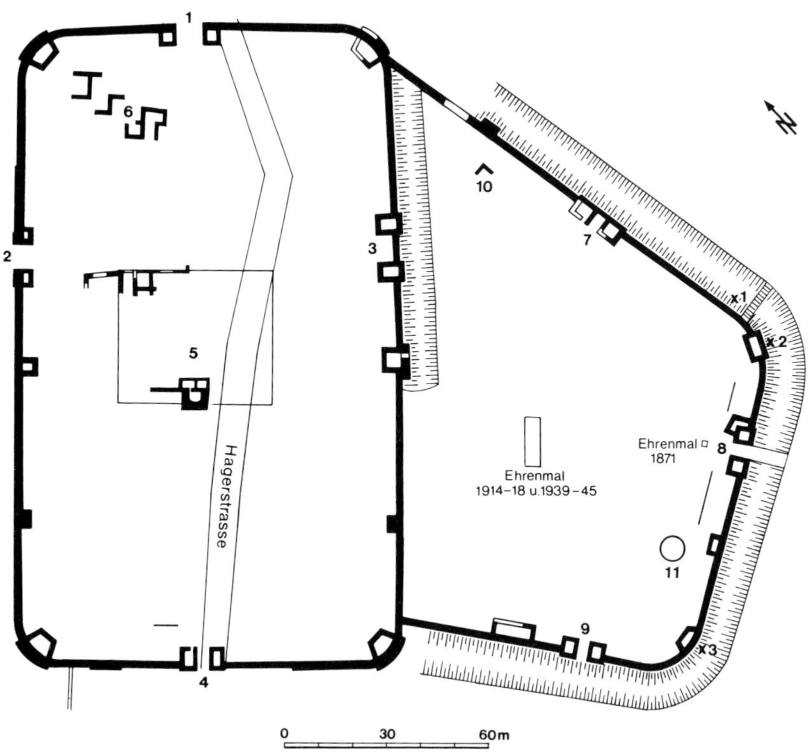

32. Gesamtplan des Doppelkastells Osterburken. Kohortenkastell: 1–4 Tore, 5 Stabsgebäude, 6 Getreidespeicher? Annexkastell: 7–9 Tore, 10 Fundamentreste, 11 Zisterne? x1–3 Bauinschriften

Kastellbäder

Aus Osterburken sind inzwischen zwei Kastellbäder bekannt. Bad I wurde schon 1840 bei der Anlage eines Brunnens im Bereich der »Skalalichtspiele« an der Römerstraße erstmals entdeckt. 1973 führte das LDA kleinere Grabungen durch. Demnach handelt es sich hierbei um Reste von mindestens vier Räumen, von denen zwei mit Fußbodenheizung (hypocaustum) ausgestattet sind. Die Hypokaustpfeiler sind teilweise aus Tuffquader, teilweise aus Ziegelplatten aufgemauert. Ziegelstempel der 22. Legion konnten dabei geborgen werden. Die bisher ermittelten Räume lassen sich als Laubad (tepidarium) und Warmbad (caldarium) ansprechen. Die beiden unbeheizten Räume waren vermutlich das Kaltbad (frigidarium) und ein nach Westen angebautes Kaltwasserbecken (piscina). Ein 1983 aufgedeckter weiterer Raum dieses Badegebäudes war ebenfalls mit Fußbodenheizung ausgestattet. Auf einem der hier eingebauten Sandsteinpfeiler der Hypokaustanlage fand sich die Inschrift »Legio VIII«. Wahrscheinlich

34. Osterburken. Das restaurierte Bad II im Römermuseum

◁ 33. Das berühmte Mithrasrelief aus Osterburken (BLM)

handelt es sich bei Bad I um das Kastellbad für die in Osterburken stationierte Kohorte. **Bad II** wurde im Jahre 1976 bei Bauarbeiten unmittelbar neben Bad I entdeckt. Es liegt etwa 140 m vom Nordosttor des Kastells entfernt. Das zwischen 1976 und 1980 soweit wie möglich erforschte Badegebäude gehört dem sog. Reihentypus an. Der nur teilweise freigelegte Raum 11 war vermutlich der Auskleideraum (apodyterium), Raum 8 das Kaltbad (frigidarium), dem nach Süden eine Apsis mit einer Badewanne (piscina) (9) angefügt wurde. An der Nordseite befanden sich zwei beheizte Räume 7 und 10, wohl das Schwitzbad (sudatorium), die von Raum 11 und von Raum 8 aus begehbar waren. Nach Osten schließt sich das Laubad (tepidarium) (6) mit einer Apsis an. Über das Laubad gelangte man schließlich in das Warmbad (caldarium) (3) mit ebenfalls eingebauter Badewanne (4) und eigenem Präfurnium. Im Warmbad 1 befand sich im Süden eine Apsis mit Kaltwasserwanne (5). Auch nach Osten war eine zweite Badewanne (2) angeschlossen, ebenfalls eine Warmwasserwanne.

Das Badehaus wurde später verkleinert. Dabei fielen die Räume 1, 2 und 5 weg. Ähnliche Beobachtungen konnten bei anderen Kastellbädern, so in Walldürn, Schwäbisch Gmünd-Schirenhof und Rainau-Buch gemacht werden. Bei den Grabungen fanden sich zahlreiche gestempelte Ziegel der Legio VIII, die vermuten lassen, daß es sich hierbei um das Badegebäude für das von dieser Legion errichtete Numerus- oder Annex-Kastell handelt. Demnach wäre es zwischen 185 und 192 n. Chr. erbaut worden. Nach erfolgter Ausgrabung hat die Stadt Osterburken sich entschlossen das Badegebäude zu erhalten und mit einem Schutzhaus zu überbauen, das nun als **Museum** eingerichtet wurde.

Bei Tiefbauarbeiten für die Pfeilerfundamente der großen Straßenbrücke konnte im Sommer 1982 ein bisher in seiner Art einmaliger Benefiziarierweihebezirk untersucht werden. Die noch in situ vorgefundenen Benefiziarieraltäre, die in bis zu sieben Reihen hintereinander aufgestellt waren, bilden hervorragende epigraphische Zeugnisse. Die bisher älteste Weihung stammt aus dem Jahr 174 n. Chr., die jüngste aus dem Jahre 238 n. Chr. Unter dem Weihebezirk konnten hervorragend erhaltene Reste römischer Holzbauten erfaßt werden, die in die Frühzeit des römischen Osterburken gehören und spätestens 174 n. Chr. diesem Platz machen mußten. Der unter Schwemmlehm der Kirnau erhaltene, vorzüglich konservierte Weihebezirk gibt erstmals einen Einblick in die Anlage eines solchen heiligen Bezirkes. Bei den gefundenen Altarsteinen handelt es sich ausschließ-

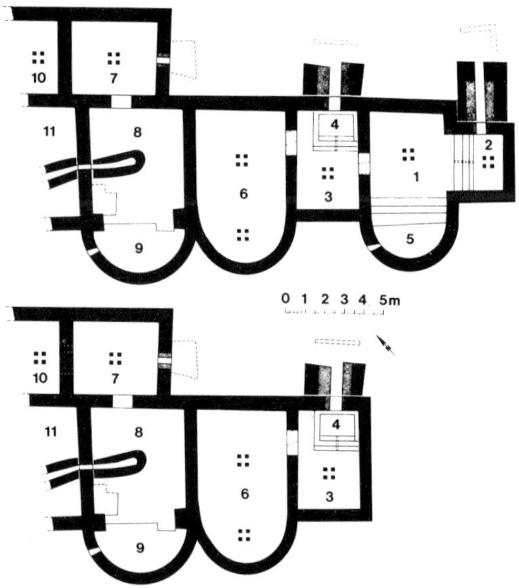

◁ *35. Osterburken. Plan von Bad II. Oben: 11 Auskleideraum, 8 Kaltbad mit Kaltwasserwanne (9), 7, 10 Schwitzbad, 6 Laubad, 3 Warmbad mit Warmwasserbecken (4), 1 Heißluftraum mit Kaltwasserwanne (5) und Heißwasserwanne (2). Unten: das verkleinerte Bad (3. Jh. n. Chr.)*

lich um Weihungen von Benefiziariern, die von ihren Stammeinheiten für ganz bestimmte Aufgaben und für eine begrenzte Zeit hierher abkommandiert worden sind. Vor allen Dingen die offiziellen Staatsgötter werden dabei angerufen, so Jupiter, der Beste und Größte, die Himmelsgöttin Juno, der Kriegsgott Mars sowie alle Götter und Göttinnen des römischen Götterhimmels (deis deabusque omnibus). Aber auch Weihungen für den Ortsheiligen (Genius Loci) sind nachweisbar. Außerdem konnte Egon Schallmayer Weihungen an Fortuna Redux, die Göttin der glücklichen Heimkehr, an Mars Exalbióvix und Mars Conservator sowie zwei Weihungen an die Dea Candida ermitteln. Die Stifter der hier aufgestellten Weiheinschriften gehörten der 22. Legion aus Mainz, der 8. Legion aus Straßburg und der ab 179 n. Chr. in Regensburg stationierten 3. Legion an.

Neben den aufgestellten Steinen kam ein kleiner, aus Schwellbalken errichteter Tempel zutage, in dessen Mitte das Reliefbild der Dea Candida aufgestellt war. Die Inschriften wurden entlang eines Bohlenweges aufgerichtet, der sich ebenfalls vorzüglich erhalten hat. Dieser führte zu einem rechteckigen Holztempel, vor dem weitere Altäre aufgestellt waren. Rechts vor dem Eingang zum Tempel wurde ein Holzbrunnen, der aus zwei ineinandergefügten Holzkästen bestand, aufgedeckt. Östlich des Tempels neben dem Holzbohlenweg fand sich eine sog. Benefiziarierlanze aus Eisen.

Die Altäre sind z. T. vorzüglich verziert, so befinden sich auf den Schmalseiten Truppenstandarte, wie Adler und Stier, Opfergeräte und Blitzbündel, sowie pflanzliche Ornamente. Besonders hervorzuheben ist die Darstellung eines Baumes mit Vogelnest, in dem drei junge Vögel

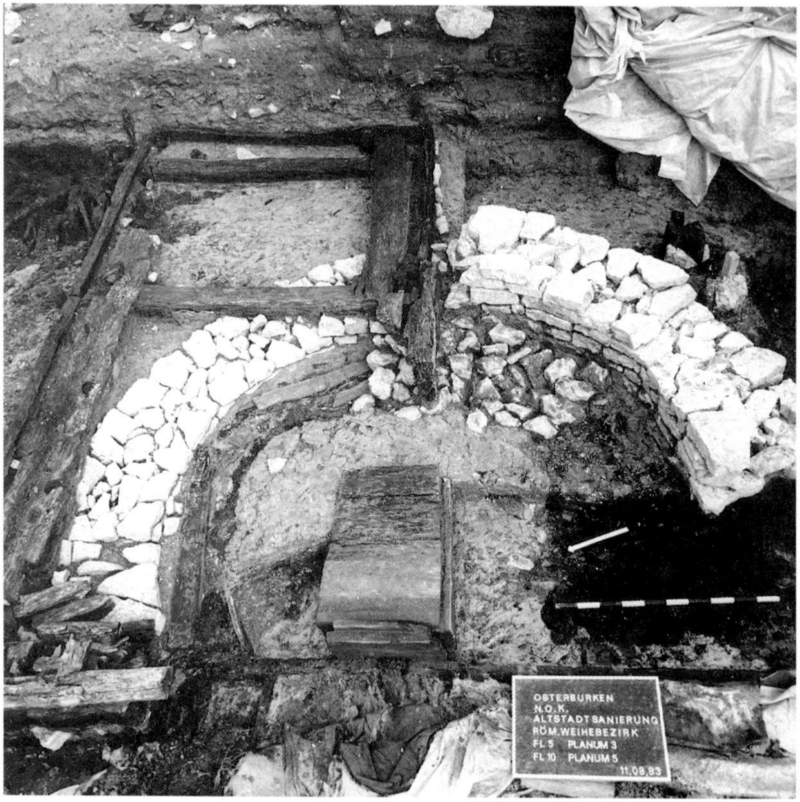

◁ *36. Osterburken. Benefiziarier-Weihebezirk. Älterer Holzbau über einer halbrunden Steinsetzung im Zentrum eine Quellfassung*

37. Osterburken. Benefiziarier-Weihebezirk. Weihestein. Im Giebelfeld die Porträts einer Familie?

sitzen, die vom alten Vogel gefüttert werden. Um den Baumstamm windet sich eine Schlange empor, zweifellos eine Darstellung aus dem Kultischen.

Im feuchten Boden im Tal der Kirnau haben sich nicht nur die Altäre und der dazugehörende Tempel, sondern auch die darunterliegenden älteren Holzbauten vorzüglich konserviert. Besonders wichtig sind dabei Erkenntnisse zur Konstruktion der Holzbauten. Es handelt sich meist um rechteckige Häuser, deren Schwellbalken auf einem aus Baumstücken bestehenden Unterbau aufgelegt worden sind. Die dendrochronologischen Untersuchungen der Hölzer ergaben eine Bauzeit um 160 n. Chr., so daß wir hier zweifellos Teile des früheren Lagerdorfes vorliegen haben. Die Lage in der Talaue, die stets von Hochwasser gefährdet war, ist überraschend. Wie die Befunde während der Grabungen 1982 und 1983 gezeigt haben, wurde das Areal auch später immer wieder überflutet, so daß Teile der Benefiziarierweihesteine im Sumpf versanken.

Kurz bevor die Bofsheimer Straße den Limes kreuzt, wurde schon von K. Schumacher der große römische Friedhof von Osterburken angeschnitten. Zahlreiche Architekturstücke und figürlich bzw. ornamentverzierte Reliefteile stammen von steinernen Grabdenkmälern. Neue Grabungen der Jahre 1964, 1972, 1977–1979 zeigten, daß hier der große Hauptfriedhof der römischen Garnison und der Zivilsiedlung lag mit über 1000 Brandgräbern. Etwa 100 m nördlich der im Jahre 1964 ermittelten Gräber im Gewann »Affeldürn« fand schon die RLK 76 m westlich der Limesmauer zwei Kalkbrennöfen. Sie dienten wohl zur Errichtung der Steinmauer. Die Limesmauer konnte durchgehend als Fundament nachgewiesen werden und endet südlich bei dem nachgewiesenen Turm WP 8/26. Hier deckte Conrady einen langgestreckten Einbau auf, den er als römische Geschützstellung deutete.

Möglicherweise lag unmittelbar nördlich von

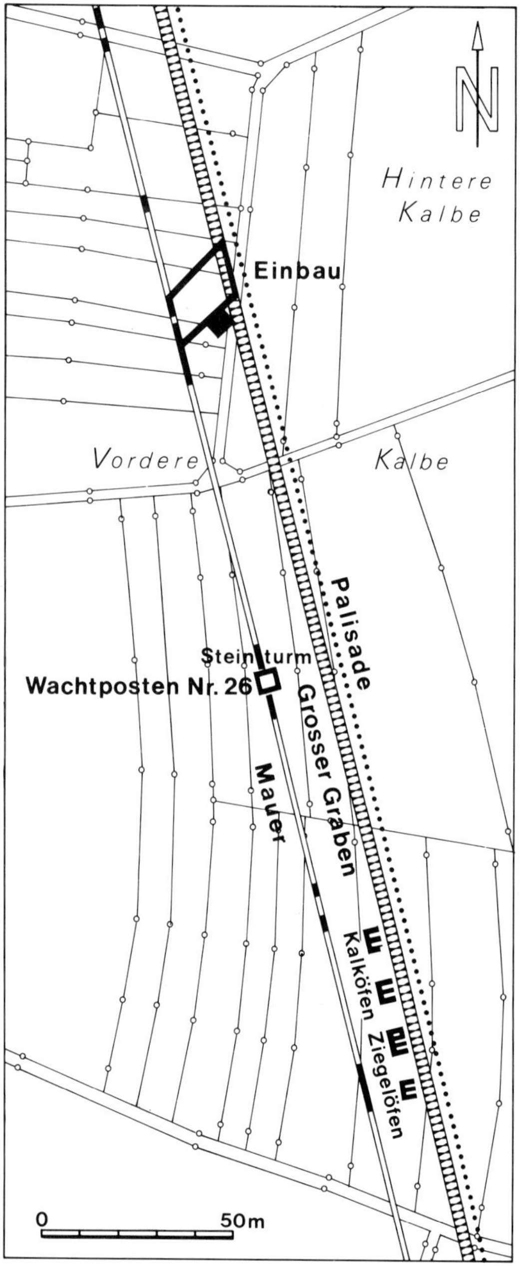

◁ *38. Nachgewiesene Limesmauer bei WP 8/26 mit Kalk- und Ziegelöfen*

WP 8/28 ein Limesdurchgang, der das römische Hinterland mit den zahlreichen germanischen Siedlungen des 2. und 3. Jh. außerhalb des Limes im Taubertal um Tauberbischofsheim und Würzburg im Maintal verband.

Das Römermuseum Osterburken

Öffnungszeiten: Samstag, Sonntag 14–16 Uhr, sonst nach Vereinbarung.
Das Schutzhaus über dem im Jahre 1976 entdeckten Bad II wurde 1982 als Museum eröffnet. Die Entdeckung des Benefiziarierweihebezirks führte zu einem Anbau, der 1986 eröffnet wurde. In diesem archäologischen Museum wird neben der konservierten römischen Baderuine (Bad II) ein Einblick in den Fundbestand aus dem Lagerdorf von Osterburken gegeben. Vor allen Dingen Keramik und Beigaben aus dem Gräberfeld am Nordrand des Ortes sind hier zu erwähnen. Sämtliche am Ort gefundenen Inschriften, die zur Geschichte der Kastelle und des äußeren obergermanischen Limes wesentliche Daten liefern, sind in Osterburken zu sehen. Im Mittelpunkt des Museums stehen die aus dem Benefiziarierweihebezirk stammenden Altäre sowie die dabei gefundenen Kleinfunde. Neben den wichtigsten Altären sind vor allem die z. T. ungewöhnlich verzierten Basissteine hervorzuheben, in die die Altäre eingelassen worden sind. Neben den Altären sind auch andere Kleinfunde, so der Kopf einer vollplastischen Jupiterstatue, ein kleiner Votivaltar sowie die vorzüglich erhaltene Benefiziarierlanze ausgestellt. Diese Benefiziarierlanze ist die bisher einzige, die innerhalb eines Weihebezirkes gefunden wurde und kann deshalb sicher als Benefiziarierlanze angesprochen werden. Die Benefiziarierlanze ist keine Waffe, sondern die Standarte der Benefiziarier. Sie wurde bei Kulthandlungen getragen. Tafeln geben einerseits Einblick in die Geschichte des äußeren obergermanischen Limes, und andererseits erhält der

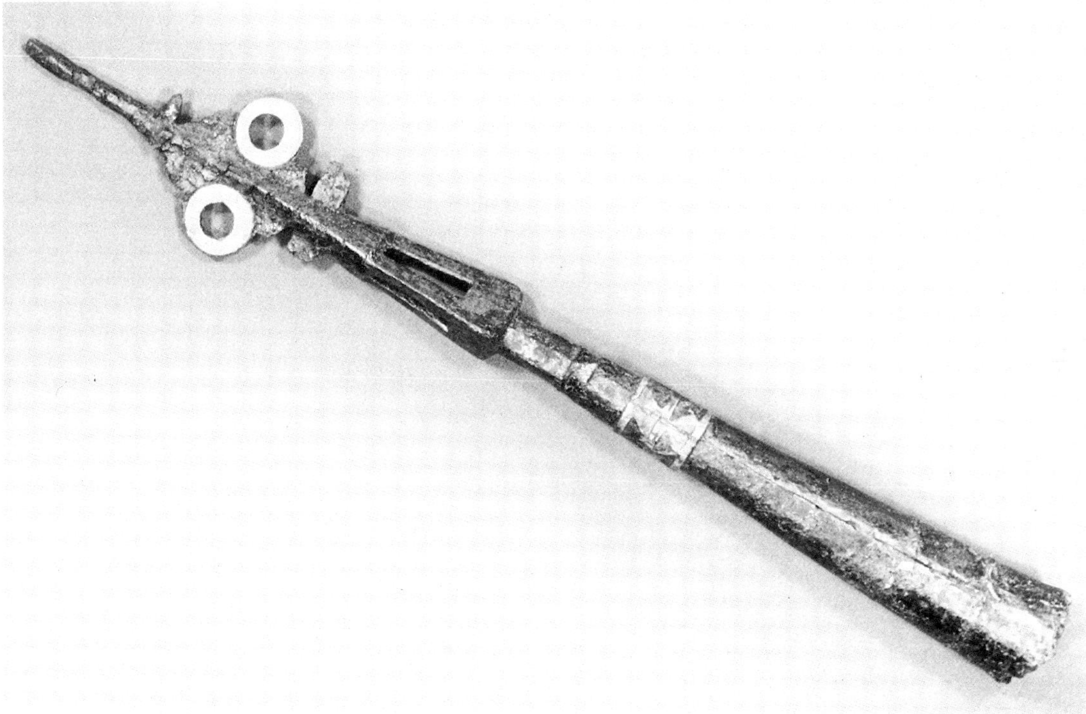

39. Osterburken. Benefiziarierlanze

Besucher einen Überblick über Aufgaben und Zweck dieser Benefiziarierstationen. Aber auch naturwissenschaftliche Methoden wie die Paläobotanik und die Dendrochronologie erbrachten für Osterburken neue Erkenntnisse, die ebenfalls in informativen Texten und Abbildungen verdeutlicht sind. Die bei den Grabungen 1982 und 1983 geborgenen Holzfunde werden, sobald die sehr langwierige Restaurierung abgeschlossen ist, ebenfalls in Teilen ausgestellt.

III. Osterburken–Jagsthausen

Weglänge 20 km, Wanderzeit 6 Std. Ausschnitt 1 und 2 der beigefügten Karte
Top. Karte 1 : 50000, L 6522 Walldürn, L 6722 Öhringen

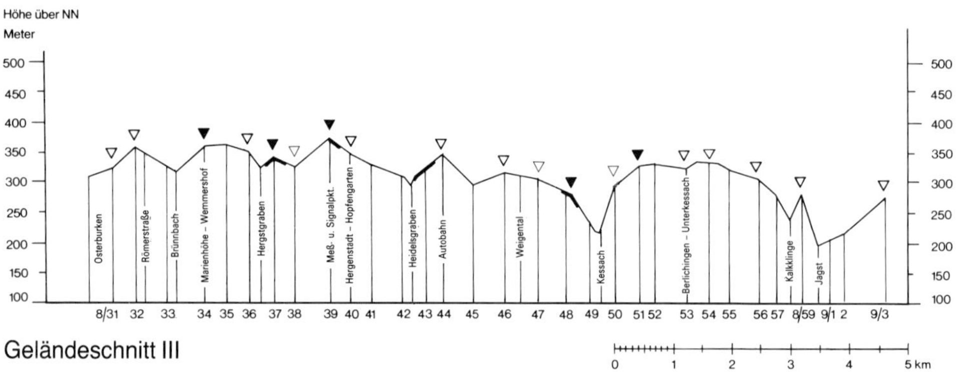

Geländeschnitt III

Landschaft

Die Hochgebiete südlich Osterburken sind durch die Verkarstung des Oberen Muschelkalks wasser- und damit siedlungsarm. Die neuen Hofsiedlungen, die dort errichtet wurden, setzten Wasserbehälter und Wasserleitungen voraus. Dabei begünstigen andererseits abgelagerte Lößschichten den Ackerbau. Ursache für kleine Seen und Quellen dazwischen ist die dem Oberen Muschelkalk aufgelagerte Lettenkohle. Daraus erklärt sich, daß es auf diesen Flächen kleine Seen und Quellen gibt.

Wegbeschreibung

Südlich von *Osterburken* trifft der Wanderweg beim Schnitt mit der *Römerstraße* den Limes und quert nach weiteren 300 m den *Brünnbach*, der in der Nähe entspringt und sich an dieser Stelle bereits 30 m eingetieft hat. Ein kurzer Aufstieg führt zur Straße *Marienhöhe–Wemmershof*, rechts von ihr, etwa 200 m westlich vom Waldrand, liegt **WP 8/34**. Der Turm, der konserviert, aber heute wieder stark zugewachsen ist, gehörte dank seiner topographischen Lage mit weitem Blick nach Norden zu den bei

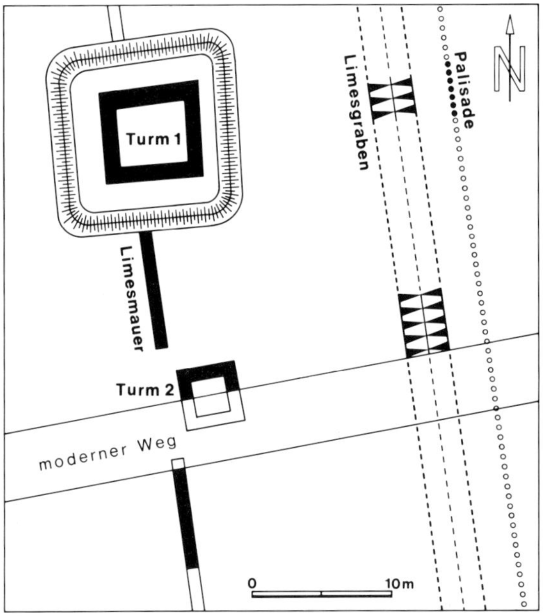

40. Lage von WP 8/44 und dem Limesdurchgang (heute unter der Autobahn) (nach P. F. Mauser)

der Vermessung der äußeren geraden Limeslinie notwendigen Meßpunkten. Vier kleine Pfostengruben in einem Viereck, ermittelt durch die RLK, gehörten vermutlich zu einem hölzernen Meßgerät.
Durch den Wald geht es zum *Hergstgraben*. Der Weg folgt jetzt dem Limes, der am »Welschen Buckel« hervorragend erhalten ist. Die Mauerreste von **WP 8/37** sind in dem mächtigen Schutthügel deutlich erkennbar. Das nächste sichtbare Limesstück befindet sich im »Hergenstadter Wald«. Auf beiden Seiten des Weges, kurz vor einer Lichtung, sind die **Limesreste** zu sehen. Südlich davon liegt der Schutthügel des Limesturmes **WP 8/39**. Der Weg quert die Straße *Hopfengarten–Hergenstadt* und zieht in herrlichem Wald hinunter zum *Heidelsgraben*. Der Waldrand, der sich nach Südosten am gegenüberliegenden Hang erstreckt, markiert ein Stück gut erhaltenen Limes. Er könnte auch den Weg aufnehmen. Doch am Ende dieses Stückes sperrt die *Autobahn Würzburg–Heilbronn* das Weiterkommen. 600 m östlich dieser Stelle führt ein Weg nach Leibenstadt unter der Autobahn hindurch. Um dorthin zu gelangen, biegt man im Heidelsgraben nach links, Richtung Südosten, auf den gut ausgebauten Waldweg ein.
Oben auf der Höhe, unmittelbar unter der Trasse der Bundesautobahn, lag WP 8/44. Wie eine Untersuchung dieser Turmstelle 1970 ergab, hatte der Turm (6,3 × 6,8 m) mächtige Fundamentsockel (Breite 1,2 m, Höhe 0,6 m), war von einem Spitzgraben umgeben und größer als die üblichen Limestürme in diesem Bereich. Das aufgehende Mauerwerk (Breite 0,7 m) war zweischalig aus Muschelkalksteinen aufgebaut. 14 m östlich des Turmes wurde der Limesgraben als mächtiger Spitzgraben mit einem unmittelbar dahinter aufgeschütteten Erdwall nachgewiesen. 5 m vor dem Graben wurde der Palisadengraben mit verkohlten Palisadenresten und eingebrachten Keilsteinen entdeckt. Eine Besonderheit stellt die in diesem Abschnitt mehrfach nachgewiesene Steinmauer dar. Sie verläuft in einem Abstand von 19 m parallel zum Limesgraben (Abb. 40). Die Limesmauer beginnt am äußeren Rand des Grabens, der um den Turm nachgewiesen werden konnte, und verläuft nach Norden und Süden. Besonders interessant war 12 m südlich von WP 8/44 eine Lücke in dieser Mauer: ein Limesdurchgang, wie er nur selten nachgewiesen werden konnte. Unmittelbar vor der Mauerlücke entdeckte der Ausgräber P. F. Mauser einen Turm von der Größe der üblichen Limestürme. Leider ist von dieser markanten Situation heute infolge des Bundesautobahnbaues im Gelände nichts mehr erhalten.
Der Weg kehrt in einem weiten Bogen zum Limes zurück, von dem im lößbedeckten Muschelkalkgebiet durch die landwirtschaftliche Nutzung keine Spuren mehr zu sehen sind. In einem Trockental geht es nach dem Überschreiten der *Straße von Weigental* weiter. Im Wald »Heiligenrain« liegt der Schutthügel von **WP 8/48**.

Von Wall und Graben sind nur noch spärliche Reste erhalten. In einem weiten Ausholen des Weges nach Südwesten entfernt sich der Weg vom Limes und überschreitet kurz vor Unterkessach die *Kessach*. Der nächste markante Punkt ist, nach Überqueren des Kessachtals, der **WP 8/51** im Hochwald. Der Turm (4,3 × 4,3 m), untersucht 1894, ist als markanter Schutthügel deutlich sichtbar. Bis zum Jagsttal ist vom Limes nichts mehr erkennbar, der Weg verläßt die Limesstrecke in westlicher Richtung, und man kommt nach wenigen Kilometern hinunter nach Jagsthausen. Etwa 1 km nördlich der Jagst sind bei dem heute nicht mehr sichtbaren WP 8/56 in Flur »Fasslenäcker« die bisher südlichsten Spuren der Limesmauer ausgegraben worden. Diese ging aber wohl bis zur *Jagst* hinunter. Oben am Steilhang, der zur Jagst abfällt, wurde der letzte Turm der 8. Strecke, WP 8/58, nachgewiesen. Er hatte unmittelbare Sichtverbindung zum Kastell.

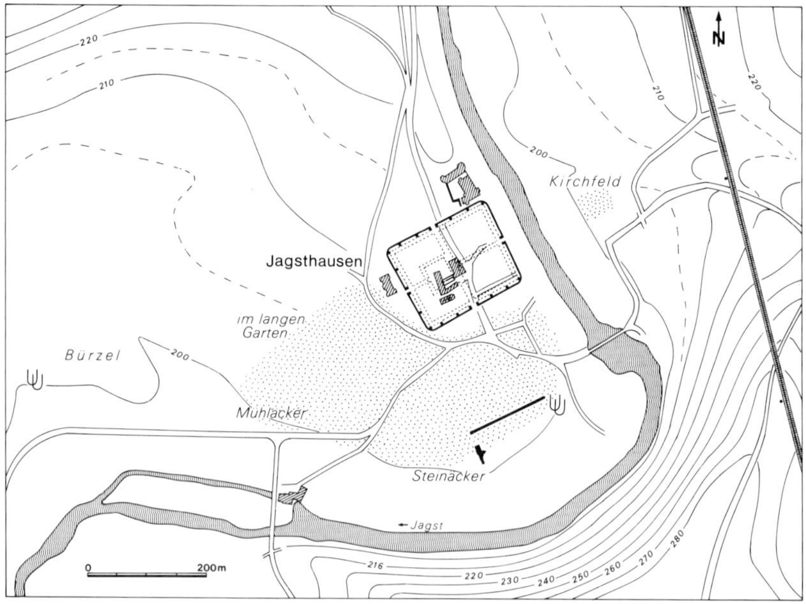

41. *Kastell Jagsthausen mit Lage zum Limes*

Kastell Jagsthausen

Das Kohortenkastell liegt am Ostrand des nach Süden flach geneigten Gleithanges der Jagst 400 m hinter dem Limes im Bereich der Parkanlagen zwischen dem neuen Schloß und der Götzenburg, reicht aber im nördlichen Teil noch in den heutigen Ortsbereich hinein. Reste davon sind nicht erhalten. Vom Lager (185 × 152 m = 2,9 ha) selber sind nur geringe Reste archäologisch nachgewiesen worden. Bekannt sind das Südtor (porta principalis dextra) unter der Hauptstraße und von der Nordseite Zwischentürme. Das Bad, 200 m südlich des Kastells gelegen, wurde teilweise untersucht. In der Anlage (Länge 31 m, Breite 15 m) fanden sich neben Spuren von Estrich- und Sandsteinplattenfußboden Reste des bemalten Wandverputzes. Zum Bau dieser Badeanlage wurden Stempel der 22. Legion verwendet, die damals in Mogontiacum (Mainz) stationiert war.

Einige Funde aus Jagsthausen sind wichtig für die gesamte Limesgeschichte. Im Bad wurden die beiden jüngsten römischen Inschriften aus Jagsthausen und gleichzeitig am vorderen Limes gefunden: eine Bauinschrift von 244–247 unter Kaiser Philippus I. und II. Die Namen der

42. *Bauinschrift aus dem Kastellbad Jagsthausen (244–247 n. Chr.)*

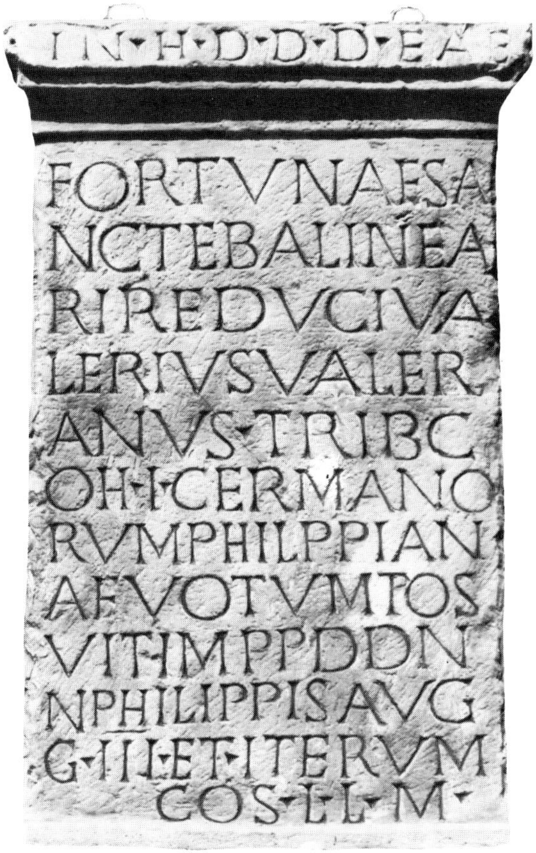

43. Jagsthausen. Altar für die Göttin des Bades (248 n. Chr.)

Kaiser wurden nach deren Tod 249 entfernt. Als Kastellbesatzung nennt sie die Cohors I Germanorum (geborgen 1790). Ein Stein wurde 248 von dem Tribun Valerius Valerianus der Göttin des Bades geweiht. Im Stabsgebäude des Kastells fand sich das Fragment einer Bauinschrift aus der Regierungszeit von Kaiser Antoninus Pius, sie ist einer der frühesten epigraphischen Belege am äußeren obergermanischen Limes. Die Einzelfunde aus der Siedlung, größere Grabungen fanden bisher nicht statt, zeugen von einem gewissen Wohlstand der ortsansässigen Bevölkerung und weisen auf Handel mit dem jenseitigen Germanien hin, z.B. befand sich hier eine große Töpferei, deren Produktion weit über den örtlichen Verbrauch hinausging. Gefäßformen, u.a. Reibschüsseln mit vertikalem Rand, die im südlichen Bereich des obergermanischen und am rätischen Limes in dieser Weise nicht mehr vorkamen, zeigen Beziehungen nach Norden.

Schloßmuseum Jagsthausen

Öffnungszeiten: 1. 4. bis 31. 10. täglich 9–12 und 13–17 Uhr

44. Schloßmuseum ▷ Jagsthausen. Bronzener Herkules

Im runden Turm des alten Schlosses von Jagsthausen befindet sich eine beachtliche Sammlung römischer Altertümer. Sie wurde vom Rentamtmann Fest im 19. Jh. zusammengetragen, bereichert durch einige Stücke aus dem römischen Brandgräberfeld, die 1913 geborgen wurden. Neben zahlreicher Gebrauchskeramik, unter der vor allen Dingen Schüsseln aus Terra sigillata und eine sehr große Reibschüssel hervorzuheben sind, beinhaltet die Sammlung Gläser, Metallkleinfunde und Ziegelstempel der 22. Legion. Den besonderen Schwerpunkt dieses Museums bilden die zahlreichen Inschriften aus Kastell und Siedlung (siehe dort). Außerdem ist zu erwähnen das Oberteil einer Jupitergigantensäule, der Weihestein des Atusonius Victorinus sowie eine Weiheinschrift für Jupiter und alle Götter. Das hervorragendste Stück der Sammlung ist ein bronzener Herkules, der wahrscheinlich aus Italien stammt, die Nachbildung eines Werkes des im 4. Jh. v. Chr. lebenden griechischen Künstlers Lysippos.

IV. Jagsthausen–Öhringen

Weglänge 17 km, Wanderzeit 5 Std. Ausschnitt 2 der beigefügten Karte
Top. Karte 1 : 50000, L 6722 Öhringen

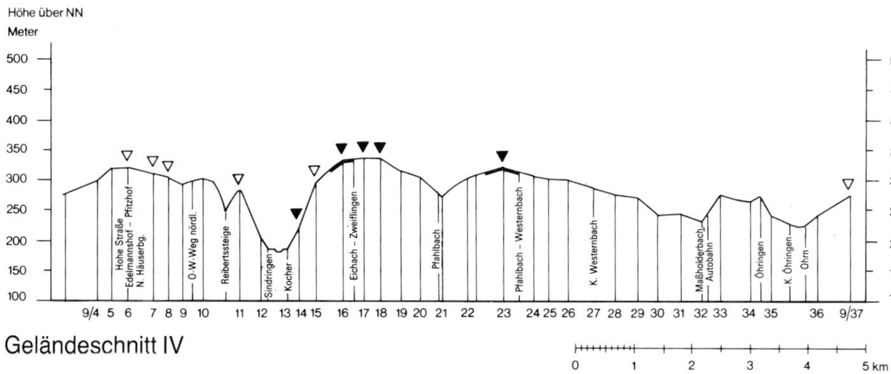

Geländeschnitt IV

Landschaft

Der Wanderweg hat bei Unterkessach das Bauland verlassen und zieht sich jetzt über die Kocher-Jagst-Ebene. Hier ist der Obere Muschelkalk über größere Gebiete von Lettenkohle und Löß überlagert, Kocher und Jagst haben tiefe Täler in die Platten eingegraben. Diese Täler, die oft breit sind und große Feldterrassen haben, bilden die Leitlinien der Besiedlung. Auf den Höhen Weiler und Gehöfte. Der Boden ist fruchtbarer als im Bauland. Es gibt mehr Wasser. In den Tälern, die von Burgen und Schlössern gesäumt sind, herrscht der Laubwald vor. Er tritt entlang der Talhänge auf, breitet sich aber zu großen geschlossenen Gebieten aus, wie der Harthäuser Wald nördlich Lampoldshausen und die Wälder entlang der Hohen Straße zwischen Forchtenberg und Altschöntal. Der Wanderweg erstreckt sich weithin über offene Fluren. Auf der 17 km langen Strecke zwischen Jagsthausen und Öhringen führen kaum 5 km durch Wald. Als Entschädigung bieten diese waldarmen Gebiete herrliche Fernblicke.

Wegbeschreibung

Der Wanderweg geht über die Jagstbrücke und über die Eisenbahnstrecke Dörzbach – Möckmühl zur Ziegelhütte. Beim Aufstieg von der Jagst bietet sich beim WP 9/3 auf dem »Vorsteig« (erster archäologisch nachgewiesener Turm auf Strecke 9; nicht mehr sichtbar) ein hervorragender Überblick über das Kastell Jagsthausen und das Jagsttal. Der *trigonometrische Punkt 274,6* liegt in der Flucht der Palisade von WP 9/4 östlich des Stolzenhofes. Der Weg schneidet jetzt den Limes und zieht sich an der Kante des Prallhangs der Jagst geradlinig auf den Stolzenhof zu. Von dort auf dem Fahrweg geht der Limeswanderweg nach Süden und überquert die *Straße Edelmannshof – Pfitzhof*. WP 9/5, 500 m südöstlich des Stolzenhofes, ist der Sichtverhältnisse wegen an den Nordrand der Kuppe gerückt. Von hier aus reicht der Blick bis zum WP 8/44 beim ehem. Tolnaishof im Bereich der heutigen Autobahn und nach Süden bis WP 9/15 beim Schießhof. Von den folgenden Türmen WP 9/7 bis 9/13 ist heute nichts mehr sichtbar. Beim Abstieg nach Sindringen, besonders von der *Hohen Straße* und vorher bietet sich ein Ausblick auf das Jagsttal und das 5 km entfernte Autobahnviadukt über die Jagst bei Widdern. Die Limestrasse durchschneidet in geradliniger Richtung das Kochertal. 640 m hinter dem Limes befand sich ein Kleinkastell, das die Funktion hatte, das Kochertal zu überwachen. Reste davon wurden unter der Kirche von *Sindringen* entdeckt; vermutlich gehörte es zum Typ Rötelsee (S. 90).

Je tiefer sich der Weg ins Kochertal zieht, um so mehr tritt der Heckengäucharakter wieder in den Vordergrund. Die Decken der Lettenkohle gehen zurück und der Obere Muschelkalk prägt die Landschaft. Ein idyllisches Flußtal stellt sich dem Betrachter, der dem Kocher entlang zur Kocherbrücke geht. Südlich des Kochers nach einer kurzen Strecke auf dem Fußweg an der Straße Forchtenberg – Kochersteinsfeld (500 m) folgt jetzt ein größeres Waldstück, in dem noch einiges vom Limes sichtbar ist. 250 m südlich vom *Kocher*, unmittelbar am Hang im Wald, befindet sich der restaurierte **WP 9/14**. (1973 vom LDA erneut ausgegraben, anschließend vom Staatlichen Forstamt Schöntal restauriert.) Der Turm (4,7 × 3,9 m) hatte eine Mauer aus Muschelkalkbruchsteinen (Breite 0,8 m) und an der Nordostecke zwei angesetzte Stützmauern (Länge 1,4–1,5 m), die wegen der topographischen Lage notwendig waren. Ähnliche Stützmauern wurden auch an anderen Limestürmen nachgewiesen. Vom WP 9/15 am Waldrand, 80 m südöstlich des Schießhofes, sind nur noch geringe Reste unter dem Ackerrain erkennbar. Der Weg folgt jetzt 300 m südöstlich des Schießhofes im Hochwald dem gut erkennbaren **Limes**. 4,5 m westlich von **WP 9/16** wurden durch die RLK Reste des Limesbegleitweges auf eine Breite von 4 m angeschnitten. 5 m östlich der Turmruine ist der große Graben, stellenweise auch der Wall, erkennbar. Nach Süden verläuft die Limestrasse jetzt im Bereich der nach *Pfahlbach* führenden Landstraße. 150 m südlich der Kreuzung *Eichach–Zweiflingen* ist im Tannenwald 12 m westlich der Straße der etwas zerwühlte Schutthügel des **WP 9/17** im »Gögenwendleshölzle« sichtbar. Außerdem zeigen sich dort etwa 500 m westlich der Straßenkreuzung zahlreiche Einbrüche im Oberen Muschelkalk. Auch auf der anderen Seite dieser Kreuzung ziehen sie sich zu einer Reihe formiert im Waldteil Bubenhau (siehe Karte 1 : 25 000, 6723 Öhringen) hin. Im »Gerbersholz« sind am östlichen Straßenrand die Reste des Turmes **WP 9/18** erkennbar. Von hier ab sind auf eine längere Strecke sämtliche Spuren der Limestrasse verwischt. Der Wanderweg bleibt auf der Westseite der Limestrasse, läßt die geringen Reste des WP 9/22 im »Betzenfeld« unweit der Straße *Pfahlbach – Westernbach*, die hier einen Bogen beschreibt, abseits liegen und erreicht nun einen Wald mit einer der am besten erhaltenen **Limesstrecken** am vorderen Limes. Der Wald »Pfahldöbel« verdankt seinen Namen diesem besonders gut erhaltenen Limesstück. Auf 270 m ist hier der römische Grenzwall mit Wall und Graben besonders gut erhalten. Der Graben war

45. Der Limes im Wald ▷ »Pfahldöbel« bei Friedrichsruhe

46. Pfahldöbel. Profil der Limesbefestigung (Grabung 1983)

laut den Grabungen der RLK 8 m breit und 2,5 m tief, der Erdwall an der Basis 9 m breit und mindestens 2 m hoch. Der Erforscher des obergermanischen und rätischen Limes, E. Fabricius, war der Ansicht, daß hier in antiker Zeit ein Musterbeispiel für den Ausbau des obergermanischen Limes geschaffen wurde. Der Höhenunterschied zwischen Grabensohle und Wallkrone betrug immerhin 5 m. 1983 erbrachten kleinere Grabungen durch das LDA ein hervorragendes Profil durch diesen Limesabschnitt. Nördlich des Kärcherweges ist der Limes bis zum Waldrand ebenfalls noch zu sehen, obwohl hier Wall und Graben stärker eingeebnet sind. 12 m südlich des Kärcherweges befand sich **WP 9/23**. Er liegt weitgehend im Erdwall, seine Ost-Front ist nur 22 cm von der Wallmitte entfernt (3,75 × 3,75 m, Mauerstärke 75 bzw. 90 cm). Dieser Befund zeigt, daß der Turm mit seinem Ringgraben zu einer früheren Bauphase des obergermanischen Limes zählt. Erst später wurde an dieser Stelle der Wall aufgeworfen. Von der Höhe des Wachturms aus reichte der Blick über den Limes nach Süden bis WP 9/29 auf den Pfahläckern und jenseits des *Maßholderbachtals* bis WP 9/33 an der alten Straße bis Öhringen, desgleichen auf die Höhe des Mainhardter Waldes, wo der sechseckige Turm von WP 9/51 die Richtung des Grenzzuges bezeichnet. Nach Norden sah der Beobachter bis zur

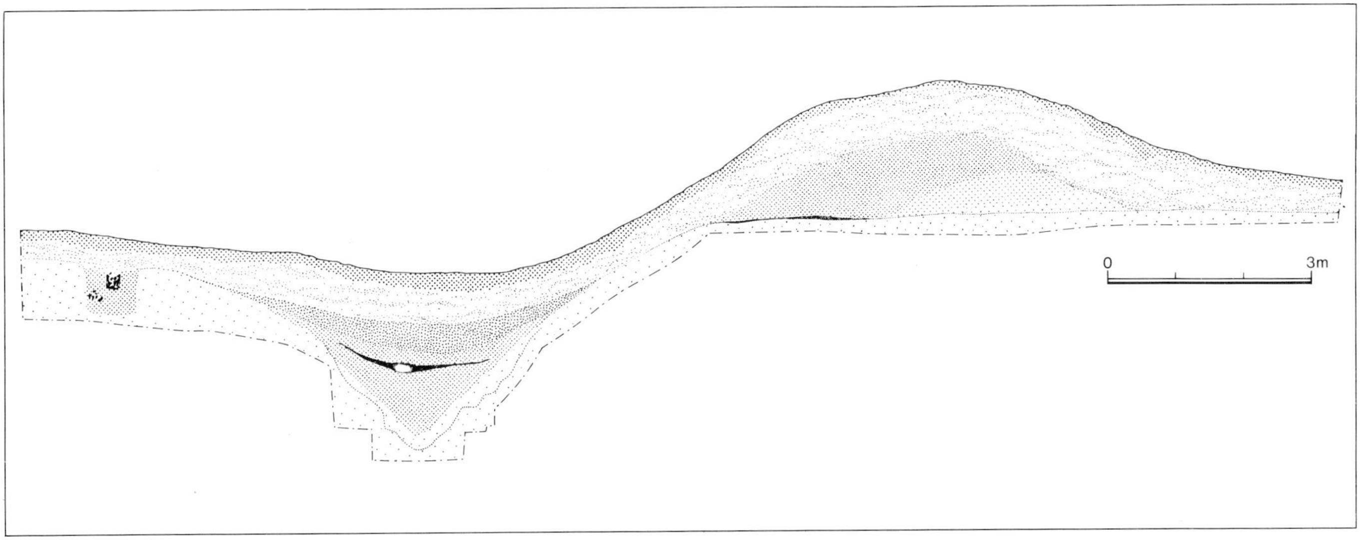

Hochfläche jenseits des Pfahlbachtales. Aus diesem Grund zählte dieser Wachturm wohl mit zu den Hauptvermessungspunkten am äußeren Limes. Am Waldrand an der Straße nach Westernbach brechen die sichtbaren Limesteile ab. Ein dicht besiedeltes, landwirtschaftlich besonders aktives Land hat alle Spuren verwischt. Etwa auf der Linie Friedrichsruhe–Kochersteinsfeld löst das Keupervorland die Gäuplatte mit Lößlehmböden ab.
Der Wanderweg führt zunächst unmittelbar auf der Limestrasse in südliche Richtung weiter, wobei der Weg dann für ein kurzes Stück nach Osten abbiegt, um auf den befestigten Weg Richtung Süden zu gelangen. Hier standen auf drei deutlich erkennbaren Geländewellen die Limestürme WP 9/24 bis 26 (nicht sichtbar). In einer leichten Talmulde liegt ca. 150 m hinter der Limestrasse das *Kastell Westernbach*.

Kastell Westernbach

Das Kastell, von dem an der Oberfläche nichts zu erkennen ist, liegt an einem Südhang etwa 3 km nördlich des Kohortenkastells Öhringen-West. Letzte Ausgrabungen fanden 1902 im Auftrag der RLK statt. Das Kastell (117 × 88 m = ca. 1 ha), vermutlich ein Numeruskastell, war von zwei Gräben umgeben, die durch eine breite Berme von der Außenmauer des Lagers getrennt waren. Trotz seiner Größe hatte es nur zwei Tore, davon das Osttor (Breite 4,3 m) genau in der Mitte der dem Limes zugewandten Seite, während das Westtor (Breite 6 m, 2 Durchfahrten) auffallenderweise nicht in der Mitte der Mauer, sondern nach Norden verschoben war. Weder Holz- noch Steintürme konnten nachgewiesen werden. Besonders interessant sind Spuren, die man an der Südostekke fand, die zeigen, daß die Mauer hier untergraben und gewaltsam zum Einsturz gebracht wurde. Das Bad wird bei Quellen südlich des Lagers vermutet.

Südöstlich des Lagers ist WP 9/27 direkt westlich des Hohlweges nachgewiesen. Der Limes verläuft nun in geradliniger Richtung über den mit Löß bedeckten Rücken des Ohrntals südwärts, ohne daß hier auf weite Strecken nordöstlich, östlich und südöstlich von *Öhringen* Spuren erkennbar im Gelände sind. Er konnte jedoch durch zahlreiche Schnitte der RLK sicher ermittelt werden. Ungeklärt blieb die Lage zahlreicher Wachtürme. Man wandert daher in südlicher Richtung unmittelbar auf der Straße, die mit Recht als Verbindungsstraße zwischen dem Kastell Westernbach und dem *Westkastell von Öhringen* angesehen wurde.

Die Kastelle in Öhringen

Im Bereich der heutigen Stadt Öhringen befanden sich zwei römische Kastelle, das Westkastell (Bürgkastell) und das Ostkastell (Rendelkastell). Zwischen diesen beiden Kastellen erstreckte sich eine ausgedehnte zivile Ansiedlung, die wohl zu den bedeutendsten und wichtigsten römischen Ansiedlungen am äußeren Limes zählte. Von beiden Kastellen ist nichts mehr sichtbar.

Westkastell (Bürgkastell)

Das schon im 18. Jh. entdeckte Kastell liegt auf einer Hochterrasse über der Ohrn. Verschiedene Ausgrabungen (Ch. E. Hanßelmann 1766/67, RLK, 1959–70 H. Schönberger und 1980 durch das LDA) erbrachten zahlreiche wichtige Ergebnisse, die beiden letzten vor allem chronologische Ansätze zur Geschichte des Lagers (Größe 2,18 ha). Drei Bauphasen konnten ermittelt werden. Die starke Umwehrung des ältesten Kastells (3 m breite Holz-Erde-Mauer, 3 Verteidigungsgräben, der äußerste 9 m breit und 4 m tief) weist zusammen mit einigen Funden auf einen vorgeschobenen Posten z. Z. des Neckar-

47. Öhringen. Ziegelstempel des dort stationierten Numerus Brittonum Cal (...)

limes vor der Mitte des 2. Jh., in der »regio translimitana« (jenseits des Limes im germanischen Gebiet) hin. In den beiden folgenden Bauphasen wich die Holz-Erde-Mauer einer Steinmauer von 1 m, diese wiederum einer neuen von 1,5 m Breite. Die Grabung 1980 erbrachte die Fundamente der Tortürme des nördlichen Kastelltores, das eine Durchfahrt besaß. Von den Innenbauten wurden bisher nur spärliche Spuren gefunden: Teile des Stabsgebäudes (im wesentlichen aus Holz errichtet), das Fahnenheiligtum (aus Stein), ein Heiligtum der Nymphen, zu dem eine Wasserleitung (erbaut 187 n. Chr., zweimal erneuert) führte, und Spuren von Baracken und Straßen. 150 m südlich des Lagers befand sich das Kastellbad.

Durch aufgefundene Ziegelstempel ist als älteste Auxiliareinheit in Öhringen die Cohors I Helvetiorum, die 148 n. Chr. noch im Kastell Heilbronn-Böckingen am »Neckarlimes« stationiert war, nachgewiesen (s. auch Abb. 6).

Ostkastell (Rendelkastell)

Das Kastell, das vollständig überbaut ist, befindet sich 230 m westlich des Limes. In seiner Nähe, an der Haller Straße, steht der sog. **Rendelstein**, ein Bildstock auf einem römischen Säulenschaft (sichtbar). Mehrere Ausgrabungen (Ch. E. Hanßelmann 1768/69, RLK, LDA 1957) brachten folgende Ergebnisse: Das Kastell (2,16 ha) wurde einmal umgebaut. In der ersten Bauphase hatte es eine Steinmauer (Breite 0,7–0,9 m), die Tore waren aber aus Holz, wobei 6 Holzpfosten, die mindestens 1,8 m eingetieft waren, in zwei Reihen die Torgasse flankierten – eine ungewöhnliche Bauweise für den äußeren obergermanischen Limes. In der zweiten Bauphase wurde 1,50 m vor der alten Mauer eine weitere (Breite 1,5 m) errichtet, die Tore und Ecken erhielten steinerne Türme (Südost-Eckturm 2,8 × 4,2 m). Das Kastell war immer zum Limes hin (nach Osten) orientiert, denn dort befand sich das doppelte Ausfalltor (porta praetoria). Das im Innern entdeckte Bad gehörte vermutlich zur Wohnung des Kommandanten (praetorium). Wie im Westkastell war wohl auch hier die Besatzung die Cohors I Helvetio-

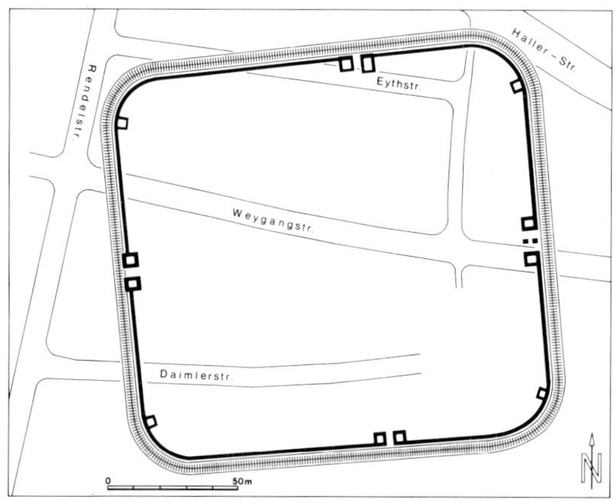

48. Öhringen. Gesamtplan des Ostkastells (nach H. Schönberger) ▷

rum, und zwar bis ins 3. Jh. Die jüngste Inschrift stammt von 237 n. Chr.
Neben dem üblichen Kastelldorf zwischen den beiden Garnisonen scheint in dieser zentralen Lage am äußeren obergermanischen Limes an einem wichtigen Durchgang in das freie Germanien eine rasch aufblühende Zivilsiedlung entstanden zu sein. Kaiser Marcus Aurelius (161–180) erhob sie zum Vicus Aurelianus (»Siedlung des Aurelius«), die vermutlich Zentralort einer Civitas Aurelia G. S. war. Zahlreiche Altäre und Inschriften, gefunden beim Eisenbahnbau 1861 vermutlich in einem römerzeitlichen Kultbezirk, zeugen vom wirtschaftlichen Wohlstand der Bevölkerung. Ein großes Badegebäude wurde von Hanßelmann südlich des Westkastells ausgegraben. Eine Inschrift berichtet von einem Jugendverein (collegium iuventutis), ei-

◁ *49. Öhringen. Inschrift der Cohors I Septimia Belgarum zur Erneuerung der Wasserleitung im Westkastell*

50. Weygang-Museum Öhringen. Bronzestatuette eines Silen mit Weintraube

51. Öhringen. Minervastandbild im Weygang-Museum

ne weitere von einem Collegium Convenarium, wohl eine Berufsvereinigung und Kultgenossenschaft von Händlern, die sich – wie der Name sagt – immer wieder in Öhringen trafen und von dort mit dem freien Germanien Handel trieben. Vielleicht war der Salzhandel mit dem nahen Schwäbisch Hall, wo schon zu keltischer Zeit Salz gesiedet wurde, die wirtschaftliche Grundlage für die Blüte dieser Siedlung.

Weygang-Museum

Karlsvorstadt 30, Öffnungszeiten: Dienstag bis Sonntag 10–12 und 14–16 Uhr
In diesem Museum werden einige kostbare Funde aus der römischen Vergangenheit von Öhringen aufbewahrt, vor allem Keramik wie etwa glatte und verzierte Terra sigillata, Gebrauchs-

52. Öhringen. Eponarelief (gefunden 1986) ▷

geschirr, Amphoren, Krüge, Reibschalen und Schüsseln sowie zahlreiche Öllampen. Besonders hervorzuheben sind Bildwerke der keltischen Pferdegöttin Epona, ein Relief des Gottes Vulkan und eine Reliefplatte mit den drei Gottheiten Merkur, Minerva und Apollo. Außerdem befindet sich hier in diesem Museum das Oberteil eines Altars mit guterhaltener Spendenschale, verziert mit feinen Ranken und zartem Blattwerk und dem Anfang der Inschrift PRO SALUTE... Zwei kleine Statuetten eines Silen mit einer Weintraube und eines Merkur mit dem Schlangenstab sind beachtenswert. Die übrigen Funde, insbesondere die wichtigen Inschriften und Bildwerke, sind fast sämtlich im Württembergischen Landesmuseum Stuttgart. Ein Reliefmodell von Öhringen veranschaulicht die Lage der beiden Kastelle.

V. Öhringen–Mainhardt

Weglänge 20 km, Wanderzeit 6 Std. Ausschnitt 2 der beigefügten Karte
Top. Karte 1 : 50 000, L 6722 Öhringen, L 6922 Sulzbach an der Murr

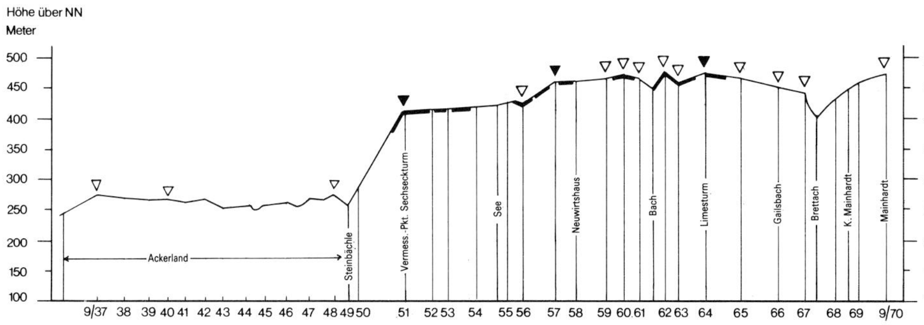

Geländeschnitt V

Landschaft

Etwa die Hälfte der Strecke entfällt auf die Hohenloher Ebene und die Schwäbisch-Fränkischen Waldberge, die im Norden der Keuperstufenrand abgrenzt und im Osten an die Frankenhöhe und das mittelfränkische Becken anschließen. Die Römer nutzten dieses verkehrsfeindliche Waldgebirge zur Anlage des Limes und schützten sich dadurch nahezu von Öhringen bis Lorch und weiter zur Wörnitz vor massierten Angriffen. Später verlief hier auch die Stammesgrenze zwischen Franken und Schwaben. Mächtige, nur leicht abfallende Sandsteindecken haben diese Waldberge erhalten. Ihr Stufenrand springt gegen die Hohenloher Ebene vor und ist nach Osten stark zerfurcht. Jagst, Kocher und andere Wasserläufe haben sich von Norden und Süden tief in diesen Stufenrand eingeschnitten und große Erosionsbuchten geschaffen. Zwischen sie schieben sich Bergausläufer weit ins Vorland, die Limpurger und Ellwanger Berge. Weiler und Höfe bestimmen das Landschaftsbild.

Wegbeschreibung

Die Wanderung führt von Öhringen aus durch das ebene Vorland der Keuperberge. Auf dem

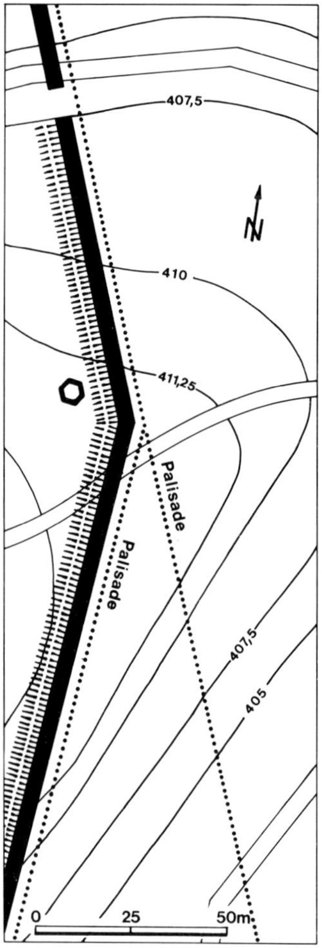

◁ *53. Limesverlauf beim sechseckigen Turm von Gleichen*

Geländeschnitt V setzen sich die Berge deutlich von den etwa 5 km tiefen, ebenen Flächen ab. Wenn auch eben und waldlos, ist die Landschaft nicht langweilig. Am Ostrand von Pfedelbach vorbei erreicht der Wanderweg an der Straße Pfedelbach–Oberohrn die Limeslinie (südlich der Straße vermutlich WP 9/41). Vom Friedhof des Dorfes Oberohrn, unter dessen östlicher Mauer der Limes verläuft, geht es nun unmittelbar im Bereich der Limestrasse bis nordwestlich von Unterhöfen. Türme sind hier nicht sicher lokalisiert, sie sind allenfalls aufgrund von Schuttflächen zu ermitteln. Sicher ermittelt werden konnte WP 9/48 auf dem »Geißberg«, 300 m von Harsberg entfernt. Beim Aufstieg zum rd. 150 m höher liegenden Mainhardter Wald sind keine Spuren vom Limes zu sehen, dafür bieten sich um so schönere Ausblicke auf die Hohenloher Ebene. Besonders markant ist die **Limeslinie** auf der Höhe etwa 60 m nördlich WP 9/51. Hier sind die Spuren von Wall und Graben wieder deutlich sichtbar.

Der **sechseckige Turm** auf der Höhe **bei Gleichen, WP 9/51**, ist einer der merkwürdigsten des gesamten Limes. Dieser Turm (Seitenlänge 2,8 m, Mauerstärke 1 m) hatte einen nach außen 50 cm vorspringenden Sockel, in 2,2 m Abstand von der Mitte der Seiten umgab ihn ein Graben (Breite 70 cm, Tiefe 35–40 cm), der mit Mauerversturz verfüllt ist. Seine Fundamente sind heute neu aufgesetzt und zeigen die ursprüngliche Bauweise. Bei der Untersuchung 1893 wurde auf dem Boden ein steinerner Herd ausgegraben, der nach einer erhaltenen Skizze mehr als ein Drittel des Innenraumes eingenommen haben müßte. Ob er in römische Zeit gehört, ist nicht sicher. Außerdem sind viele Details, wie etwa der vermutete Eingang, bis heute nicht zu klären. Die ungewöhnliche Form des Turmes und die große Stärke seiner Mauern sprechen dafür, daß er besonders hoch war. E. Fabricius, der verdiente Erforscher des äußeren obergermanischen Limes, ging davon aus, daß er Hauptpunkt der ganzen geraden Linie und dank seinem Standort der Ausgangspunkt für ihre Absteckung war.

Der Geländeschnitt V und die Schnitte IV, III und II zeigen, daß der *Sechseckturm* in Richtung Norden die Sicht bis zum 45 km entfernten WP 8/1 oder Kastell Hönehaus, die beide etwa 30 m höher liegen, erlaubte. Damit konnte ein Zwischenpunkt II. Ordnung, der wahrscheinlich auf der Höhe bei Hergenstadt stand (siehe Gelän-

54. Rekonstruktion eines römischen Wachturmes am »Römergraben« nördlich von Mainhardt ▷

deschnitt III), in die Linie eingewiesen werden. Der Sechseckturm WP 9/51 hatte außerdem den großen Vorzug, daß von ihm aus das Gelände bis dicht an den Stufenfuß eingesehen werden konnte. Türmen, die so weite Sicht erlaubten, kam sicherlich als Empfänger oder Sender von Lichtsignalen besondere Bedeutung zu. In Richtung Süden reichte die Sicht nur knapp 4 km zu den WP 9/60 und 9/62 (1,5 km südlich von Neuwirtshaus). Wenige Meter südlich dieses Turmes knickt die hier nachgewiesene Limespalisade aus ihrer bisherigen geraden Richtung ab, um die steile Gießklinge zu umgehen. Dies ist die einzige nachweisbare Abweichung der Strecke von der Geraden, in die sie 1,5 km weiter südlich wieder zurückkehrt. Wohl ist der Limes vom Sechseckturm aus auch nach Süden ein Stück erhalten, doch der Wald mit seinem Unterholz versperrt den Weg. Daher wurde der Wanderweg auf den nach Südwesten führenden Waldweg gelegt. An der Ostseite des *Seedammes* entlang erreicht man den Limes beim nächsten großen **Turm WP 9/57**, der heute noch als großer Schutthügel erkennbar ist. Der Turm »Bühl« (3,8 × 3,95 m, Mauerstärke 0,9 m) wurde aus behauenen, in Mörtel gelegten Sandsteinen errichtet und hatte einen vorspringenden Sockel mit einer Höhe von 70 cm und einen umlaufenden Graben (Breite 1 m, Tiefe 0,9 m). Der Wanderweg bleibt nun unmittelbar im Bereich der Limestrasse, die teilweise deutlich erkennbar ist. Von *Neuwirtshaus* liegt die Straße auf etwa 200 m in Richtung Mainhardt auf dem Limes. Die Flächen der Hohenloher Ebene und die Keuperfläche bis WP 9/61 werden nun von den Zuflüssen der *Brettach* unterbrochen, wie der Geländeschnitt deutlich zeigt. Ihr Gefälle liegt teilweise über 10%. Der Weg verläuft genau auf dem Grenzwall. In den Wiesen am Waldrand wurden 1961 Spuren von WP 9/59 gefunden. Etwas weiter südlich ist der **Limes** wieder als flacher Wall und wenig tiefer Graben erkennbar. Von WP 9/60 und 9/61 sind geringe Spuren erhalten.

Nach einem Umweg wegen des tiefen Bacheinschnitts kommt man zum WP 9/64, »Röschenhau«, der unmittelbar südlich des Gasthauses »Römergraben« liegt. Von hier aus ist die **Limestrasse** in südlicher Richtung deutlich unter der Hecke zu verfolgen, ebenso nördlich im Akkerland als seichte Senke und Ackergrenze. Gleich neben dem Schutthügel des **WP 9/64** wurde vom Landkreis Schwäbisch Hall ein **hölzerner Limesturm** errichtet. Diese Rekonstruktion mit Betonsockel ist stark umstritten, da in diesem Bereich bis jetzt keine hölzernen Türme nachweisbar sind, jedoch gibt sie dem Wanderer eine ungefähre Vorstellung derartiger Bauten. Von nun an ist der Grenzwall als flacher, mit einer Hecke bewachsener Damm etwa 200 m nach Süden zu verfolgen. Von der Anhöhe nördlich des letzten Gebäudes des Weilers See-

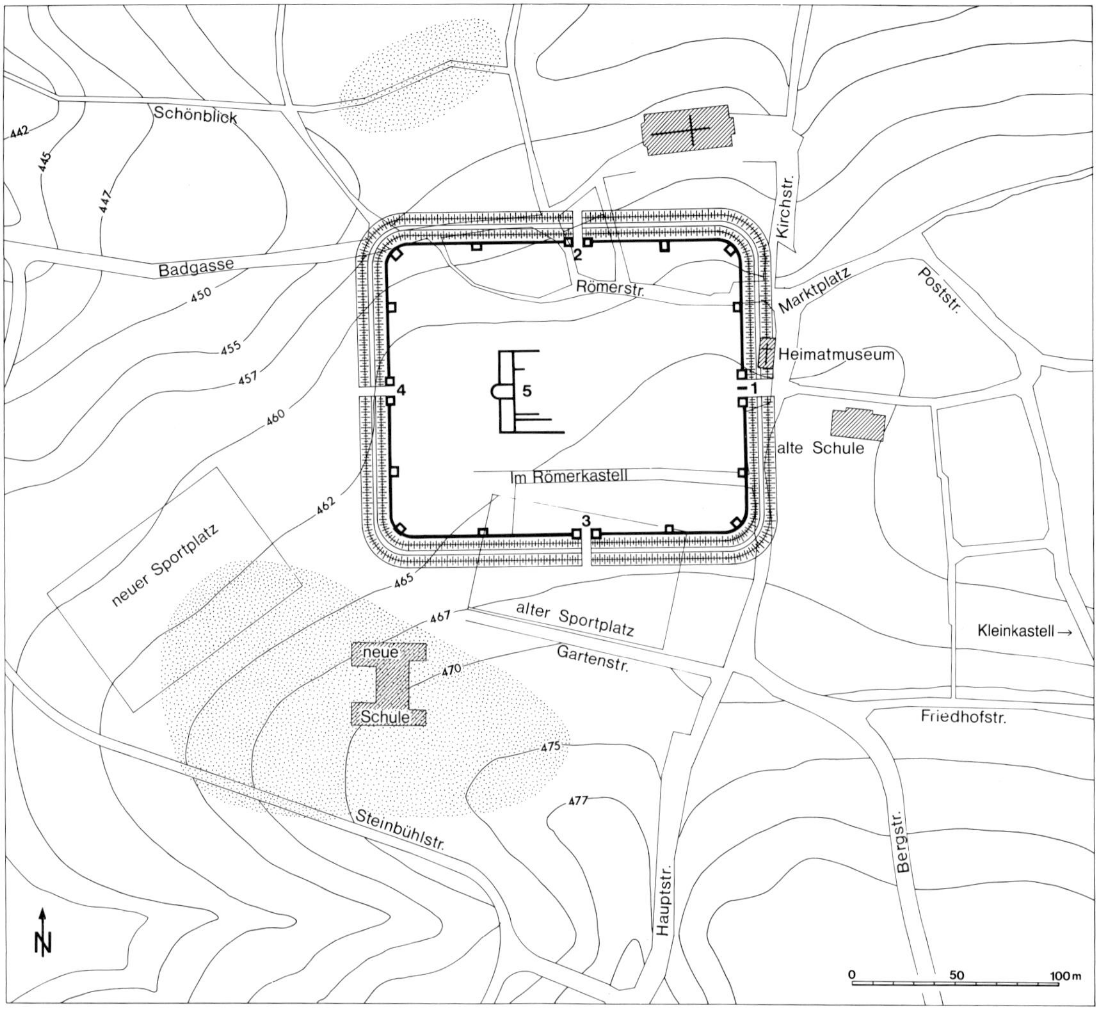

55. Mainhardt. Kastell und Siedlung. 1–4 Lagertore, 5 Stabsgebäude, gepunktete Fläche = Zivilsiedlung

häuser ist der Graben noch als flache Senke zu erkennen. Am Rande eines ehemaligen Steinbruchs lag WP 9/65, der beim Bau des Wasserhochbehälters zerstört wurde. Von nun an verläuft der Limes unter der heutigen Landstraße in südlicher Richtung bis *Gailsbach*. Bis Mainhardt sind keine Spuren mehr erhalten. Hier führt der Wanderweg von der Limestrasse weg ins Tal und dann über einige Umwege hinauf nach *Mainhardt*.

Kastell Mainhardt

Das Kohortenkastell (177 × 142 m = 2,4 ha) ist nach Osten orientiert. Es liegt auf einem nach Norden geneigten Plateau, im Osten und Norden begrenzt vom tief eingeschnittenen Brettachtal, im Westen und Südwesten vom Badbachtal im Westteil des alten Ortskerns. Der **südwestliche Eckbereich**, 1978 untersucht, ist erhalten und restauriert worden. Auf einem guten Fundament (Breite 1,7 m, Tiefe 0,5 m) ist die zweischalige Mauer (Breite 1,2 m) aus beachtlich gut behauenen Stubensandsteinquadern, mit Fugenstrich versehen, aufgesetzt. Sie war bei den Ausgrabungen stellenweise noch 1,4 m hoch. Die innere Mauerschale ist im Gegensatz zur äußeren aus kleineren Stubensandsteinen errichtet, wobei Lagenmauerwerk mit fischgrätartigem Mauerwerk (opus spicatum) abwechselt. Außerdem gelang 1978 der Nachweis des südwestlichen Eckturms (ca. 5 × 4,6 m), dessen Mauern z. T. ausgebrochen waren. Der Turm hatte eine Stirnwand, nach außen mit geradlinigem Verlauf, so daß sich zwei Mauervorsprünge bildeten, eine Konstruktionsart, die am südlichen Abschnitt des obergerma-

56. Kastell Mainhardt. Die restaurierte Südwestecke

nischen Limes bisher nur selten zu beobachten war. An der Innenseite der Mauer wurde schließlich die Wallanschüttung (Breite 5,5 m) nachgewiesen, unter der sich der Rest eines Holzrostes befand, der offenbar zur Festigung des Erdwalles gedient hat.

Nach einem Bericht von Justinus Kerner sollen 1837 die Mauern noch über 1 m hoch gewesen sein. Das Kastell hatte, wie die Grabungen der RLK um die Jahrhundertwende zeigten, vier Tore, wobei das Osttor zwei Durchfahrten aufwies, außerdem Eck- und Zwischentürme. Von den Innenbauten wurde lediglich ein Teil des Stabsgebäudes (principia) untersucht. Neben dem freigelegten Teil des Kastells sind an der Ostseite noch weitere Mauerteile sichtbar, die heute als Terrassenmauer gegen den hier abfallenden Hang dienen. Die Besatzung des Kastells war die Cohors I Asturum equitata, die vorher die Garnison des am Neckar liegenden Kastells Walheim gebildet hatte. Um die Mitte des 3. Jh. stand, wie Inschriften zeigen, die Kohorte in Britannien, wohin sie vermutlich unter Kaiser Septimus Severus (198–211 n. Chr.) verlegt worden war. Welche Truppe dann nach Mainhardt kam, ist nicht bekannt.

58. Museum Mainhardt. Reliefdarstellung einer Muttergottheit

Kleinkastell Mainhardt-Ost

Etwa 300 m östlich des Kohortenkastells wurde bei Erschließungsarbeiten 1975 knapp 30 m hinter dem Limesgraben ein bisher unbekanntes Kleinkastell entdeckt. Es ist nicht sichtbar. Eine Untersuchung des LDA ergab den vollständi-

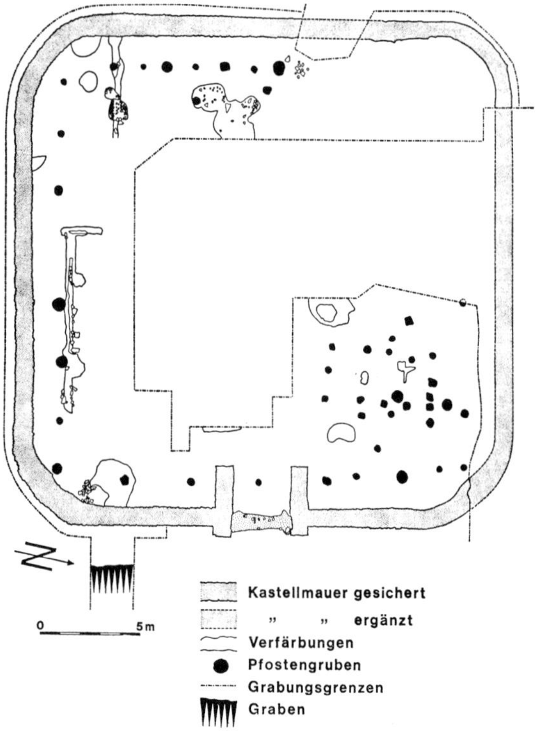

◁ 57. Kleinkastell Mainhardt-Ost. Grabungsplan

gen Grundriß. Die quadratische Anlage (Seitenlänge ca. 25 m = 540 qm) mit den charakteristischen, abgerundeten Ecken hatte nach Osten, zum Limes hin, ein Tor mit Wangenmauern. (Vgl. Kleinkastell Rötelsee bei Welzheim, S. 90.)

Museum Mainhardt

In der ehemaligen katholischen Kirche gegenüber dem Rathaus wurde das Museum neu aufgebaut und 1987 wieder geöffnet. Das Museum zeigt Funde aus dem Kastell und aus dem Bereich des Kastelldorfes. Besonders hervorzuheben sind Weihesteine und die Reliefdarstellungen von Muttergottheiten mit Kindern, gefunden 1944 beim Bau des Hauses Stangenweg 3 im Bereich des Kastelldorfes. Derartige Reliefs sind in den germanischen Provinzen östlich des Rheins überaus selten und gehören ohne Zweifel in einen kultischen Zusammenhang. Neben dem Eponarelief, das ebenfalls in Mainhardt gefunden wurde, zeigen diese Kultbilder einen starken gallischen Einfluß. Außerdem befindet sich in diesem Museum der Altar eines Benefiziariers (Unteroffizier), der 1967 südwestlich des Kastells gefunden wurde (Ausgrabung H. Clauß und H. Pasler). Der Stein stammt aus dem Jahre 181 n. Chr.

VI. Mainhardt–Murrhardt

Weglänge 18 km, Wanderzeit 5 Std. Ausschnitt 3 der beigefügten Karte
Top. Karte 1 : 50000, L 6922 Sulzbach an der Murr, L 7122 Backnang

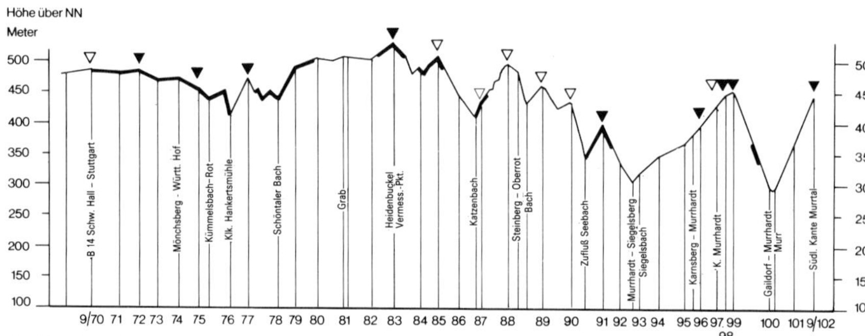

Geländeschnitt VI

Landschaft

Die Keuperstufe, die der Stubensandstein bildet, beherrscht jetzt die Landschaft. Eben und weithin sichtbar breiten sich die Fluren aus. Stattliche Hofsiedlungen und Weiler sind in sie eingebettet. Die geschlossene Hofübergabe, die hier herrscht, drückt sich in diesen Siedlungen aus. Im Süden breitet sich der Mainhardter Wald aus.

Wegbeschreibung

Südlich von Mainhardt, nach Überqueren der *Bundesstraße 14*, biegt der Wanderweg wieder auf die Limestrasse. Nach rd. 500 m sind **Wall und Graben** wieder besonders gut erhalten. Etwa 200 m südlich vom Waldrand bildet der hohe Schutthügel des **WP 9/72** im »Mönchwald« die erste markante Turmruine dieser Strecke. Der nächste, 1971 ausgegrabene und restaurierte Turm ist **WP 9/75** im Wald »Hofbergle«. Hier wurden zahlreiche Tongefäße gefunden, was auf lange Benutzung des Wachtpostens hinweist. Wenig außerhalb des Limes erkennt man die

59. Der restaurierte Wachturm 9/75 südlich von Mainhardt

Reste eines weiteren Grabens mit Wallaufschüttung, dessen Entstehung und Zweck bisher ungeklärt sind. Nahe WP 9/75 liegt der Weg im *Kümmelsbachtal*, das nach etwa 400 m ins Tal der *Rot* bei der ehem. *Hankertsmühle* mündet. Etwa 100 m talaufwärts der Brücke über die Rot befindet sich in den Wiesen zwischen Straße und Bach ein kleines Kastell.

Kleinkastell Hankertsmühle

Die Anlage (16,3 × 18 bzw. 19 m = 300 qm, Mauerbreite 1,85 m) ähnelt den Kleinkastellen Mainhardt-Ost und Rötelsee. In der Mitte der Ostseite, zum Limes hin, befindet sich das einzige Tor (Breite 1,52 m), flankiert von 3,5 m langen Wangenmauern. Die Nordwest-Ecke wird von der Rottalstraße überdeckt. Das Kastell ist heute ausgeschildert.
Am steilen Nordhang des Rottals ist der **Limes** deutlich erkennbar. Aus dem Rottal geht es auf einer Forststraße über 700 m bergauf bis zur Wiederaufnahme des Weges auf dem Limes. Auf der Höhe zwischen Rot und Schöntaler Bach steht Wachturm **WP 9/77** im »Färberwald«, eine hervorragend erhaltene Turmruine, die 1971 im Auftrag des damaligen Forstamtes Mönchsberg erneut restauriert wurde. Auch hier fanden sich zahlreiche Tonscherben. Wie zerrissen die Geländeformen dort sind, hebt der Geländeschnitt hervor. Jetzt ist der **Limes** nicht nur gut sichtbar, sondern auch wieder begehbar. Über die Klingen und Tobel hinweg sind dem Wanderer Stufen, Brücken und Geländer gebaut. Auf dem Weg zum *Schöntaler Bachtal* und danach geht es weniger steil abwärts als auf der anderen Seite bergauf. Wall und Graben sind mehrfach durch zahlreiche jüngere Klingen unterbrochen und daher verschleift. Südlich davon gibt es eine Merkwürdigkeit des äußeren obergermanischen Limes: Beim Anlegen des Limesgrabens wurde der Aushub nicht nur auf den Limeswall, sondern z. T. auch außerhalb aufgeworfen. Die nun folgende Strecke gehört mit zu den eindrucksvollsten Resten des Limes in Württemberg. Der im Waldteil »Saugraben« bergauf ziehende **Graben** ist außerordentlich gut erhalten und wird heute z. T. als Wasserlauf benutzt. Die hier nachgewiesenen Wachtürme WP 9/79 und 9/80 sind heute nicht mehr zu ermitteln. In *Grab*, dessen Name sich vom Grenzwall her ableiten läßt, steht das Gasthaus »Zum Rössle« unmittelbar an der Stelle des WP 9/81. Südlich des Ortes liegt die Straße nach Morbach bis zum Wald auf der Trasse. Im Wald ist der Limes dann wieder recht gut erkennbar.
1981 wurde von der Forstdirektion Stuttgart und vom Rems-Murr-Kreis in Verbindung mit der Gemeinde Großerlach eine **Limesrekonstruktion** errichtet, die dem Besucher das ursprüngliche Aussehen des äußeren obergermanischen Limes eindrucksvoll vor Augen führt. Durch vorausgehende archäologische Grabungen wurde die ursprüngliche Tiefe und Basisbreite des Walls ermittelt. Die Maße dienten als Grundlage für die Rekonstruktion. Der Limes verläuft hangaufwärts. Hier im Wald »Vogelhau« auf dem »Heidenbuckel«, dem zweithöchsten Geländepunkt des obergermanischen Limes, befindet sich der **WP 9/83**. Schon die RLK hatte 1892 die Turmruine mit einer Seitenlänge von 3,9 m aufgedeckt. Damals sollen sich Pfosten-

gruben gefunden haben, die möglicherweise zu einem hölzernen Meßgerüst gehörten. Es besteht kein Zweifel, daß der hier errichtete Turm einer der Hauptvermessungspunkte der äußeren Limesstrecke darstellt. Von hier reicht der Blick nach Norden über Mainhardt hinaus und nach Süden bis zum Spatzenhof (WP 9/116) auf Markung Kaisersbach, Rems-Murr-Kreis. Die Rekonstruktion des Limesgrabens, des dazugehörenden Walles sowie der Palisade und die Rekonstruktion des Steinturmes wurden von Architekt Dipl.-Ing. Th. Mössle, Welzheim, geplant und errichtet. Der Zugang zum Turm war in antiker Zeit im ersten Stockwerk. Um ihn heute den Sicherheitsbestimmungen entsprechend begehbar zu machen, wurde an der Westseite eine hölzerne Treppe angebracht, wie es sie in antiker Zeit nicht gab. Die Rekonstruktion des Turmes im Aufgehenden nach antiken Vorbildern, insbesondere auf der Trajanssäule in Rom, mit einer umlaufenden Holzgalerie gibt einen vorzüglichen Eindruck der Steintürme des äußeren obergermanischen und rätischen Limes.

Noch schroffer als vorher (siehe Geländeschnitt) ist die Stubensandsteinplatte auf dem weiteren Weg aufgebrochen. Im Westen hat sich der Trauzenbach eingekerbt, im Osten der Seebach. Der Hohbühl wird östlich über den Schweizerhof umgangen. Westlich von ihm leitet ein Forstweg zu einem Punkt am Waldrand, von dem aus der über freies Gelände ziehende **Limes** auf seinem weiteren Verlauf über die Keuperlandschaft gut sichtbar ist. Auf der nach Süden durch Trauzenbach und Seebach aus dem Stubensandstein herausgeschnittenen Bergzunge schneidet der Limes jetzt die Westtäler des *Seebachs* an. Wie er in diesem wenig überschaubaren Gelände trotzdem gesichert und überwacht werden konnte, zeigt im Geländeschnitt die Lage seiner Wachtürme. Doch ohne die riesige Waldbarrikade wäre der Schutz sicher problematischer gewesen.

Der Wanderweg verläßt die Limestrasse in westlicher Richtung, da nennenswerte, gut erhaltene Stücke, insbesondere auch Wachtürme, hier nicht mehr vorhanden sind. Der nächste sichtbare Limesturm liegt im Waldabteil »Hirschreute/Römerschanz« nördlich von *Siegelsberg*. Dort kehrt der Weg auch wieder zum Limes zurück. Dieser **WP 9/91** wurde im Jahre 1965 ausgegraben und konserviert. Er ist heute bis in eine Höhe von etwa 4 m rekonstruiert, wobei Lagenmauerwerk mit Fischgrätmuster (opus spicatum) abwechselt. Bei WP 9/93, der wohl ein etwas größeres Ausmaß gehabt hat, erreicht der Limes am Siegelsbach den bis dahin tiefsten Punkt dieser Strecke (etwa 310 m NN). Ohne sichtbare Spuren durchzieht der Limes die »Ulrichsklinge« und steigt hinauf zum »Heidenbühl«, jenem Bergrücken, der sich durch eine

60. WP 9/83. Limesrekonstruktion mit Palisade, Wall, Graben und Steinturm bei Großerlach-Grab

ganze Anzahl von wichtigen Limesbefestigungen auszeichnet. Er ist eine Art Auslieger der Stubensandsteinplatte, im Osten von der Fläche um Karnsberg durch einen Nebenbach der Murr und im Westen durch den *Siegelsbach* und dort von der Hochfläche um Hoffeld abgetrennt. Von Siegelsberg muß der Wanderer also zunächst den Anstieg zur Straße *Karnsberg–Murrhardt* auf einem Forstweg überwinden. Dann setzt sich über die schmale Schilfsandstufe und über den Mergelhang der Weg bis zum Stubensandstein-Plateau fort. Der herrliche Buchen-Tannenwald spendet an heißen Sommertagen während des steilen Aufstiegs willkommenen Schatten. Auf diesem Wegstück wird auch deutlich, daß die Zertalung dieses Keupergebiets lange Zeit dem Verkehr widerstand. Erst der moderne Straßenbau hat diesen Zustand beendet. Für die Römer war dieser Berg (jetzt mit einem großen Freizeitplatz) ein vorzüglicher Stützpunkt, da von ihm aus das Murrtal offenlag. **WP 9/96** auf dem »Heidenbühl«, schon von Eduard Paulus und Gustav Sixt ausgegraben, wurde 1961/64 unter Leitung von R. Schweizer erneut untersucht, wobei wichtige Befunde zum Vorschein kamen.

Direkt nebeneinander befanden sich zwei Türme, Turm A und Turm B. Laut den Grabungen wurde Turm A zuerst erbaut und infolge einer Brandkatastrophe abgetragen. Im Abstand von 0,5 m wurde anschließend in östlicher Richtung Turm B errichtet. Die Nordseiten beider Türme befinden sich in einer Flucht, die Südseite von Turm B springt um 0,24 m über die Südseite von Turm A vor. Der neue Turm B erhebt sich über der Brandschicht. Für seinen Bau wurde das noch brauchbare Steinmaterial von Turm A verwendet. In der gut erhaltenen Nordostecke des Turmes fand sich eine Feuerstelle. Der Ausgräber vermutet mit Recht, daß sie nach Abbruch des Turmes hier angelegt wurde. Zur großen Überraschung der Ausgräber fanden sich hier zahlreiche Funde, unter denen ein Bratspieß besonders hervorzuheben ist. Von **WP 9/96** wur-

62. WP 9/96 bei Murrhardt. Der westliche Turm wurde rekonstruiert ▷

61. Der Limes im »Saugraben« zwischen Schöntaler Bach und Grab

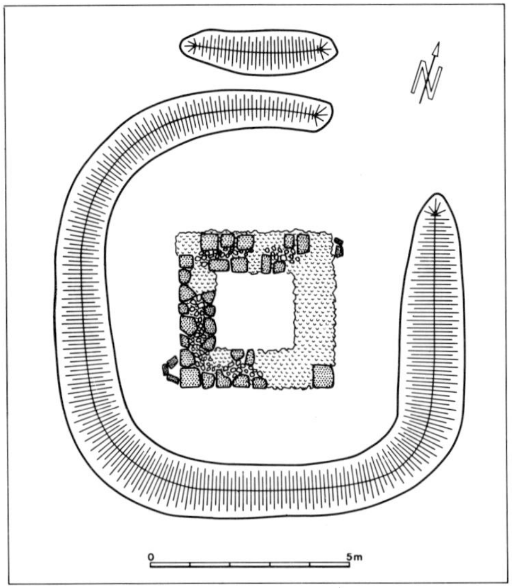

◁ *63. WP 9/98. Grundriß mit umlaufendem Graben (nach R. Schweizer)*

de der westliche bis zu einer Höhe von 6 m rekonstruiert. Der nächste sichtbare Wachturm **WP 9/98** auf dem »Linderst« wurde von G. Sixt untersucht. Auch hier erfolgte 1961 bis 1964 eine Neuausgrabung durch R. Schweizer. Der Turm (3,75 × 3,75 m, Mauerbreite 0,8 m, Fundamente restauriert) war von einem Spitzgraben (Breite 1,6 m, Tiefe 0,6 m) umgeben und hatte nur eine Steinbauphase. Hier fand sich eine bronzene Gewandnadel (Länge 37,5 cm) mit einem Kopf in Form eines Bockhauptes, vermutlich eine Schmucknadel zum Zusammenstecken eines Umhangs. An zwei Ecken ermittelte, mit Steinen verkeilte Pfostengruben lassen auf ein Meßgerüst schließen. Am Südhang des »Linderst« liegt **WP 9/99**. Dieser Turm (6 × 6,5 m) war tief im Berg auf den anstehenden Fels fundiert und einer der größten Türme am gesamten Limes. Die ungewöhnliche Grundrißgröße läßt eine Höhe von mindestens 12 m vermuten. Der Abstand von WP 9/97 zu WP 9/98 betrug höchstens 100 m, jener von WP 9/98 zu WP 9/99 sogar nicht einmal 80 m. Diese Konzentration von Turmstellen auf dem »Linderst« ist zweifellos ungewöhnlich und wohl im Zusammenhang mit der Überwachung des Tales und der direkten Verbindung zum *Kastell Murrhardt* zu sehen. Reste des Limes sind auf dem Linderst heute nicht mehr zu erkennen. Der Abstieg ins Murrtal durchläuft noch einmal die geologischen Schichten der bereits zurückgelegten Strecke. Am günstigsten gelangt der Wanderer auf der rechten Murrtalseite nach Murrhardt. Dort, wo der Wanderweg zum Durchlaß unter der Bahnlinie Nürnberg–Stuttgart nach links abzweigt, geht man geradeaus auf nicht markiertem Weg. Der Limes verläuft hinunter zur *Murr* und überquert östlich des »Hirschsägewerkes« das *Tal*, in dem sich das Kohortenkastell Murrhardt befindet.

Das Kastell Murrhardt

Etwa 1,2 km westlich des Limes liegt in Flur »Bürg« südlich des alten Stadtkerns von Murrhardt das Kastell. 1979 konnte das **rückwärtige Lagertor** (porta decumana) untersucht werden. Lediglich geringe Reste der Fundamente aus Sandstein waren erhalten. An Ort und Stelle wurden die Grundmauern neu aufgeführt und sind heute für den Besucher zugänglich.
Schon im 16. Jh. entdeckte man in Murrhardt römische Inschriften, die auf eine römische Siedlung hinwiesen. Das Kastell selbst wurde vom Altertumsverein für den Murrgau 1885 entdeckt. Er führte umfangreiche Grabungen durch, deren Ergebnisse für die Grabungen der RLK im Jahre 1892 Grundlagen bildeten. Die Frontseite von 135,5 m, die rückwärtige Seite von 130,7 m und die beiden Flanken von 164,1 bzw. 164,2 m bilden eine Innenfläche von knapp 2,2 ha (von Wallfuß zu Wallfuß 1,8 ha) (Abb. 65). 1973, 1975, 1977 und 1979/80 fanden Grabungen durch das LDA statt. In der Zwischenzeit ist das Gelände nahezu ganz überbaut. Das Kastell hatte abgerundete Ecken und

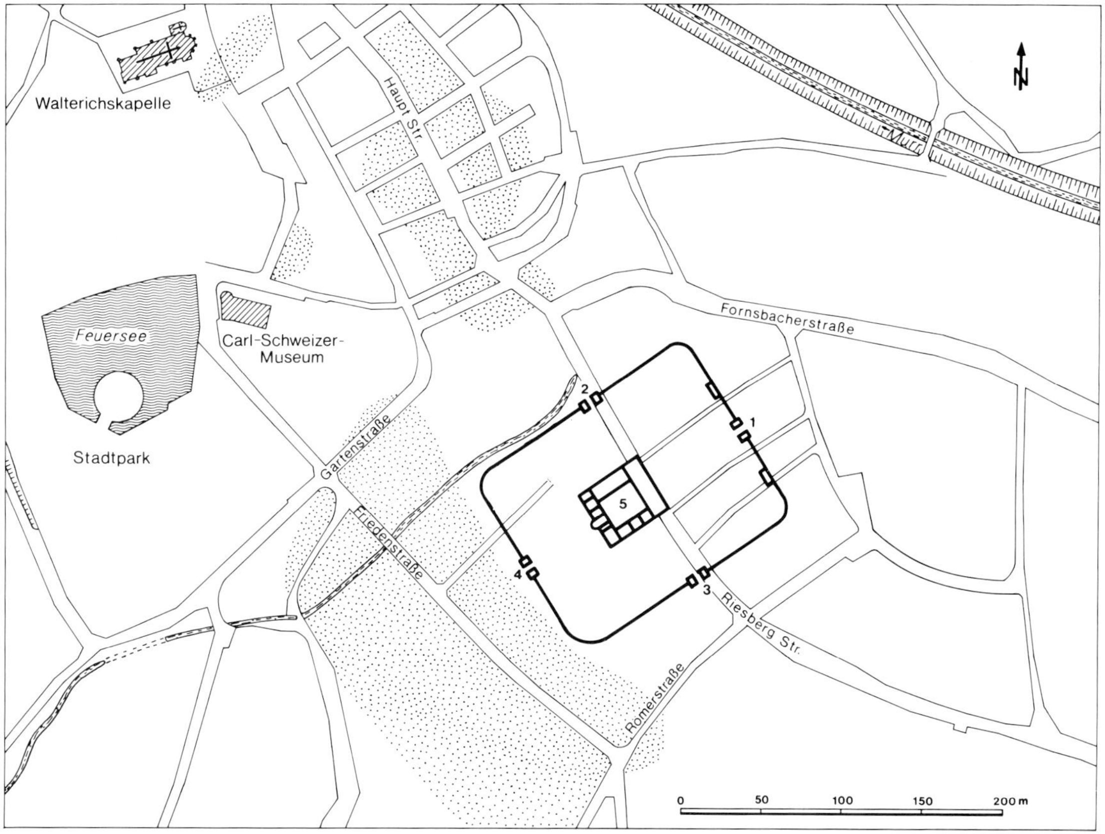

64. Gesamtplan des Kastells Murrhardt. 1–4 Lagertore, 5 Stabsgebäude, gepunktete Fläche = Zivilsiedlung

die üblichen vier Tore, wobei das Ausfalltor (porta praetoria) eine doppelte Durchfahrt (Breite 7,85 m) hatte. Alle Tore sprangen über die Umfassungsmauer vor. Die neuesten Grabungen zeigten eine Mehrphasigkeit der Umwehrung und der hölzernen Innenbebauung. Vom ältesten Kastell, das kurz nach 150 n. Chr. errichtet wurde, fanden sich an der Innenseite der jüngeren Kastellmauer eine Reihe von Pfostengruben einer einfachen Holz-Erde-Anlage, die im Bereich der später in Stein errichteten rückwärtigen Toranlage (porta decumana) eine 4 m breite Tordurchfahrt mit rechtwinklig einbiegenden Torwangen bildete. Wahrscheinlich bestand die älteste Umwehrung aus einer hölzernen Front mit angeschüttetem Wall und war gleich groß wie das jüngere Steinkastell. Vermutlich gehörte zur ältesten Kastellbefestigung ein doppelter Graben.

Wenige Jahre später wurde die Umwehrung in Stein ausgebaut. Auf die Berme, dem Zwischenstück zwischen Grabenrand und Holz-Erde-Mauer, wurde vor die ältere Holzfront eine etwa 1,5 m breite Kastellmauer vorgesetzt und das Lager durch zwei Gräben gesichert. Anstelle der einfachen Torwangen erhielt das rück-

wärtige Lagertor zwei die Durchfahrt flankierende Steintürme.
Wie die Grabungen 1979 und 1980 ergaben, ist die Steinmauer offenbar teilweise beschädigt worden, und Pfostengruben eines mächtigen Baugerüstes an der Außenseite zeugen davon, daß die Kastellmauer ausgebessert werden mußte. Aus dem Innenraum sind bisher lediglich Teile des Stabsgebäudes (principia) mit 46,4 × 38,4 m bekannt geworden. In der Mitte der Westseite lag das unterkellerte Fahnenheiligtum mit nach Westen vorspringender Apsis und noch gut erhaltener Treppe. Außerdem erbrachten neuere Grabungen westlich und südwestlich des Stabsgebäudes größere Einblicke in die Bebauung des rückwärtigen Lagerbereichs (retentura). Auch hier gelang es, zwei verschiedene Bauperioden nachzuweisen. Die ältere Bauphase war von der jüngeren durch eine planierte Brandschicht getrennt. Wie die Untersuchungen von R. Krause ergaben, zeigten sich in der älteren Bauphase Teilbereiche einer Mannschaftsbaracke (Bau B) sowie hinter dem Stabsgebäude Befunde von zwei weiteren Bauten. Die Funktion von Bau C kann nicht sicher ermittelt werden. Möglicherweise handelt es sich hier um eine Werkstatt (fabrica) oder um ein Lazarett (valetudinarium). Die geringen Reste von Bau D dürften wohl zu einem einfachen, rechteckigen Gebäude zu rekonstruieren sein, das möglicherweise als Pferdestall genutzt wurde. Die bei den Grabungen ermittelten Befunde aus der die beiden Bauphasen trennenden Brandschicht, über die dann zwei Getreidespeicher (horrea, Bau E und F) errichtet worden sind, gehören in die Zeit zwischen 170 und 190 n. Chr. und sind damit deutlich jünger als die massive Umwehrung. Auch im Ostkastell von Welzheim konnte eine Brandschicht aus derselben Zeit nachgewiesen werden. Von der rückwärtigen Lagerstraße wurden Straßengräben sowie ein holzverschalter Brunnen (1,2 × 1,2 m, Tiefe 3 m) mit zahlreicher Keramik entdeckt. Infolge der feuchten Untergrundverhältnisse waren die in jeder Ecke eingebauten vierkantigen, senkrechten Balken noch sehr gut erhalten. Eine dendrochronologische Bestimmung dieser Hölzer ergab eine Bauzeit des Brunnens um 159 n. Chr. Als Besatzung ist die Cohors XXIV voluntariorum civium Romanorum inschriftlich belegt. Eine Ehrenin-

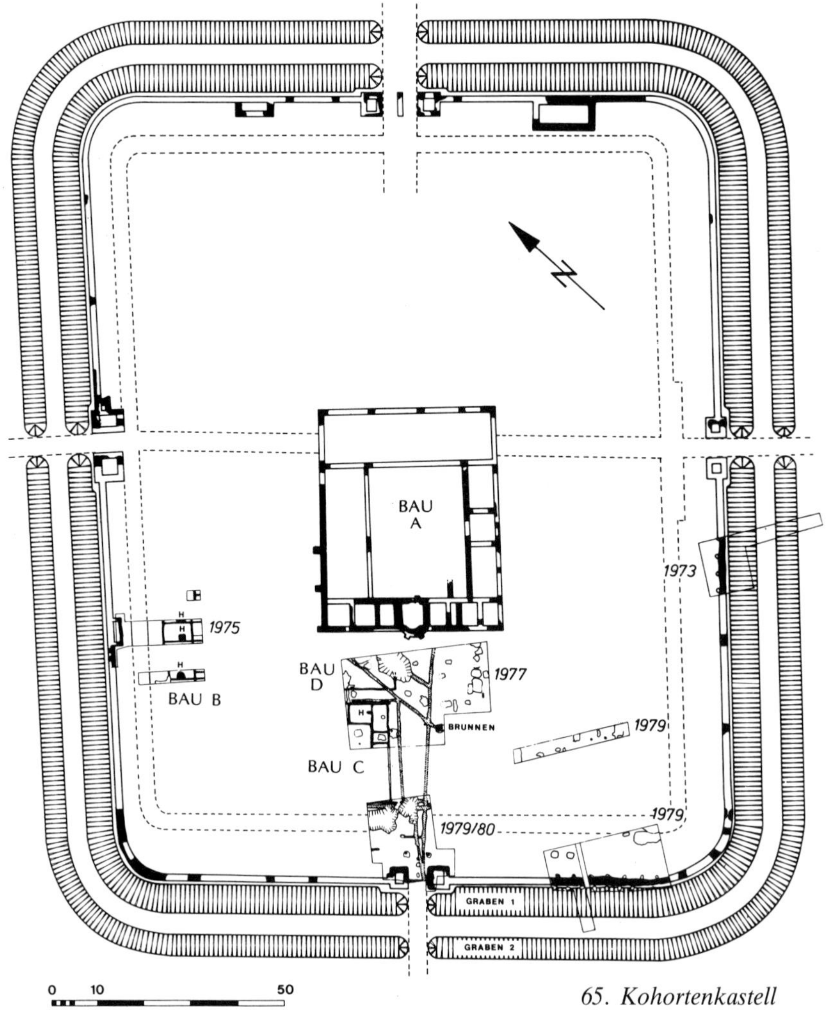

65. Kohortenkastell Murrhardt. Plan nach der Grabung 1979/80. A Stabsgebäude, B Speicherbauten, C Lazarett(?), D Pferdestall (nach R. Krause)

66. Carl-Schweizer-Museum Murrhardt. Schwert und 2 Spitzen aus Bronze ▷

schrift für den Kaiser Severus Alexander und die bisher bekannte Schlußmünze, ein Antoninian des Philippus I aus dem Jahre 248 n. Chr., beweisen, daß das Kastell Murrhardt noch in der Spätzeit des obergermanischen Limes bestanden hatte und spätestens um 259/60 aufgegeben wurde. Ob für den inschriftlich belegten Numerus Exploratorum Tribocorum et Boiorum ein zweites kleineres Kastell in Murrhardt zu suchen ist, entzieht sich bisher unserer Kenntnis.

Carl-Schweizer-Museum

Am Stadtpark, Öffnungszeiten: Ostern bis 31. 10. sonn- und feiertags 10–12 und 14–17 Uhr, Montag bis Freitag 11–12 und 16–18 Uhr, Samstag 11–12 und 15–18 Uhr
Das Carl-Schweizer-Museum wurde 1931 von Carl und Egon Schweizer gegründet. Nach dem Verlust der Bestände wurde es in den Jahren 1950–55 wieder aufgebaut und seit 1974 von Dr. Rolf Schweizer geleitet. In der römischen Abteilung des Museums werden, neben einer ganzen Anzahl von Reliefmodellen vom Limes, vor allen Dingen Funde aus dem Kastell und dem Kastelldorf Murrhardt und von den Limestürmen gezeigt. Besonders zu erwähnen sind Funde aus den Wachtürmen 9/91, 96, 98, 99 und 104. Außerdem sind Kopien einer ganzen Anzahl von wichtigen Inschriften aus Murrhardt aufgestellt. Mit zu den Kostbarkeiten des Museums gehören das bronzene Schwert sowie zwei Spitzen aus Bronze, die zusammen 1954 an der Friedensstraße westlich vom Kastell gefunden wurden. Das 1,15 kg schwere Schwert (Länge 0,63 m) hat einen 26 cm langen Griff in Form eines Adlerkopfes. Dieses Schwert gehört zweifellos zu einer überlebensgroßen Kaiserstatue. Ähnliche Funde besitzen wir z. B. aus Dalkingen und Weißenburg.

VII. Murrhardt–Welzheim

Weglänge 20 km, Wanderzeit 6 Std. Ausschnitt 3 der beigefügten Karte
Top. Karte 1 : 50 000, L 7122 Backnang

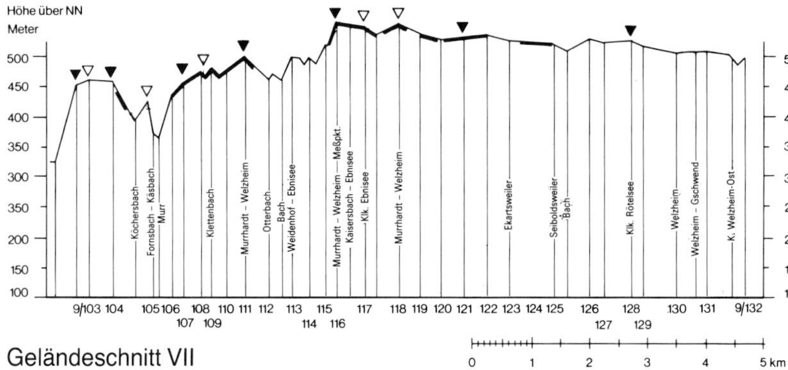

Geländeschnitt VII

Landschaft

Der Murrhardter Wald, der die Stadt umschließt, bildet die südliche Grenze der Schwäbisch-Fränkischen Waldberge. Auf den Höhen des Welzheimer Waldes, der sich südlich anschließt, und denen des Schurwaldes sind Reste von Liasschichten erhalten. Ihre Böden haben die Siedler eher angezogen als die kargen Flächen des Stubensandsteins und des Oberen Muschelkalks. Daher kehrt sich das Bild hier um. Die besiedelten Gebiete liegen über den Wäldern auf den Liasflächen, der Wald hat sich auf die Talhänge zurückgezogen. Doch sind die Hochflächen durch Täler, Klingen und Tobel zerschnitten. Demgegenüber sind in den Tälern wieder die weicheren, unteren Keuperschichten angeschnitten. Diese kann das Wasser leichter ausräumen und breite, tiefe Täler gewinnen, die von alters her natürliche Durchgangsstraßen sind und die östlichen und westlichen Macht- und Wirtschaftszentren miteinander verbunden haben. Dank dieser günstigen Voraussetzungen konnten sich Dörfer und Städte schon früh wirtschaftlich entfalten.
Murrhardter und Welzheimer Wald sind auf Karten, die sich mit frühen Siedlungsepochen befassen, als siedlungsleere Gebiete dargestellt.

In diesen Raum stößt der Limes vor und zieht sich über die hochgelegenen Liasflächen, zwischen den Tälern der Lein und Wieslauf, auf einer schmalen Flächenzunge entlang.
Der Übertritt vom Murrhardter zum Welzheimer Wald ist mit einem erneuten Wechsel des Landschaftsbildes verbunden. Es bahnt sich langsam der Übergang von der Trias zum Jura an. Vom Buntsandstein im Odenwald über die Muschelkalkgebiete des Baulands, die Gäuplatten der Kocher-Jagst-Ebene, das Keuperbergvorland der Hohenloher Ebene, die Keupergebiete der Schwäbisch-Fränkischen Waldberge bis zur Rems ist das ganze Schichtstufenland mit der Vielfalt seiner landschaftlichen Eigenheiten, Schönheiten und Seltsamkeiten zurückgelegt worden. Die oberste Stufe dieser Landschaft, der Trauf der Schwäbischen Alb, rückt näher und offenbart sich durch seine Horizontlinie, die von den Höhen des Welzheimer Waldes ins Blickfeld rückt. Sie wird zwar vom Limes nicht geschnitten, doch sie begleitet ihn fast über die Hälfte der Strecke auf seiner Hinwendung nach Osten.

Wegbeschreibung

Von Murrhardt aus müssen etwa 170 m Steigung vom mittleren Murrtal heraus bis zur Höhe von Köchersberg überwunden werden, dann beginnt nach etwa 700 m der Abstieg ins obere Murrtal. Dabei muß der Wanderer entweder den etwas lästigen, aber kürzeren Weg entlang der Murrstraße in Kauf nehmen, oder er ist zu einem Umweg über die Nordseite des Tales und der Eisenbahn entlang gezwungen. Die wenig befahrene Straße nach Köchersberg kann vorerst nicht umgangen werden. Hier wird sich in der Zukunft sicher noch eine andere Möglichkeit finden.
Der Limes nimmt vom Murrtal aus einen steilen Anstieg durch den Wald zum »Köchersberger Feld«. Auf der südlichen Kante des Talhanges der Murr liegt das gut sichtbare Fundament von **WP 9/102**, etwas abseits des Limeswanderwegs, doch auf einem Pfad entlang dem Talrand gut erreichbar. Der nächste sichtbare und konservierte Turm, **WP 9/104**, befindet sich an der Fahrstraße *Fornsbach–Käsbach*, 600 m vom Weiler entfernt. Hier beginnt der »Heidenwald«, mit einem Stück gut erkennbaren Limes. An der oberen *Murr* und bis hinauf zum Weidenhof muß der Limes zahllose Talkerben, Schluchten, Tobel und Klingen *(Köchersbach, Murr, Klettenbach und Otterbach)* überwinden, deshalb führt der Wanderweg nur an einige Punkte dieser erstaunlich gut erhaltenen Strekke. Besonders gut erhaltene Reste des Walles und des **WP 9/111** liegen an der Straße Fornsbach–Ebnisee. Nördlich der Straße sind die Grabenreste auf mehrere 100 m bis zum WP 9/109 deutlich zu verfolgen. Von nun an sind bis zum Spatzenhof nur noch geringe Reste des Limes und der Türme vorhanden.
Unmittelbar an der Straße liegt am Liasrand Limesturm **WP 9/116**. Nach ersten Untersuchungen 1896, führte das LDA 1977 Grabungen durch, die interessante Einblicke in den Aufbau der Limesbefestigung an diesem Streckenabschnitt brachten. Dieser Turm (6 × 6 m) gehörte zu den größten Türmen des normalen Typus und hatte zwei Bauphasen. Als erste Bauphase konnte der quadratische Steinturm aus sehr solidem Mauerwerk mit Ringgraben (Breite 1,3–1,4 m, Tiefe 0,5 m) ermittelt werden. Eine zu dieser ältesten Bauphase gehörende Palisade wurde nicht gefunden, da ein Suchschnitt nach Osten nicht weit genug in den Wald vorangetrieben werden konnte. Eine Erdbrücke nach Osten wurde ebenfalls ermittelt. In einer zweiten Phase wurde der Graben durchgezogen, der dahinter aufgeschüttete Wall endete nördlich und südlich des Turmes in einem Wallkopf. Eine Untersuchung des davorliegenden Spitzgrabens (Breite 2,5 m, Tiefe 2,2 m) ergab, daß sich dieser sehr gut im Profil abhob. Nachdem im Zusammenhang mit einem Alamanneneinfall in

67. Einer der Hauptvermessungspunkte am Limes. Limesturm 9/116

der 1. Hälfte des 3. Jh. der Turm zerstört und nachher nur noch flüchtig aufgerichtet worden war, wurde der Wall nun an der Nord- und Südseite am Turm aufgeschüttet. Es ist wahrscheinlich, daß dieser Turm der *Vermessungspunkt erster Ordnung* gewesen ist und sein Gegenpunkt der etwa 75 km entfernte Turm nahe dem Hönehauskastell war. Mit Feuerzeichen ist es bei einem Höhenunterschied (WP 8/1 – WP 9/116) von rund 120 m möglich, auf dieser Strecke einen oder mehrere Zwischenpunkte einzuweisen. Nach Süden reichte der Blick bis zum Ende der langen geraden Limeslinie in der Nähe des Haghofes.

Hier beginnt eine der hervorragendsten Strecken des obergermanischen **Limes** in diesem Bereich auf eine Länge von etwa 1,5 km bis zur Königseiche westlich der Straße Kaisersbach–Welzheim. Der Weg liegt nun auf dem Limes, von dem hier hervorragende Wall- und Grabenreste zu sehen sind.

Südlich des großen Wanderparkplatzes liegt im Waldabteil »Forst« das als WP 9/117 bezeichnete *Kleinkastell Ebnisee* (450 qm), von dem die

Spuren der Steinmauer als Schuttwall zu erkennen sind (siehe Kastell Rötelsee).
Wo der Limes die Straße *Kaisersbach–Ebnisee* kreuzt, lohnt sich ein kleiner Umweg zum Ebnisee. Er ist um 1744 für die Flößerei künstlich angelegt worden. Im Winter wurde dort das »Schwellwasser« für das Flößen der Hölzer auf der Wieslauf gesammelt. Der 10 ha große See ist ein beliebtes Ausflugsziel zum Baden und Bootfahren. Zurück bis zum Limes sollte dieselbe Strecke wie auf dem Hinweg gewählt werden.
Vom nächsten Wachturm 9/118 bei der großen Königseiche am Südrand des Waldes sind heute nur noch geringe Spuren erkennbar.
An dieser Stelle wechselt der Weg auf die andere Seite der Straße *Murrhardt–Welzheim* und führt zwischen Gausmannsweiler und *Eckartsweiler* wieder zurück zur Limestrasse. Hier befindet sich ein eindrucksvolles Stück des obergermanischen Limes mit der Ruine des Limesturmes **WP 9/121**. Dieser Wachturm liegt unmittelbar südlich des Weges an der Waldecke. Die gerade Limeslinie verläuft nun wieder über offenes Ackerland, Spuren sind hier nur stellenweise wahrnehmbar. Lediglich durch Luftaufnahmen läßt sich der Limes noch recht gut verfolgen (Umschlagbild). Der Wanderweg führt weg vom Limes ins Leintal zum Stausee bei Leinhalde, von dort in südwestlicher Richtung zurück und trifft östlich *Seiboldsweiler* wiederum auf die Limestrasse. Der jetzt folgende, ausgebaute Fahrweg liegt auf dem Limesgraben. Hier sind der Hauptstufenrand der Schwäbischen Alb, die Kaiserberge Hohenstaufen, Rechberg und Stuifen, Welzheim und die weiten Liasflächen diesseits und jenseits der Lein zu sehen.

Kleinkastell Rötelsee

Die Anlage liegt 40 m innerhalb des Limesgrabens. Die **Mauern** sind konserviert und die hölzernen Innenbauten mit **Steinplatten** im Grundriß angedeutet. Dank der Restaurierung durch die Stadt Welzheim und das Flurbereinigungsamt Schorndorf erhält der Besucher eine gute Vorstellung vom Aussehen dieses Musterbeispiels römischer Kleinkastelle am obergermanischen Limes zwischen Main und Rems. Eine Grabung des LDA im Herbst 1974 (1. Untersuchung von G. Sixt im Auftrag der RLK) ergab zum erstenmal den vollständigen Grundriß eines Kleinkastells dieser Variante. Die Anlage ist von einem Graben (Breite 2 m) umgeben, unterbrochen vor dem einzigen nach Osten orientierten Tor. Der **Graben** ist heute wieder sichtbar. Zwei Gruben im Bereich der Erdbrücke gehörten vermutlich zu deren Verriegelung.
Das Kastell (340 qm) ist von einer Kastellmauer (Breite 1 m) mit abgerundeten Ecken umgeben. An der Innenseite wurde diese Mauer von einer regelmäßigen Pfostenreihe begleitet, die zweifellos zu einem hölzernen Wehrgang gehört hat. Dieser Wehrgang wurde vorne auf der Steinmauer aufgelegt und durch Pfosten nach hinten gestützt. Um einen gepflasterten Innenhof in der Mitte des Kastells befand sich eine hufeisenförmige Mannschaftsunterkunft aus Holz, deren Langseiten zum Hof einen überdachten Gang (porticus) hatten und in zwei bzw. drei Räume unterteilt waren. An der Stirnseite des Innenhofes fand sich eine große Herdstelle. Einige Kleinfunde, vor allen Dingen aber die Keramik zeigen, daß die Anlage wohl erst im späten 2. Jh. errichtet worden ist. Kleinkastelle dieses Typs dienten wohl der Unterbringung von Mannschaften, die zur Überwachung des Limes abkommandiert waren. Die Lage dicht bei den beiden in Welzheim entdeckten Kastellen ist besonders auffallend. Vermutlich steht das Bauwerk mit einem Durchgang durch den Limes in Zusammenhang, der noch nicht genau lokalisiert werden konnte.
100 m nach dem Kastell biegt der Weg nach Osten zur Obermühle ins Leintal ab. Der Wanderweg liegt links der Lein, die etwa beim Schützenhaus nach rechts aufwärts überschrit-

68. Kleinkastell Rötelsee bei Welzheim, restaurierter Zustand

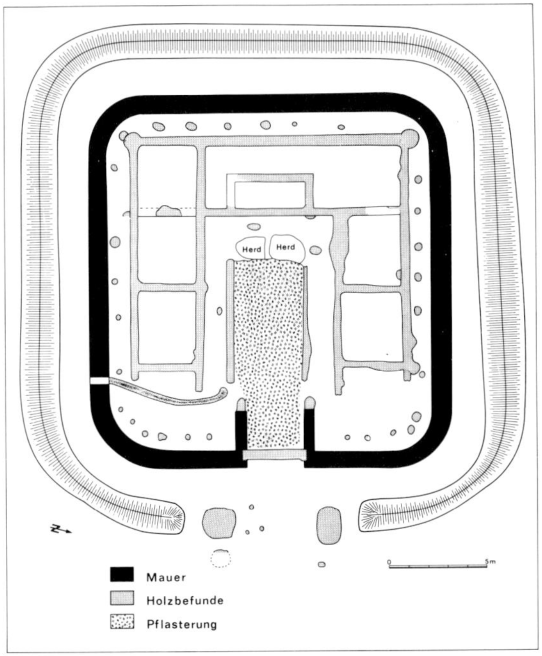

69. Kleinkastell Rötelsee. Gesamtplan

ten wird. Der Weg nach *Welzheim* führt über das *Ostkastell* und dann von Süden ins Stadtzentrum. Spuren des Walles sind hier nicht mehr erhalten.

Westkastell

Das Lager (236 × 181 m = 4,3 ha) liegt im südlichen Teil der Stadt auf einem nach Osten geneigten Hang und war eines der größten Kastelle am obergermanischen Limes. Es ist inzwischen nahezu vollständig überbaut. Die Kastellmauer (Breite 1,4 bis 2,1 m) hatte jeweils an den Ecken rechteckige bis trapezförmige Türme. Das Südtor (porta principalis dextra) (1), das Westtor (porta decumana) (2) und das Osttor (porta praetoria) (3) hatten je zwei Durchfahrten und waren von Tortürmen flankiert. 1983 wurde im Zusammenhang mit dem Bau einer Fabrik zwischen Schorndorfer Straße und Schloßgartenstraße die südöstliche Kastellecke untersucht. Von der Umwehrung konnte ein ca. 20 m langes Teilstück aufgedeckt werden. Die Kastellmauer selbst war auf der Innenseite noch 0,5 bis 0,6 m im Aufgehenden erhalten, die äußere Mauerschale dagegen bis auf drei bzw. vier Steinlagen ausgebrochen. Der südöstliche Eckturm war noch wohlerhalten. Die Kastellecke macht hier einen weiten Bogen, in den ein im Verhältnis zur Größe des Kastells sehr kleiner leicht trapezförmiger Eckturm eingebaut wurde, der bis zu 1 m hoch erhalten war. An der Innenseite befand sich eine 1,2 m breite Tür. Wie die Baubefunde zeigen, wurde der Turm gleichzeitig mit der Kastellmauer errichtet.

Besonders interessant waren die Befunde innerhalb der Kastellmauer. Hier konnte auf der gesamten ergrabenen Südseite und in geringen Resten auch noch auf der Ostseite eine Erdrampe freigelegt werden, die an die Kastellmauer angeschüttet war. Dank der günstigen Erhaltungsbedingungen wurden hier bisher einmalige Holzkonstruktionen innerhalb der Rampe nachgewiesen. Wie die durchgängig verkohlten Holzeinbauten zeigen, handelt es sich um eine Holzkonstruktion in der Wallschüttung selbst, die teils gitterförmig, teils parallel zueinander angelegte Holzbohlen enthielt. Dieser aufwendige und sonst in seiner Art bisher nicht ermittelte Holzeinbau in die Erdrampe wurde möglicherweise notwendig, um die Erdrampe selbst standfest zu machen. Die Verkohlung der Hölzer ist nicht sekundär, sondern primär. Es handelt sich hierbei um eine Art der Holzkonservierung, die wir auch im Mittelalter immer wieder nachweisen können. Entlang der Lagerringstraße (via sagularis) konnten zwei Zisternen beobachtet werden, die knapp 0,8 m in die alte Oberfläche eingetieft worden waren. Spuren einer älteren Kastellbefestigung waren nicht zu ermitteln.

Die bisherigen Befunde zeigen, daß das Kastell mindestens von einem Graben umgeben war. Vor dem Stabsgebäude (principia) (4), das als einziger Innenbau teilweise untersucht wurde, war die Lagerhauptstraße von einer großen Vorhalle überdeckt, nach Westen schlossen sich der Innenhof und die rückwärtigen Räume mit dem Fahnenheiligtum an. Das Kastell war laut einer Inschrift Garnison für eine Ala I... Von den obergermanischen Alen (Reitereinheiten) kommen dafür die Ala I Scubulorum, die Ala I Flavia gemina und die Ala Indiana Gallorum in Betracht. Zu diesem Kastell gehört das etwa 100 m südöstlich des Osttores liegende, offenbar gut erhaltene Badegebäude (Länge 44 m, Breite 16 m) (5) in Flur »Brühl«. Das Bad hatte Auskleideraum (apodyterium), Kaltwasserbad mit Badebecken (frigidarium mit piscina), Warmluftraum (tepidarium), Warmwasserbad (caldarium) und einen großen Heizraum (praefurnium).

Ostkastell

Die Anlage befindet sich etwa 530 m östlich des Westkastells auf der Hochfläche über der Lein außerhalb der geraden Limestrasse. Sichtbar sind das **Südtor**, die **Südwestfront**, der **südöstliche Eckturm** und eine vollständige **Rekonstruktion des Westtores**. Der Verlauf der gesamten Kastellmauer wurde durch einen mit Rasen bewachsenen Erdwall gekennzeichnet. Die Tore sind als Unterbrechungen gekennzeichnet. Bekannt seit dem 18. Jh., fanden 1894 Grabungen durch die RLK unter Leitung von A. Mettler statt. Das Gelände des Ostkastells (1,6 ha) senkt sich von Nordwesten nach Südosten um etwa 10 m. Die Grabungen der RLK am Nordostturm und am Osttor ließen schon damals Ausbesserungen vermuten, die möglicherweise in Verbindung mit einer durch den geologischen Untergrund verursachten Abrutschung zusammenhingen. Das Osttor hatte eine Durchfahrt und auffallenderweise nur einen Turm an der Nordseite. An der Südseite hatte es lediglich eine Zungenmauer. Zwischentürme befanden sich nur an der Westseite und am Westteil der

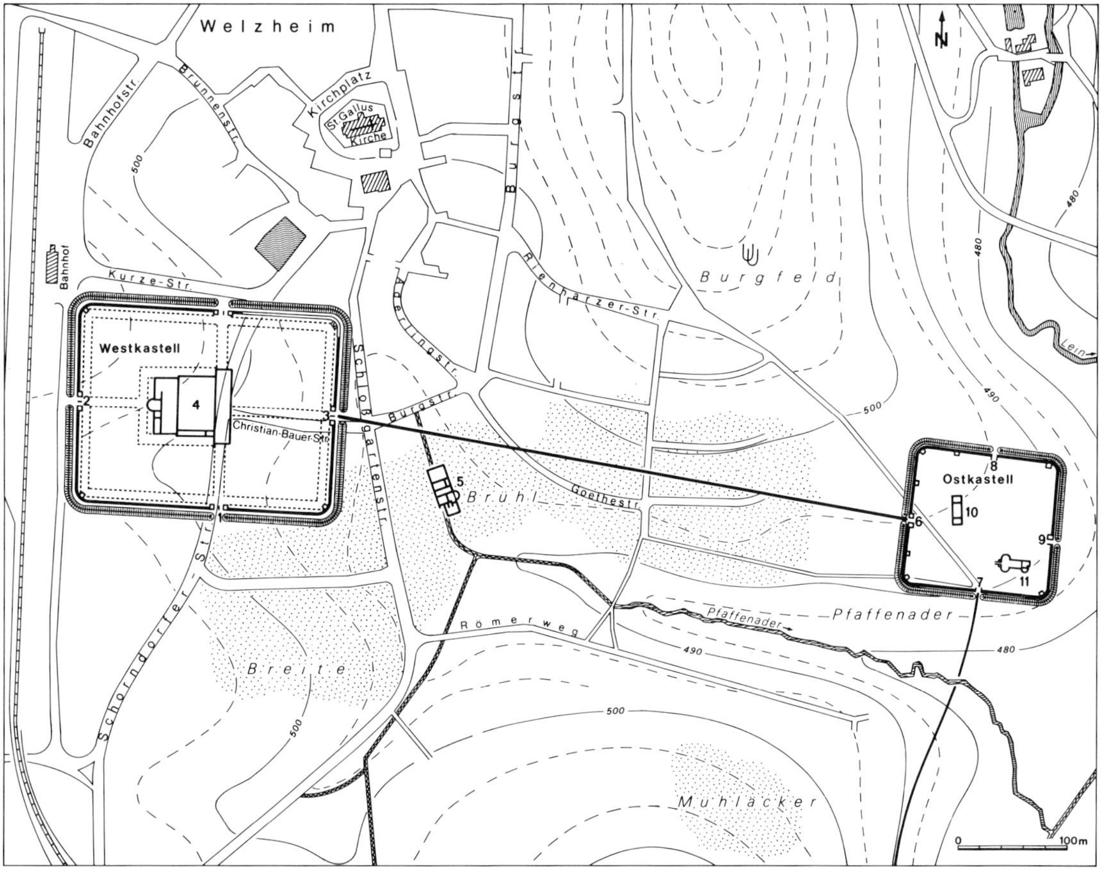

70. Welzheim. Gesamtübersicht des West- und Ostkastells und der Zivilsiedlung. Westkastell: 1–3 Lagertore, 4 Stabsgebäude, 5 Bad, Ostkastell: 6–9 Lagertore, 6 rekonstruiert, 10 Gebäude unbekannter Bestimmung, 11 Bad, gepunktete Fläche = Zivilsiedlung

Nordseite. Sie fehlen offenbar auf den anderen Seiten. Auch dies entspricht nicht dem allgemeinen Befund an römischen Kastellen. Die Grabungen seit 1976 beschränkten sich zunächst auf die Untersuchung des Südtores, des südöstlichen Eckturmes und des Westtores. Die Kastellmauer (Breite 1,1 bis 1,4 m) war stellenweise noch über 1,2 m hoch erhalten. Der kalkarme Boden hat den Mörtel völlig aufgelöst. Diese Kastellmauer hatte zusätzlich die Aufgabe einer Terrassenmauer, da das Niveau des Lagers innen um mindestens 0,5 m höher war als außen. Eine an der Innenseite verlaufende Pfostenreihe weist auf einen Wehrgang hin, an den sich dann die Lagerstraße anschloß. Der Mauer vorgelegt waren insgesamt zwei Spitzgräben, die an der Westseite nachgewiesen werden konnten. Das Südtor hatte zwei nach innen einspringende Mauern, eine Torkonstruktion, die am Limes nur bei kleineren Anlagen (z. B. Kleinkastell Rötelsee) nachweisbar ist. Die Torwangen waren in der Breite des Wehrganges eingezogen. In der Tordurchfahrt selbst wurde die alte Straßenpflasterung aufgedeckt. Deutlich erkennbare Baufugen zur Kastellmauer am Eckturm der Südwestseite lassen einen späteren Bau vermuten. Besonders auffallend sind gemauerte Abwasserkanäle, die dafür zu sorgen hatten, daß das durch den Mergel nicht absickernde Regenwasser abgeleitet wurde. Die ungünstige Bodenbeschaffenheit, die hier im Ostkastell von Welzheim vorherrscht, hatte außerdem zur Folge, daß die Kastellmauer in römischer Zeit mehrfach einstürzte und neu aufgerichtet werden mußte. Große Pfostengruben an der Außenseite der Kastellmauer können nur mit einem Baugerüst zur Ausbesserung der eingestürzten Kastellmauer in Verbindung gebracht werden. Ähnliche Befunde wurden auch im Jahre 1979 im Kastell Murrhardt nachgewiesen. Im Innenraum wurde der Bereich der Lagerstraße angeschnitten. Hier wurden vier holzverschalte Brunnen aufgedeckt. Der dank der Bodenverhältnisse ab knapp 2 m Tiefe völlig erhaltene Brunnen 1 stellte sich als eine wahre Fundgrube heraus. In der völlig homogenen Verfüllung des Brunnenschachtes (2 × 2 m, Tiefe ca. 4 m) fanden sich zahlreiche Holzgeräte, eine hölzerne Schreibtafel, Keramik und als spektakulärster Fund ca. 100 Lederschuhe, bei denen vom Kleinstkinderschuh bis zum halbhohen Stiefel alle gebräuchlichen Schuhformen vertreten waren. Die große Zahl der meist abgelaufenen Schuhe deutet auf eine Lederwerkstatt hin. Außerdem fanden sich in dem schwarzbraunen, schmierigen Brunnenschlamm massenhaft bestens konservierte Holzstücke, darunter auch Samen und Früchte. Die ersten Ergebnisse der vorgeschichtsbotanischen Untersuchungen von Frau Prof. U. Körber-Grohne an der Universität Hohenheim liegen vor. Nachgewiesen wurden als Import Feigen und Gegenstände aus Zedern- und Zypressenholz, ferner die verschiedensten Obstarten und Sammelpflanzen (Weintrauben, Zwetschgen, Äpfel, Walderdbeeren, Himbeeren, Brombeeren, Blaubeeren, Hagebutten, Wal- und Haselnüsse u. a.), Gemüse und Salat (Fuchsschwanz, Gartenmelde, Möhren, Feldsalat u. a.) und Hülsenfrüchte (Feldbohnen, Erbsen, Linsen). Aus den Küchenresten ließen sich Gewürze (Koreander, Dill, Thymian, Sellerie u. a.) feststellen. Auch einige Heilpflanzen und verschiedene Getreidearten wurden nachgewiesen. Die Bestimmung der Pflanzenreste von über 60 Grünlandarten zeigte, daß sowohl Seggenrieder der Bachauen, als auch gepflegte Wiesen trockener bis frischer Standorte gemäht worden sind. Erstere vermutlich zur Einstreuung, letztere für Futterheu. Leitarten der guten Wiesen waren Kammgras, Knäuelgras, Rispengräser, viel Straußgras und auffallend viel mittlerer Wegerich und scharfer Hahnenfuß. Von 19 einheimischen Holzarten waren Buche, Eiche, Tanne, Ahornarten und Hasel am häufigsten vertreten. Der Botaniker schließt daraus, daß um Welzheim Buchen-, Eichen- und Tannenwald, reich mit anderen Laubgehölzen untermischt, wuchs. Als Naturhölzer sind fast nur Tannen und Eichen geschlagen worden. Die dendrochronologische Untersuchung der Holzverschalung ergab, daß dieser Brunnen um 190 ± 10 n. Chr. gegraben wurde, als der ältere Brunnen 2 aufgegeben wurde.

Brunnen 2 (1,5 × 1,5 m) hatte eine vorzüglich erhaltene Holzverschalung, bestehend aus einer kleinen Brunnenstube und aus der Verschalung des Brunnenschachtes. In der hellgrauen, tonigen Verfüllung, die sich deutlich von Brunnen 1 abhob, fanden sich bearbeitete Hölzer, u. a. das Bruchstück eines Holzjochs, eine Holzschaufel, wohl zum Stechen von Torf oder als Backschaufel, und drei bis zu 1,84 m lange, doppelspitzige Hölzer mit Einkerbungen in der Mitte, die wohl der leichteren Handhabung dienten. Diese Holzgegenstände waren zweifellos Annäherungshindernisse in der Art von spanischen Reitern. Sie waren bisher nur in drei römischen Lagern nachzuweisen. Auf der Sohle des Brunnens fanden sich noch größere Teile eines Gesichtshelmes aus Eisenblech und ein einfacher

71. Welzheim. Lederschuhe aus Brunnen I des Ostkastells

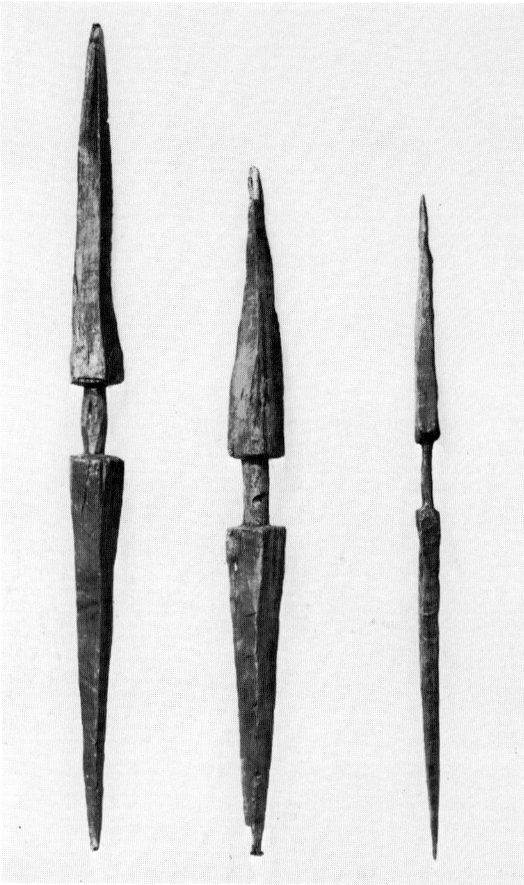

◁ 72. *Welzheim. Bearbeitete Hölzer, vermutlich Annäherungshindernisse aus Brunnen 2 des Ostkastells*

kupferner Eimer. Der Gesichtshelm mit seinen orientalischen Gesichtszügen und seinem stark gelockten Haar gehört zu einem Typus, der unter anderem von Straubing und Cannstatt bekannt geworden ist. Die Helme wurden bei Reiterspielen als Paraderüstung benutzt. Die dendrochronologische Untersuchung der Holzverschalung des Brunnens ergab ein Baudatum von ca. 165 n. Chr. Im Gegensatz zum Brunnen 1, dessen Hölzer verzapft waren, war die Schalung dieses Brunnens verzahnt angelegt.

Eine dritte Grabungskampagne wurde 1981 durchgeführt, bei der die Kastellbefestigung zwischen Westtor und südwestlichem Eckturm untersucht wurde. Da das Ostkastell von Welzheim als archäologisches Reservat für zukünftige Forschungsgrabungen vorbehalten bleiben muß, wurde auf großflächige Grabungen im Innenraum verzichtet, da hier vorwiegend mit Holzbauten zu rechnen ist, die wichtige Befunde zur Beurteilung des Kastells und zur Geschichte des äußeren obergermanischen Limes erwarten lassen. Die Grabungen erbrachten, daß der südwestliche Eckturm einer späteren Ausbauphase zuzuweisen ist. Deutlich erkennbar waren hier Baufugen. Dasselbe Bild bot sich auch bei dem im Jahre 1981 aufgedeckten Zwischenturm zwischen dem Westtor und dem südwestlichen Eckturm. Auch hier konnten Baufugen ermittelt werden, die den Turm einer späteren Ausbauphase zuweisen. Die bei den Grabungen ermittelte Brandschicht kann durch Funde um 170/175 n. Chr. datiert werden. Damit erhalten wir einen ähnlich datierten Brandhorizont wie in Murrhardt. Es ist damit zu rechnen, daß hier Auswirkungen der Markomannenkriege belegbar sind. Die Türme wurden nach dieser Brandkatastrophe errichtet. Zwischen Westtor und südwestlichem Eckturm kamen 1981 zwei weitere Brunnen zutage. Brunnen 3 hatte eine Seitenlänge von 1,1 m und eine Tiefe von 3,8 m. In seiner Verfüllung fanden sich vereinzelte Lederreste, Holzgegenstände, Keramik und einige kleinere botanische Reste. Die dendrochronologische Datierung dieser Hölzer ergab ein Baudatum zwischen 196 und 200 n. Chr. Brunnen 4 wurde nicht näher untersucht, da er unmittelbar am Rande der Grabungsfläche angeschnitten worden ist.
Außerdem wurde 1977 das westliche Kastelltor untersucht. Es hatte eine etwa 3,6 m breite Durchfahrt, die von je einem Steinturm (3,8 × 4 m) flankiert wurde. Auch hier ließen sich Ausbesserungsphasen ermitteln. Unmittelbar innerhalb des Kastelltores wurden 2 Holzbauten

73. Blick über das teilweise restaurierte Ostkastell in Welzheim, das ein archäologisches Reservat ist

angeschnitten. Der Zwischenraum zwischen Wehrgang und Innenbauten betrug etwa 3,3 m, d. h. die Breite der Lagerringstraße (via sagularis). Da von diesem Westtor des Ostkastells nur die untersten Bereiche des Fundamentes erhalten waren, entschloß man sich, den alten Befund aufzunehmen und abzutragen, um an dieser Stelle eine vollständige **Rekonstruktion des Westtores** vorzunehmen, damit der Besucher einen Eindruck vom ursprünglichen Aussehen der Kastellbefestigung erhält. Die Rekonstruktion wurde in engster Zusammenarbeit mit dem Saalburgmuseum und dem LDA im Auftrag der Stadt Welzheim und des Historischen Vereins Welzheimer Wald durch Architekt Dipl.-Ing. Mößle durchgeführt. Für eine möglichst naturgetreue Rekonstruktion wurden Profile und Gesimssteine bzw. Zinnensteine, die in Welzheim nicht gefunden wurden, von anderen Kastellen übernommen. So dienten Zinnensteine des Kastells Heilbronn-Böckingen und Rekonstruktionen bzw. Details des Kastells Hesselbach als Vorbild. Im Innern des Turmes befindet sich ein kleiner Informationsraum mit Plänen, Zeichnungen und Details der Rekonstruktion, insbesondere auch Hinweisen und Quellen der Vorbilder. Innerhalb des Kastelltores erhält der Besucher anhand eines Modells und zahlreicher Tafeln und Kunststeinkopien römischer Inschriften einen Überblick über die Geschichte des Ostkastells.

Wie die bisher vorliegenden Funde, insbesonde-

74. Welzheim. Ostkastell, Das rekonstruierte Tor von der Außenseite

re der umfangreiche Bestand an Terra sigillata zeigen, ist möglicherweise damit zu rechnen, daß das Ostkastell als ältestes römisches Lager in Welzheim an der südlichen Flanke des äußeren obergermanischen Limes schon in späthadrianischer oder frühantoninischer Zeit angelegt worden ist. Vor allen Dingen der Bestand an Heiligenberger Sigillata, ebenso auch die mittelgallische Ware und Keramik des Blickweiler Haupttöpfers sind hierfür Belege. Eine Altarinschrift aus den Jahren zwischen 198 und 211 überliefert als Einheit Brittones und Exploratores. Ziegelstempel, die im Ostkastell geborgen werden konnten, benennen den Numerus Brittonum L... Weitere Stempel nennen einen Numerus Brittonum Cr... oder Gr... Die Auflösung der Beinamen ist in keinem Fall gesichert möglich.

Zwischen dem Westkastell und dem Ostkastell erstreckte sich eine größere zivile Ansiedlung. Leider wurde sie nie systematisch untersucht, so daß es wenig Aussagen über die Struktur der Bauten gibt. Insbesondere im Gelände nordwestlich des Ostkastells wurden zwischen 1955 und 1964 ausgedehnte Siedlungsspuren mit Holz- und Steinbauten ermittelt. Nördlich des Ostkastells liegt in Flur Burgfeld etwa 100 m westlich der Nordwestecke des Ostkastells der große römische Friedhof. Hier wurden beim Bau eines Sportplatzes Anfang der sechziger Jahre zahlreiche Gräber angeschnitten und nur unzulänglich geborgen. Im September 1979 erfolgte dann beim Bau einer Sporthalle eine Ausgrabung, die insgesamt 162 römische Brandgräber des 2. und 3. Jh. erbrachte. Die Siedlung einerseits und der Friedhof andererseits zeigen mit aller Deutlichkeit, daß der obergermanische Limes hier nicht zwischen Ost- und Westkastell verlaufen kann, sondern daß er sowohl zivile Siedlung als auch Ostkastell mit einschließt.

Städtisches Museum Welzheim

Pfarrstraße 8, Öffnungszeiten: sonn- und feiertags 14–17 Uhr
Das Museum informiert umfassend über die römische Vergangenheit von Welzheim. Vor allen Dingen die neuesten Grabungsergebnisse im Ostkastell aus den Jahren 1976 bis 1981 sowie die Untersuchung des römischen Friedhofes im Jahre 1979 erbrachten zahlreiche wichtige Funde und Befunde. Eine repräsentative Auswahl der hier geborgenen Grabbeigaben ist im Museum ausgestellt. Die archäologische Abteilung beginnt mit der Besiedlung der Mittel- und Jungsteinzeit, die auffallenderweise hier im Welzheimer Wald überaus intensiv war. Nahezu unbesiedelt war die Gegend in den Metallzeiten, und erst in römischer Zeit wurde der Schwäbische Wald erneut als Siedelland erfaßt. Eine Auswahl römischer Keramik, die in Welzheim und in den Töpfereien südlich des Ortes gefunden wurde, gibt einen Überblick über die hier hergestellte Töpferware. Die Grabungen im Ostkastell und die dabei geborgenen organischen Fundmaterialien erheben das Ostkastell Welzheim mit zu den wichtigsten Fundplätzen am obergermanischen Limes. Die naturwissenschaftlichen Untersuchungen, insbesondere der Paläobotanik durch Udelgard Körber-Grohne und der Dendrochronologie durch Bernd Bekker von der Universität Hohenheim erbrachten wichtige Erkenntnisse über die Flora im Ostkastell in Welzheim. Die beiden Brunnenfüllungen mit römerzeitlichen Pflanzenresten ergaben für die botanische Bearbeitung und Auswertung wichtige Erkenntnisse zur Rekonstruktion der damaligen Vegetation. Aber auch bezüglich der Nahrungspflanzen konnten wesentliche Ergänzungen zu den bisher vorliegenden Befunden aus anderen Stationen Südwestdeutschlands erarbeitet werden. Die hervorragenden Erhaltungsbedingungen erlaubten neben der Bestimmung und der Rekonstruktion der Umwelt auch die Ermittlung des Zeitpunkts des Wiesenschnittes anhand der Daten der Samenreife. Er kann nicht vor Anfang bis Mitte August erfolgt sein.
Im übrigen befindet sich im Museum eine umfangreiche Sammlung volkskundlicher Gegenstände aus dem Welzheimer Wald, die einen vorzüglichen Einblick in das Handwerk und Kunsthandwerk des späten Mittelalters und der Neuzeit ergibt.

VIII. Welzheim–Schwäbisch Gmünd

Weglänge 20 km, Wanderzeit 6 Std. Ausschnitt 3 und 4 der beigefügten Karte
Top. Karte 1 : 50000, L 7122 Backnang, L 7124 Schwäbisch Gmünd,
L 7324 Geislingen a. d. Steige

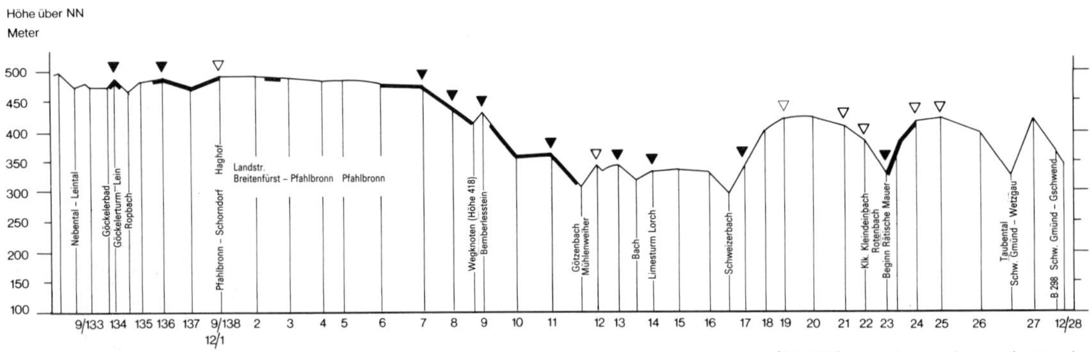

Geländeschnitt VIII

Landschaft

Vom Kastell Welzheim setzt sich der Wanderweg in südlicher Richtung und zunächst ins *Tal der Lein* fort. Die Karte zeigt ein sehr interessantes Gewässer- und Flußbild. Die Bergzunge, auf der Welzheim in rund 500 m NN in einer flachen Mulde liegt, wird vom Weidenbach von Südwesten und vom Ropbach von Osten aufgetrennt. Dadurch erhalten die Höhen um Breitenfürst eine Insellage. Dem Wanderer ersteht eine anziehende, abwechslungsreiche Landschaft. Rund um Welzheim hat der Rems-Murr-Kreis einen reizvollen Mühlenwanderweg angelegt.

Wegbeschreibung

Von Flur Mühläcker, südlich des Ostkastells, jenseits des kleinen Baches der Pfaffenader, ist der Limesverlauf wieder gesichert. Die Reste von WP 9/132 sollen in den nächsten Jahren ausgegraben und restauriert werden. Unmittelbar südlich und westlich dieses Turmes wurden 1910 Siedlungsreste, Brennöfen und reiches Keramikmaterial im Limesgraben freigelegt. Die Töpferei dürfte neben den Kastellen auch die Zivilsiedlung versorgt haben.
Der Weg zieht sich jetzt am westlichen Talhang der Lein entlang zu den Resten von **WP 9/134**, im Volksmund *Göckelerturm* genannt (Restau-

75. Der Limes beim Haghof (Luftaufnahme)

◁ *76. Der Göckelerturm (WP 9/134) während der Grabung 1972*

rierung Staatl. Forstamt Welzheim). Der Turm (5 × 5 m) liegt ca. 50 m hinter dem Limesgraben, von dem nur geringe Reste unterhalb des Turms sichtbar sind. Die Grabung des LDA 1972 erbrachte eine teilweise noch 0,8 m hohe, sorgfältig errichtete Mauer aus Stubensandstein. An der hangabwärts orientierten Ostseite befanden sich zwei stützpfeilerartige Mauervorsprünge. Reste von einem älteren Holzturm oder umlaufenden Graben fanden sich nicht. Tonscherben aus dem 2. Jh. n. Chr. zeigen eine ständige Besatzung des Turmes an.

Zwischen dem *Ropbachtälchen* und dem *Haghof* südlich des Fahrwegs Hagmühle–Birkachhof ist der **Limes** wieder als leichte Senke zu verfolgen. Es ist dies das letzte Stück des 80 km langen, geraden Limes, besonders bekannt durch zahlreiche Luftbilder, die bei schräg einfallendem Sonnenlicht den Limesgraben erkennen lassen. Der Wanderweg liegt östlich vom Limes und berührt ihn bei dem Schutthügel von **WP 9/136**. Dieser ist relativ weit vom Limeswall entfernt, was an der geraden Limeslinie ungewöhnlich ist. Vielleicht gab es hier einen älteren Limesverlauf, und die Grenze wurde beim Ausbau mit Wall und Graben begradigt? Eine Theorie, die erst durch Grabungen bestätigt werden muß. Vom WP 9/136 aus geht eine Abzweigung des vom Rems-Murr-Kreis angelegten Mühlenwanderwegs.

Unmittelbar südlich der Straße *Breitenfürst–Pfahlbronn* endet die gerade Limesstrecke und damit auch die 9. Strecke des obergermanisch-rätischen Limes. Von dem hier von der RLK 1902 unter Leitung von E. Fabricius ausgegrabenen Turm WP 9/138 oder WP 12/1 ist heute nichts mehr zu erkennen. Die Bezeichnungen »Hag« und »Haghof« – Hag bedeutet Grenze oder Zaun – sind ohne Zweifel ein Hinweis auf den Limes.

Vom *Haghof bis Pfahlbronn* verläuft der Limes parallel zur Straße. Doch zwingt der Autoverkehr auf ihr zum Ausweichen nach Süden an den Waldrand. Nur wo der Weg dort unterbrochen ist, kehrt er auf kurze Strecken zur Straße zurück und führt auf Gras-Treppwegen weiter. Leider entstehen so zwischen Wald und Straße zwei Wegstelzen, die wegen des baumlosen Geländes kaum zu kennzeichnen sind. Am Friedhof vorbei tritt der Weg in die Ortsmitte von Pfahlbronn, dessen Name ebenfalls auf die antike Grenze zurückgeht, auf die Straße *Breitenfürst–Alfdorf*. 1845 hatte Pfahlbronn die größte Markungsfläche der Gemeinden des Oberamts Welzheim. Die forst- und landwirtschaftliche Bedeutung der Gemeinde zeigte sich in der Zahl der Mühlen, 3 Mahl-, 4 Öl- und 11 Sägmühlen, die dank einem dichten und aktiven Gewässernetz arbeiteten. Die Karte zeigt im Norden die Lein mit ihrem Ost-West-Tal, im Süden den Walkers-, Schweizer-, Almer- und Götzenbach mit ihren parallel laufenden und nach Süden gerichteten Tälern. Ihnen schließt sich ein dichter Gewässerraster an, der tiefe Kerben in die von Pfahlbronn nach Süden einsetzende Bergnase gegraben hat. In der Mitte des bereits weitgehend in den Sog der Abtragung geratenen Bergrückens, der sich aus dem Gebiet Pfahl nach Süden erstreckt, liegt der Limes. Geschickt nützt er auch hier das Gelände zu seinen Gunsten aus. Der alte Kirchweg von *Pfahlbronn* nach Lorch begleitet den Limes oder liegt auf ihm. Ihm folgt auch der Wanderweg. Östlich sind im Wiesengelände noch deutliche Wallspuren zu erkennen. Etwa 60 m nördlich des Waldrandes ist der Schutthügel von **WP 12/7** nahe des kleinen Parkplatzes zu erkennen. Der **Limesgraben** setzt hier als flache Bodenwelle ein und wird dann im Wald wieder gut sichtbar. Der nächste Limesturm **WP 12/8** im Wald »Kreuzbühl« liegt auf dem Kamm eines Bergrückens. Unmittelbar nördlich des Turmes verschwindet der Limes, wohl infolge natürlicher Erosion. Der Turm (5 × 5 m) wurde 1972 untersucht und restauriert. Auf ausgeschildertem Fußpfad nach Süden kommt man bergab zu den Grenzen der Waldabteilungen »Kreuzbühl« – »Römerstein«. Neben dem Limes sind an dem nach Süden abfallenden Hang mehrere parallel zueinander verlaufende **Rinnen** erkennbar, die künstlich in den hier anstehenden Stubensandstein eingehauen sind, Reste einer sog. Geleisestraße. An felsigen Hängen finden sich in allen Provinzen des römischen Reiches immer wieder derartige Geleisestraßen, die als Teil des Limesbegleitweges angelegt, den Wagen einen sicheren Weg über die Felsen gewährleisteten.

Noch auf der freien Fläche im Gewann »Pfahl« südwestlich Brech tritt der Hauptstufenrand der Schwäbischen Alb wieder in das Blickfeld. Er zieht sich von der Teck über den Messelstein bis zum Albuch und der Ostalb hin. Davor von rechts nach links Hohenstaufen, Rechberg und Stuifen sowie das Rehgebirge und jenseits des Remstales die Baumkulissen und offenen Flächen mit Siedlungen des Schurwaldes. Der Limes verläuft von hier in leicht südöstlicher Richtung über die Höhen hinweg, die beidseits von steilen Klingen begrenzt werden. Der Wanderweg führt steil hinauf zum Limesturm **WP 12/9**, im Volksmund *»Bemberles-«* oder *»Bembemberlesstein«* genannt. Er wurde 1971 ausgegraben und restauriert. Neben Gebrauchskeramik und Bruchstücken eines Bildsteines der Göttin Fortuna fanden sich im Turm eine nicht näher datierbare menschliche Bestattung und zahlreiche mittelalterliche Scherben, ein Zeichen, daß er zu dieser Zeit möglicherweise als Unterschlupf diente.

77. Der Bemberlesstein ▷ (WP 12/9)

Der **Limes**, und mit ihm der Wanderweg, verläuft in diesem Abschnitt in flachen Bögen dem Gelände entsprechend, jedoch stets auf der Höhe, und ist zum Teil eindrucksvoll erhalten. Nördlich der Götzenmühle steht dann der konservierte **WP 12/11** (4,8 × 4,8 m). Von dieser höchsten Erhebung des »Eberrainwasens« muß in römischer Zeit eine ausgezeichnete Fernsicht bestanden haben, zumal anzunehmen ist, daß der Wald im Bereich der Grenzlinie völlig gerodet war. Die beiden hier liegenden kleinen Hügel sind sicher natürlich.

Bergab geht es ins *Götzenbachtal*; am Straßenrand steht wieder eine jener Hinweisstelen, die vom ehem. Landkreis Schwäbisch Gmünd aufgestellt worden sind. Die Limeslinie verlief bei der Mühle durch den modernen *Mühlenweiher* und von dort schräg hangaufwärts durch Äcker und Wiesen bis an eine Waldecke nordwestlich des Spiel- und Sportgeländes von Lorch. Mitten auf dieser Hochfläche liegt an der Stelle von **WP 12/13** ein ungewöhnliches Bauwerk, von dem deutliche Schuttwälle erkennbar sind. Das Gebäude (10,5 × 10,5 m) wird als Feldwache im »Klosterfeld« bezeichnet. Wie die Untersuchungen der RLK ergaben, war das Bauwerk mit Ziegeln gedeckt und gehörte in die Gruppe

der kleinsten Feldwachen, die verschiedentlich nachgewiesen werden konnten.
Beim Kloster Lorch, am Schnittpunkt mit der Straße Lorch–Pfahlbronn, muß wohl WP 12/14 gestanden haben. Er wurde allerdings bis heute nicht gefunden. Vermutlich wurden die Steine des Turmes schon im Mittelalter zum Bau des Klosters benutzt. Hier hat die Stadt Lorch die **Rekonstruktion** eines hölzernen *Limeswachtturmes* errichtet. Vom Turm, der besteigbar ist, hat man einen schönen Blick nach Osten ins Remstal bis nahe zum Kastell Schirenhof bei Schwäbisch Gmünd. Die Rekonstruktion gibt einen guten Eindruck vom Aussehen hölzerner Türme, allerdings hat es derartige Holztürme an diesem Limesabschnitt nie gegeben. Auch die ebenerdige Tür ist nicht richtig. Sämtliche Limestürme hatten ihren Eingang zum Schutz vor wilden Tieren im ersten Stockwerk. Auch die hier gezeigte Blockbauweise ist kaum in römischer Zeit angewandt worden. Die Limestürme aus Holz wurden wohl in Ständerbauweise errichtet und dann mit Schindeln oder Brettern verkleidet.

◁ *78. Museum Lorch. Relief der Pferdegöttin Epona*

Heimatmuseum Lorch

Kloster Lorch, Öffnungszeiten: täglich 8.30–16.00 Uhr
Das Kloster birgt ein Museum mit Bodenfunden aus dem Stadtgebiet von Lorch, u. a. Urnen und Beigefäße aus dem römischen Brandgräberfeld (Grabung 1954, 500 m westlich des Kastells). Zahlreiche Tongefäße aus dem Kastelldorf geben dem Besucher einen guten Einblick in die Vielfalt der Gebrauchskeramik im 2. und 3. Jh. n. Chr. Besonders hervorzuheben sind das kleine Sandsteinrelief mit der Darstellung der Göttin Epona, der Beschützerin der Pferde und des Herdes, und eine Inschrift mit der Nennung eines römischen Tonwarenhändlers aus der zivilen Siedlung. Ein Abstecher nach Lorch lohnt sich, dort liegt auch das Kastell.

Kastell Lorch

Das Lager (2,47 ha) liegt mitten in der Stadt. Die Stadtkirche (9. Jh.) und der Friedhof bilden etwa das Zentrum. Restauriert ist das Fundament des nördlichen **Torturms** vom Westtor (1965) im Hof des ev. Gemeindezentrums, Kirchstr. 30. Dort befindet sich auch eine Vitrine mit einigen Ausgrabungsfunden.
Das Kohortenkastell, an der wichtigen Durchgangsstraße von Cannstatt durch das Remstal nach Rätien gelegen, war das letzte Kastell in Obergermanien und gleichzeitig der südlichste Stützpunkt am obergermanischen Limes. Vermutlich wurde der bisher namentlich nicht bekannte gemischte Verband aus Infanterie und Kavallerie, eine sog. cohors equitata, vom Kastell Köngen (Grinario) um 150 n. Chr. hierher in das zu jener Zeit errichtete Kastell vorver-

79. Museum Lorch. Römisches Siegeszeichen. Höhe 16,5 cm

legt. Im Lagerdorf (vicus), westlich und südwestlich des Lagers, wurden immer wieder bei Bauarbeiten römische Reste angeschnitten.
1986/87 führte das LDA im Zusammenhang mit dem Bau einer Tiefgarage zwischen Rathaus und Kirchstraße innerhalb des südöstlichen Lagerviertels eine Grabung durch, die erste Flächengrabung innerhalb des Kastells. Unmittelbar an der Lagerstraße, wahrscheinlich die Hauptstraße (via principalis), die zum Osttor führt, konnten Spuren hölzerner Mannschaftsbaracken ermittelt werden. Zahlreiche z.T. wohlerhaltene Herdstellen, aus Ziegelplatten gebildet, befanden sich in den einzelnen Räumen, die zur Unterbringung der Soldaten gedient haben. Die teilweise durch mittelalterliche und neuzeitliche Befunde gestörten römischen Befunde ergaben jedoch einen ersten wichtigen Einblick in die Struktur des römischen Kastells. Zahlreiche militärische Kleinfunde, wie etwa Schwertriemenhalter aus Bronze und Eisen, konnten geborgen werden.
Vom Klosterberg aus geht der Wanderweg zunächst auf der Straße Alfdorf–Lorch (vom Turm aus gesehen nach rechts), nach 150 m zweigt der Weg nach Osten ab und geht ins Schweizerbachtal. Um den Talgrund zu erreichen und den Bach zu überqueren, muß man einen Umweg nach Norden in Kauf nehmen. Er ist wegen der schönen Waldlandschaft und dem reizvollen Tal sehr lohnend. 350 m nach der Brücke geht es auf einem Waldweg nach links und steil bergauf.

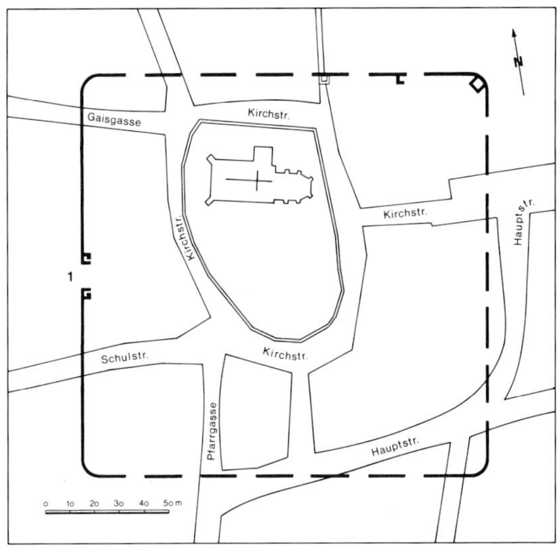

80. Gesamtplan des ▷ Kastells Lorch

Der Limes verläuft von hier an am Nordabhang des Remstales und überquert das *Schweizerbachtal.* Von Lorch bis zum Rotenbachtal konnten keine Wall- und Grabenreste ausgemacht werden. Vermutlich war der Limes hier nie ausgebaut und bestand nur aus einer Palisade. Von **WP 12/17** – Blick zur Klosterkirche Lorch – auf dem »Kammerberg« sind noch geringe Reste des Schutthügels erkennbar. Nach der Überquerung des zweiten Waldweges, der senkrecht zur Fallinie liegt, biegt der Wanderweg nach Nordosten, um die Höhe 446,5 m, aus und wird flacher. Der Limes zieht nördlich von Hangendeinbach (Hinweisstele) vorbei und überquert die Straße Kleindeinbach–Großdeinbach. Etwa 35 m östlich von ihr wurde von der RLK der letzte WP 12/21 am obergermanischen Limes beobachtet. Heute ist hier nichts mehr zu erkennen.

Zwischen *Kleindeinbach und Rotenbachtal,* knapp 100 m nördlich vom Wanderweg, liegt im Wald anstelle des WP 12/22 das **Kleinkastell Kleindeinbach** mit einer Innenfläche von knapp 600 qm. Es wurde im Jahre 1888 bzw. 1892 im Auftrag der Reichslimeskommission von E. Herzog und H. Steimle erforscht. Bei diesen Grabungen konnte eine 1,2 m breite Steinmauer als Wehrmauer erfaßt werden. Die Anlage hatte in der Mitte der Südseite ein Tor. Vermutlich gehört dieses Kastell, das etwa 50 m hinter der Limespalisade liegt, zu den Kleinkastellen vom Typus Rötelsee und diente zur Überwachung der Grenze zwischen Rätien und Obergermanien. Es ist heute als leichte Erdschanze erkennbar.

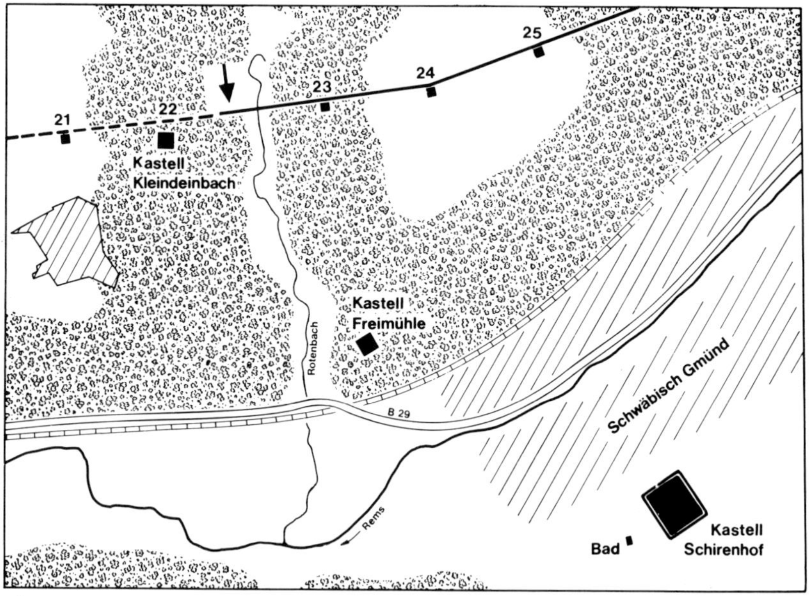

81. Verlauf des Limes an der Grenze zwischen Obergermanien und Rätien mit den Kleinkastellen Kleindeinbach und Freimühle

Beginn der rätischen Mauer

Nur wenige Meter östlich des Kleinkastells Kleindeinbach beginnt der Abstieg in das Rotenbachtal, ein sumpfiger und heute noch wildromantischer Taleinschnitt. Hier liegt ein für den obergermanischen und rätischen Limes zwischen Rhein und Donau markanter Punkt. Etwa 90 m westlich des *Rotenbaches*, der seinen Verlauf mehrfach verändert hat, am unteren Talhang, in einem jungen Fichtenwald, liegt der *Beginn der rätischen Mauer*, heute restauriert und mit einer Hinweistafel versehen. Im Zusammenhang mit dem 13. Internationalen Limeskongreß, der vom 18. bis 25. September 1983 in Aalen stattfand, wurde hier eine kleinere Untersuchung durchgeführt. Das Mauerwerk der Limesmauer besteht aus Angulatensandstein, der teilweise noch fest mit Kalkmörtel verbunden war. Wie die Befunde zeigen, hat die Limesmauer nach Süden einen Fundamentvorsprung von ca. 0,2 m Breite. Das Fundament ist in den anstehenden Keuper eingetieft. Die Mauer selbst ist ca. 0,95 m breit und zeigt ein klar gesetztes Ende nach Westen. Ob die westlich davon erhaltenen Wall- und Grabenreste antiken Ursprungs sind, entzieht sich bisher unserer Kenntnis. Möglicherweise liegen hier nachrömische Veränderungen vor. Nach erfolgter Ausgrabung wurde von der Stadt Schwäbisch Gmünd der **Anfang der rätischen Mauer** konserviert. Die Reste der Mauer ziehen als **flacher Wall** aus Liassandsteinen nach Osten hangabwärts und heben sich deutlich vom übrigen Gelände ab. Erstaunlich ist, daß diese markante Grenzziehung unmittelbar in einem abfallenden Hang beginnt. Die Verschiedenheit der Grenzsicherungsanlagen im Stadium ihres Endausbaues, westlich aus Wall, Graben und Palisade, östlich aus einer Mauer (Breite 1,2 m, Höhe vermutlich 3 m), führte schon lange zu der Annahme, daß die Grenze zwischen der Provinz Obergermanien (Germania Superior) und Rätien (Raetia) hier zu lokalisieren ist. Bei den Untersuchungen der RLK fand sich hier der Oberteil eines sehr großen **Altars** aus Stubensandstein. Das Fragment ist heute noch 66 cm hoch, 86 cm breit und 44 cm stark. Das Gesims ist mehrfach abgetreppt. Darüber sind vier Rosetten auf der Stirnfläche von vier Wülsten erkennbar. Unterhalb des Gesimses sind keine Inschriftenreste erhalten, sondern nur strahlenförmige Rinnen, offenbar vom Schleifen von Werkzeugen. Möglicherweise war der Inschriftenstein mit einer bemalten Inschrift versehen. Dieser Altar war wahrscheinlich den Fines (Grenzgottheiten) geweiht, wie wir sie in ähnlicher Weise von Vinxtbach an der Grenze zwischen der Provinz Obergermanien und der Provinz Niedergermanien (Germania Inferior) kennen.

82. Schwäbisch Gmünd. Beginn der rätischen Mauer im Rotenbachtal (restauriert)

Die Mauer überquerte sicher ursprünglich den Rotenbach. Deutlich erkennbare Mauerreste der Limesmauer können heute noch im ausgewaschenen Bachbett wahrgenommen werden. 1977 und 1983 wurden bei Bauarbeiten im Zusammenhang mit der Verlegung einer Kanalisationsleitung sowie des Feldweges Reste der Palisade aus Eichenstämmen mit einem Durchmesser von bis zu 0,55 m angeschnitten. Wie die dendrochronologischen Untersuchungen von B. Becker vom Botanischen Institut der Universität Stuttgart-Hohenheim ergaben, sind sämtliche Hölzer im Winter 163/164 n. Chr. geschlagen worden, so daß das Baujahr dieser Palisade auf das Jahr 164 n. Chr. bestimmt werden kann. Es handelt sich hierbei um ein bemerkenswertes Datum, das sich durchaus mit den Palisadenfunden im Tal der Jagst südlich von Schwabsberg vergleichen läßt. Hier wird deutlich, daß in jenen Jahren die durchgehenden Befestigungsteile am rätischen Limes errichtet worden sind.

Anläßlich des Wegebaus konnte die **Limesmauer** angeschnitten werden. Sie ist heute von der Stadt Schwäbisch Gmünd als befestigtes Profil unmittelbar östlich des Weges zu sehen.

Am Osthang des Rotenbachtales ist der Schuttwall wiederum als Steinwall (Breite 3 m, Höhe über 0,6 m) aus Liaskalksteinen deutlich erkennbar. Er zieht den steilen Hang empor. Entlang dem Limes verläuft hier hangaufwärts der Wanderweg in Serpentinen. Von hier hat man immer wieder einen vorzüglichen Überblick über den Verlauf der Limesmauer im Rotenbachtal. Interessant ist, daß die rätische Mauer auch noch im Mittelalter und später Grenze war. Alte Steine entlang dem Limes bildeten ehemals die Grenze zwischen den Oberämtern Welzheim und Schwäbisch Gmünd.

Kastell Freimühle

Etwa 750 m südlich vom Limes am Osthang des Rotenbachtales befindet sich im Wald »Vogelhau«, der das Seitental nach Osten abschließt, das Kleinkastell Freimühle (53 × 53 m = 0,29 ha) mit Umfassungsmauer (Breite 1,2 m) und trapezförmigen Ecktürmen (nicht sichtbar). Das Kastell war von einem Graben (Breite 5 m) umgeben und hatte ein einfaches Ost- und Westtor. Von den Innenbauten dieses Kastells, das Major H. Steimle im Auftrag der RLK untersucht hat, sind bisher keine Spuren nachweisbar. Sehr wahrscheinlich gehört das Kastell Freimühle zum Typus von Kastell Haselburg bei Reinhardsachsen am obergermanischen Limes (s. S. 42f.). Etwa 50 m südwestlich des Kastells wurden schließlich Reste eines kleinen Kastellbades aufgedeckt, die heute im Wald als leichte Bodenerhebung noch erkennbar sind.
Die Bedeutung dieser Anlage im Zusammenhang mit dem rätischen Limes und dessen Überwachung ist nicht ganz klar, da die Limesmauer ca. 100 m höher liegt als dieses Kastell. Ich meine jedoch, daß dieses Kleinkastell zur Überwachung der hier vermuteten Grenzziehung erbaut worden ist. Vermutlich unterstand die hier stationierte Truppe dem Kastell Schirenhof, mit dem eine direkte Sichtverbindung bestand.

Kastell Schirenhof

Etwa 1 km südöstlich des Kleinkastells Freimühle liegt am südlichen Talrand der Rems auf halber Höhe einer Bergzunge das sog. Ramsnest, seitlich begrenzt von zwei kleinen Wasserläufen. Das Kastell liegt auf der nordöstlichen Spitze dieser Kuppe unmittelbar südöstlich der Kirche St. Michael und ist über die Eutighofer Straße zu erreichen.
Das Kastell (157 × 130 m = 2 ha) war vermutlich ein Kohortenkastell. Von den Toren sind nur das rechte (porta principalis dextra), es hatte zwei Durchfahrten, und das rückwärtige (porta decumana) mit am Limes selten vorkommenden halbrund nach außen springenden Tortürmen ergraben. Von der Innenbebauung sind die rückwärtigen Teile des Stabsgebäudes (principia) bekannt geworden. Nach Grabungen der RLK unter E. v. Kallée 1886 und 1887/88 fanden nach dem 2. Weltkrieg anläßlich der Bebauung Einzelbeobachtungen statt. Wie das bisherige Fundmaterial einschließlich naturwissenschaftlicher Untersuchungen an Bauhölzern aus dem Lagerdorf (vicus) zeigten, ist damit zu rechnen, daß das Kastell in der Zeit des Kaisers Antoninus Pius um 150 n. Chr. errichtet wurde. Fällungsdaten von Bauhölzern aus den Jahren 138/39 ± 6 bzw. 150 ± 6 unterstützen diesen chronologischen Ansatz. Als Truppe ist die Cohors I Raetorum durch Ziegelstempel und das Bruchstück einer Genius-Statue mit der Nennung eines Liberarius Cohortis I Raetorum belegt. Wie die Befunde im Kastellbad zeigen, kam sie mit der Gründung des Kastells hierher zum Schirenhof. Die Truppe ist vermutlich in den Alamanneneinfällen untergegangen.

◁ *83. Kastell Schirenhof. Dachziegel mit dem Stempel der Besatzung (Cohors I Flavia Raetorum)*

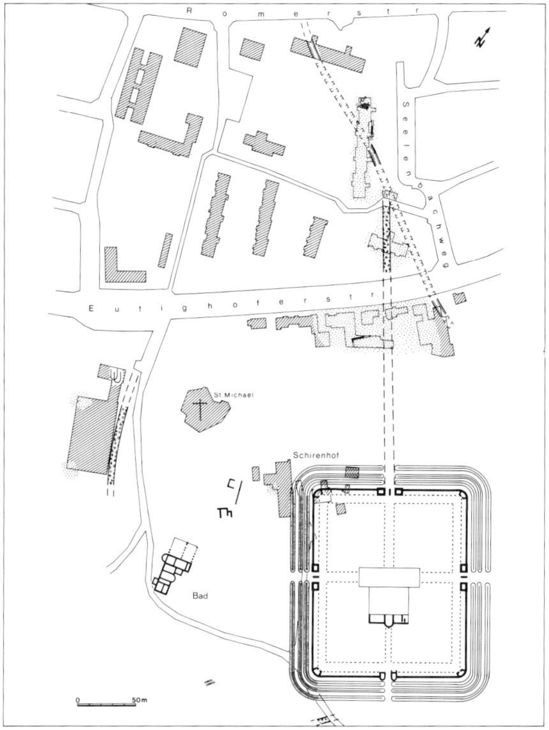

84. Schirenhof. Gesamtplan von Kastell, Bad, römischen Straßen, Siedlungsresten und Gräbern

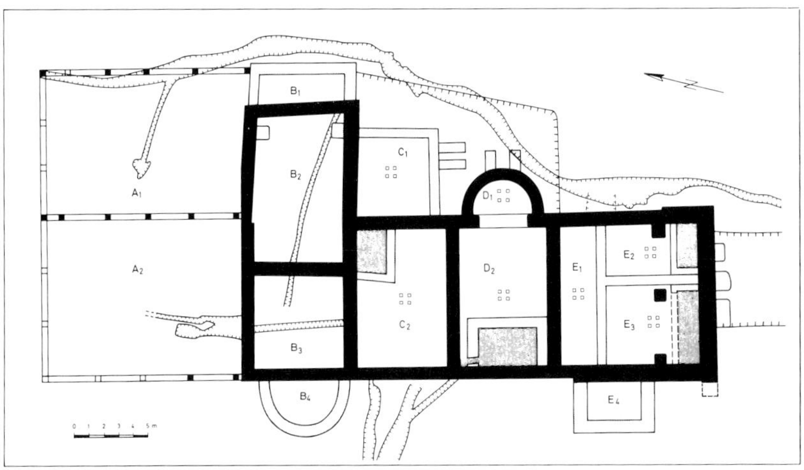

85. Schirenhof. Kastellbad. Gesamtplan. A_1, A_2 Versammlungsraum, B_2 Auskleideraum, B_3 Kaltbad, C, D, Laubäder, E Warmbad (dunkel gezeichnete Teile konserviert)

Kastellbad

Die Badeanlage (48 × 25 m), 100 m westlich des Lagers, gehört dem sog. Reihentypus an. Sie ist nord-südorientiert und entspricht damit den antiken Bauvorschriften. Nach einer systematischen Grabung des LDA unter H. U. Nuber 1972/73 wurde das **Bad** konserviert bzw. restauriert. Insgesamt ließen sich drei Bauperioden unterscheiden. Das älteste Bad hatte einen Versammlungsraum (basilica) (A), einen Auskleideraum (apodyterium) (B 2), Kaltbad (frigidarium) (B 3), Laubad (tepidarium) (C und D) und Warmbad (caldarium) (E). In der zweiten Bauphase wurde die Raumzeile A durch den Einzug von Steinwänden und den Anbau einer Westapsis vergrößert. Raum B erhielt Fußbodenheizung, und im Osten wurde ein Raum zugefügt. Auch das Laubad wurde durch eine Apsis erweitert, das Warmbad nach Süden vergrößert. Die dritte Bauperiode schließlich wird charakterisiert durch eine Raumreduzierung auf die notwendigsten Einrichtungen. Die große Vorhalle wurde aufgegeben, der Auskleideraum um die Hälfte reduziert, das ehem. Kaltbad diente jetzt als Toilette, das Schwitzbad und beide Laubäder konnten nicht mehr geheizt werden, im südlichen wurde eine Kaltwasserwanne eingerichtet. Der einzige beheizbare Raum blieb das Warmbad. Alle westlichen Anbauten sind wohl gleichfalls außer Funktion gesetzt worden. Die Verkleinerung des Bades dürfte mit dem ersten großen Alamanneneinfall 233 n. Chr. zusammenhängen. Nach dem Abzug der Truppen aus dem Kastell (244/47 n. Chr.) zerfiel das Bad allmählich.

Vom Lagerdorf, das sich im Norden, Westen und Süden des Kastells erstreckte, ist nur wenig bekannt. Wegen moderner Überbauung, aber auch wegen einer starken Hangerosion, sind die archäologischen Befunde nur noch schwer feststellbar. Ein größerer, umfassender Gebäudekomplex wurde 50 m westlich des Kastells aufgedeckt. Wegen zahlreicher mit Fußbodenhei-

86. Grabungsfoto von Kastellbad Schirenhof 1972

zung ausgestatteter Räume sowie wegen seiner exponierten Lage versuchte H. U. Nuber, dieses Gebäude als Kommandantenwohnhaus anzusprechen. Aus diesem Bereich stammt auch eine Weiheinschrift an Silvanus. Kleine rechteckige mit Fußbodenheizung ausgestattete Räume, die wahrscheinlich im Zusammenhang mit größeren, aus Holz errichteten Streifenhäusern stehen, wurden 150 m südöstlich des Kastells ergraben. Sie geben andeutungsweise die Ausdehnung des Lagervicus an.
1977 wurde das bisher unbekannte römische Gräberfeld untersucht. Unter den 310 gesicherten römischen Brandgräbern, vermutlich die Hälfte des Gesamtfriedhofes, war ein Grab in einer aus Stubensandsteinplatten errichteten Grabkammer, an deren Nordseite ein kleines

87. Schwäbisch Gmünd. Grabungsfoto eines Brandgrabes

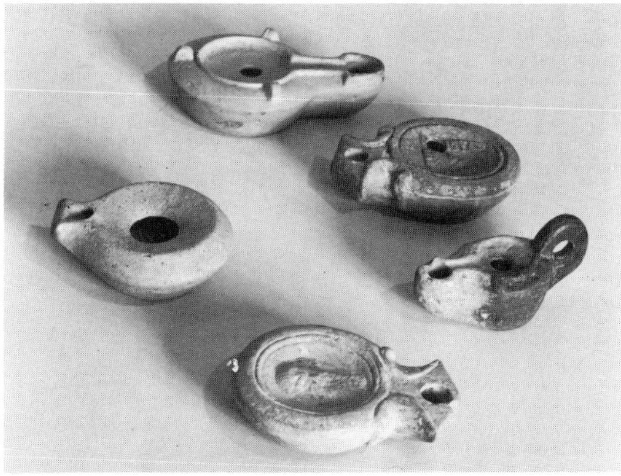

88. Schwäbisch Gmünd. Öllämpchen aus Gräbern

89. Schwäbisch Gmünd. Tongefäße aus Brandgräbern des 2./3. Jh. n. Chr.

pfeilerartiges Grabmal vorgebaut war. Auf einem Sockel aus dem hier anstehenden Stubensandstein waren eine noch nicht sicher zu lesende Inschrift sowie ein Relief, wohl den Toten auf einem Liegebett darstellend, darüber ein giebelförmiges Dach. Von den zahlreichen Beigaben sind reich verzierte, sog. rätische Ware und Gefäße aus Terra sigillata besonders bemerkenswert.

Auf dem Plateau (Lias) weiter in Richtung Wustenriet und über die Straße Wustenriet–Schwäbisch Gmünd. Es folgt ein sehr schönes Wegstück hinunter ins *Taubental*. Hier an der Hinweisstele wird der Weg *Schwäbisch Gmünd–Wetzgau* etwa 100 m talaufwärts gewandert und dann nach rechts an der Jugendherberge vorbei gegangen. Ein Stück des Waldlehrpfades nimmt der Limeswanderweg bis etwa 150 m vor dem Aussichtspunkt Lindenfirst auf. Von hier ein schöner Ausblick auf Schwäbisch Gmünd und die gegenüberliegende Talseite. Ein schmaler Fußweg stößt auf die Straße Schwäbisch Gmünd–Wetzgau. Danach ist an der Straße Mutlangen–Schwäbisch Gmünd das Ende der Tagesstrecke erreicht.

Städt. Museum Schwäbisch Gmünd im Prediger

Johannisplatz 3, Öffnungszeiten: Samstag, Sonntag 10–12, 14–17 Uhr; Dienstag–Freitag 14–17 Uhr

In der kleinen römischen Abteilung beherbergt das Museum vor allem Funde aus dem Kastell und Bad Schirenhof, hervorzuheben ist hier das Relief einer Quellnymphe (1893 entdeckt). Eine qualitätvolle Jupiterfigur wurde im Remsschotter bei Schwäbisch Gmünd gefunden.

90. Schwäbisch Gmünd, Prediger. Relief einer Quellnymphe aus dem Kastellbad ▷

IX. Schwäbisch Gmünd–Mögglingen

Weglänge 18 km, Wanderzeit 5 Std. Ausschnitt 4 der beigefügten Karte
Top. Karte 1 : 50000, L 7124 Schwäbisch Gmünd

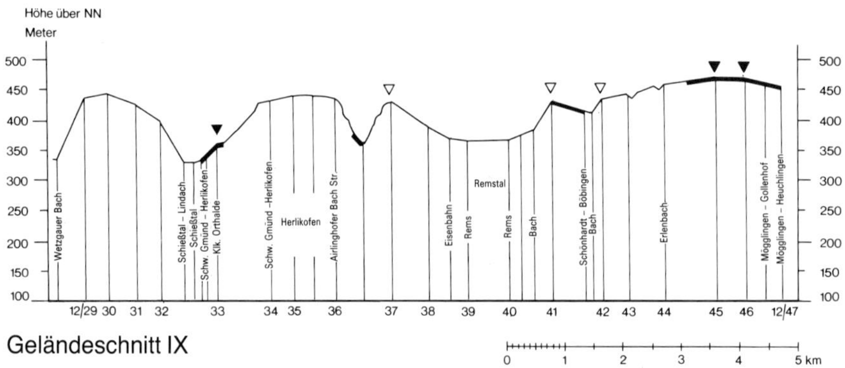

Geländeschnitt IX

Landschaft

Das Siedlungsbild beginnt sich nördlich und östlich von Schwäbisch Gmünd zu ändern. War der Weg vor Welzheim und danach noch von kleineren Dörfern, von Weilern und Höfen begleitet, erscheinen jetzt stattliche Dörfer inmitten weiter Feldfluren. Der Wald hat sich auf die Hänge eines stark zertalten Geländes zurückgezogen. Aus der Zone der Keuperlandschaft wechselt der Weg in die Liasgebiete und damit in das breite Band dunkler Tone und Kalke mariner Ablagerungen, die dem Stufenrand der Schwäbischen Alb vorgelagert sind. Auch dieser Schwarze Jura gliedert sich in seinem Landschaftsbild in mehr oder weniger große Terrassen. Im Bereich des Weges bildet der Buchstein oder Angulatensandstein mehrmals deutlich, besonders im Osten, eine weithin sichtbare Stufe. Sie tritt deshalb hervor, weil sich unter ihr das unruhige Gelände der Knollenmergel erstreckt. Von der Kante, die dieser Sandstein bildet, blickt man weit hinaus auf die nördlich anschließenden Keuperflächen. Wie der Keuperstufenrand ist auch diese Liasstufe entlang dem Limeswanderweg stark verzahnt und zerschnitten. Wo der Weg an den Hängen der Täler entlangzieht, gibt es Wald. Sobald er in die über ihnen liegenden Flächen eintritt, sind weite Ausblicke möglich, doch gibt es selten Schatten.

Wegbeschreibung

Ausgangspunkt dieser Tagesstrecke ist die Becherlehenstraße am *Wetzgauer Bach* in Schwäbisch Gmünd. Die Straße mündet mit dem parallel zu ihr laufenden Weg vom Aussichtspunkt Lindenfirst in die Straße Mutlangen–Schwäbisch Gmünd. Hinter der Fabrik zieht sich der Weg über den Keuperhang. Nach etwa zwei Drittel des Anstiegs von der Talsohle zum Liasstufenrand ist am Bachriß und dort, wo der Weg ihm am nächsten kommt, die mächtige Stubensandsteinplatte gut freigelegt. Weiter oben wird die sich in der Karte zeigende Unruhe der Höhenlinien durch Rutschungen im Gelände und Bodenwellen bestätigt. Der Weg streift den südlichen Ausläufer der Liasfläche von Mutlangen in der Nähe der Höhe 434, fällt nach Osten langsam ab, verläuft über den Klosterhof und stößt dann auf die Abzweigung ins obere *Schießtal*. Auf diesem Stück ist die Trasse der rätischen Mauer bis heute nicht sicher ermittelt. Der Abstieg in das Pfaffenbachtal mündet in die Straße *Schwäbisch Gmünd–Lindach*. Nach Überqueren des Sulzbachs geht es auf der Straße im Schießtal nach Herlikofen nach Nordosten. Im Schießtal sind, obwohl die hier sich erstreckenden Industriebauten teilweise stark in die Substanz eingegriffen haben, bemerkenswerte Reste des Limes vorhanden. Sie ziehen deutlich sichtbar im Wald den Südosthang des Tales (Limesstele) hinauf. Nach der Überquerung eines Weges zieht der Schuttwall der **Limesmauer**, hier aus Liassandsteinen bestehend, an der Nordseite eines Weges hinauf bis zu einer Wegegabel. Hier liegt das **Kleinkastell WP 9/33 Hintere Orthalde** (14,75 × 15,15 m), sein Schuttwall ist im Wald als flaches, verschliffenes Mauerviereck erkennbar. Vermutlich gehörte es zum Typ Rötelsee (s. S. 90).

Den neu ausgebauten Forstweg geht es dann über den Liasstufenrand bis zur Straße *Schwäbisch Gmünd–Herlikofen*. Der jenseits von ihr sich ziehende Weg trifft an der Kapelle in Herlikofen mit der Straße »Am Limes« zusammen. Die rätische Mauer verläuft in *Herlikofen* südlich vom alten Ortskern durch eine neue Siedlung, ohne daß hier Spuren erkennbar sind. Die heutige Fahrstraße folgt ein kurzes Stück der Limesmauer, bevor sie nach Süden in Richtung Hussenhofen abbiegt. Im Wiesengelände östlich dieser Biegung zeigt ein mit einer Hecke versehener **Steinriegel** den Verlauf der rätischen Mauer an. Von hier genießt der Wanderer den herrlichen Blick auf den Kolbenberg, jenen östlich gelegenen Berg, der gleichzeitig für die Grenzmarkierung und für den Verlauf des rätischen Limes ein wichtiger Vermessungspunkt war. Für den Wanderer ist ein Umweg über Burgholz und von dort etwa 200 m im Tal des *Arlinghofer Baches* auf der Straße nach Iggingen, etwa bis zur Hinweisstele, unvermeidlich. Weg und Limes überwinden nun den Osthang dieses Tales, um wiederum auf die Liashochebene hinaufzuziehen. 120 m von der Hangkante entfernt liegen die spärlichen Reste des WP 12/37. Besonders auffallend ist der weitere Verlauf der rätischen Mauer, da diese nun in das *Remstal* einschneidet und schräg den Knollenmergelhang hinab verläuft, ohne daß allerdings Spuren zu sehen sind. Im Remstal verbindet der Durchlaß unter der neuen B 29 mit der alten Bundesstraße, auf der es jetzt etwa 700 m talaufwärts geht. Dann wieder über die neue B 29 (Brücke) 300 m entlang der *Bahnlinie Schwäbisch Gmünd–Aalen*. Nun führt der Weg nach links auf der rechten, östlichen Talseite des Baches steil 50 m bergauf, dann auf einem schmalen, sehr verdeckten Fußpfad nach rechts entlang einem Zaun und später am Südrand des Waldes. Nach dem Eichholz wechselt er auf den nach Böbingen führenden, auf halber Hanghöhe liegenden Weg. 100 m nach dem Bahnwärterhaus zweigt ein Weg nach links ab. Nach weiteren 200 m ist der Weg wieder auf der Limestrasse. Die Wegverhältnisse sind in der Natur keineswegs so eindeutig wie auf der Karte. Der am Bachtal, von der Eisenbahnlinie herkommende

Weg ist gut ausgebaut und zieht entgegen der Karte auch weiter. Die Abzweigung auf den Limesweg dagegen ist schlecht erkennbar. Über den Roten Sturz begleitet der Limes den Weg bis zur *Straße Schönhardt–Böbingen*.

Kastell Böbingen

Von der Kreuzung Schönhardt–Böbingen nach Böbingen die B 29 überqueren in Richtung Heubach. Nach etwa 300 m biegt nach links die auf die Höhe führende Römerstraße ab. Etwa 100 m hinter dem Rathaus führt die Bürklestraße unmittelbar an das Kastell. Das Kastell Böbingen lag auf einem abgestuften Bergvorsprung zwischen Rems und Klotzbach am Ostrand der heutigen Gemeinde Böbingen. Seine topographische Lage ist Musterbeispiel für die Grenzüberwachung. Vom Kastell konnten ungefähr 20 Limestürme von Herlikofen im Westen bis zum Kolbenberg im Osten eingesehen werden. Sichtbar sind die Fundamente des **südlichen Kastelltors** mit zwei Tortürmen, die **südöstliche Ecke** mit einem **Eckturm** und Teile der **Ostmauer** mit einem **Zwischenturm**, die 1973 vom LDA untersucht und von der Gemeinde Böbingen neu aufgeführt worden sind. Das Kastell selbst ist nahezu vollständig bebaut, auf dem Areal befinden sich eine Festhalle sowie Sportplätze.

1886 erstmals erkannt, fanden 1892 im Auftrag der RLK unter Leitung von Major H. Steimle Ausgrabungen statt. Zwischen 1930 und 1935 wurde das Vorderlager durch einen Steinbruch zerstört. 1973 wurde der gesamte noch erhaltene Lagerbereich untersucht. Unterscheidbare Bauphasen wurden dabei nicht ermittelt.

Das Kastell (148 × 135 m = ca. 2 ha) war von einer Mauer (Breite 1,2 m) und drei in den anstehenden Fels eingehauenen Spitzgräben umgeben. Die Kastellmauer wurde von Eck-, Zwischen- und Tortürmen unterbrochen. Im Innern, am Schnittpunkt der beiden Hauptlagerachsen (via praetoria bzw. via decumana mit der via principalis) lag das Stabsgebäude (principia) mit einer die Lagerhauptstraße überspannenden sog. Exerzierhalle und einem Innenhof mit überdachtem Mittelteil. Die rückwärtigen Räume mit dem Fahnenheiligtum in der Mitte enthielten Hypokaustheizung. Westlich des Stabsgebäudes stand ein Getreidespeicher (horreum), östlich wurden Teile eines Holzgebäudes erfaßt, von dem offenbar einige als Baderäume anzusprechende Teile mit einem massiven Fundament ausgestattet waren, vermutlich das Wohnhaus des Lagerkommandanten. Da hier die anstehende Felsbank so sehr an die heutige Oberfläche trat, waren die Befunde nur noch unvollständig nachzuweisen. Im rückwärtigen Lagerteil, entlang der Lagerringstraße (via sagularis), kam ein in den Fels eingehauener Abwasserkanal zutage, der südlich des südöstlichen Eckturmes durch die Kastellmauer in den Graben mündete. In ihm fanden sich einige recht interessante Kleinfunde. Außerdem wurden Münzen, Fibeln, in Durchbruchstechnik

◁ *91. Kastell Böbingen. Südöstlicher Eckturm während der Ausgrabungen (1973)*

92. Böbingen, Straßenstation östlich des Kastells. Luftbild während der Grabung 1975

verzierte Gürtelbeschläge und Pferdegeschirrteile, der vergoldete Buchstabe einer Inschrift und schließlich der Daumen einer überlebensgroßen Bronzestatue gefunden. Daraus läßt sich der Bau des Kastells auf die Mitte des 2. Jh. datieren, eine Brandschicht im Bereich von Getreidespeicher und Stabsgebäude auf ein gewaltsames Ende schließen, vermutlich mit dem endgültigen Fall des rätischen Limes.

Etwa 80 m östlich des Kohortenkastells wurden 1975 größere Teile von Wohnbauten untersucht. Sie lagen vor allen Dingen im Bereich des heutigen Sportplatzes. Unter diesen Wohnbauten ist eine größere Häusergruppe, bestehend aus vier meist länglichen, rechteckigen Wohnbauten mit zahlreichen mit Fußbodenheizung (hypocaustum) ausgestatteten Räumen, die voneinander durch lange Hofmauern getrennt waren und fast alle Glasfenster hatten, besonders hervorzuheben. Nach der Mauerstärke dürften sie als Fachwerkbauten errichtet worden sein. Bei einem der Häuser befand sich ein Backofen. Die Deutung des gesamten Baukomplexes ist noch nicht gesichert. Möglicherweise handelt es sich um eine Straßenstation (mansio) südlich der Straße nach Aalen, in der Reisende Unterkunft finden konnten. Besonders hervorzuheben sind neben zahlreichen Glasfunden vor allen Dingen auch sekundär verbaute Ziegel mit Stempeln der im Kastell Schirenhof stationierten Cohors I Raetorum.

Das Badegebäude für die Soldaten und die Bewohner des Kastelldorfes wurde 1978 nördlich des Kastells auf einer Hochterrasse, östlich der Grund- und Hauptschule entdeckt. Im Schutt des Gebäudes fand sich ein gut erhaltener Jochaufsatz aus Bronze.

Etwa 100 m südöstlich der Südostecke des Kastells wurde im Gewann »Im Bürgle« schon bei den Grabungen der RLK 1885/86 und 1892 ein Bauwerk angeschnitten, das anläßlich des Neubaus der Gemeindehalle von Böbingen im Jahre 1981 untersucht werden mußte. Im gesamten Bereich wurden zahlreiche Gruben und Pfostengräben ermittelt, die mit hoher Wahrscheinlichkeit Teile des Lagerdorfes darstellen. Am Nordrand der Gemeindehalle kam ein rechteckiges Gebäude mit einem kleinen Anbau nach Westen zutage. Hauptteil des Gebäudes war eine rechteckige Halle mit 13 m Länge und 9,4 m Breite. Genau in der Mittelachse nach Süden orientiert befand sich eine 4,8 m breite und 2 m tiefe rechteckige Apsis. Vom Gebäude selbst sind lediglich noch die untersten Fundamentrollierungen erhalten. Im Westen war ein 4,4 × 5 m großer, angefügter Wohnraum mit Fußbodenheizung erkennbar, der später noch nach Westen um 3 m erweitert wurde, so daß der gesamte rechteckige, mit Heizung ausgestattete Raum in seiner letzten Bauphase 7 m lang und 5 m breit war. Genau in der Mitte der Westwand fanden sich Reste des Heizraums. Nördlich des Gebäudes wurde eine Portikus

aufgedeckt, von der vier Pfosten nachgewiesen werden konnten. Sie bildeten eine 2 m breite Vorhalle. Genau in der Mitte der nördlichen Mauer konnte kein Eingang ermittelt werden. Eine Pfostengrube und ein rechteckig behauener Sandstein wiesen jedoch auf einen Mitteleingang hin. Der hallenartige Grundriß mit Vorhalle und auf die Achse bezogener rechteckiger Apsis sowie die große rechteckige Halle deuten darauf hin, daß es sich hier um ein Gebäude für kultische Zwecke handelte. Für den rechteckigen Grundriß mit rechteckiger Apsis gibt es in zahlreichen Tempelanlagen in Germanien und Britannien Parallelbeispiele. Möglicherweise war das Gebäude ein Versammlungsraum für Kultgemeinschaften, wie er in ähnlicher Weise 1986 im Nordvicus von Walheim aufgedeckt werden konnte. Unter den zahlreichen Funden, wie Glasfläschchen mit aufgelegten Fäden, Waffen, ein silberner Löffel sowie eine Bronzeplatte mit einem menschlichen Fuß, ist vor allen Dingen der Kopf einer Steinplastik zu erwähnen, der bei Planierungsarbeiten in die-

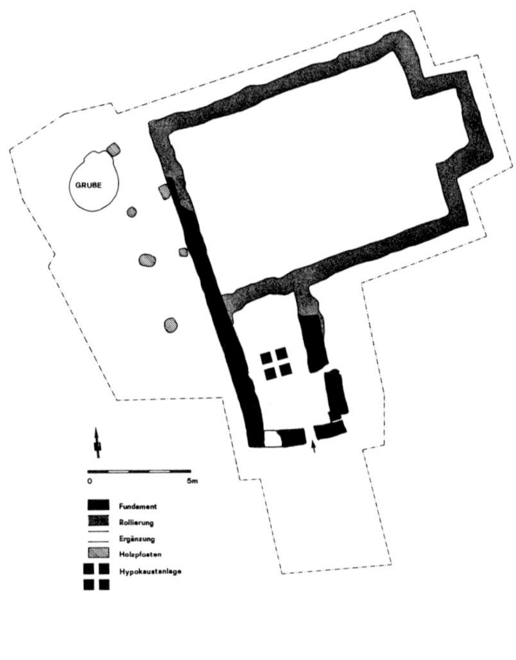

94. Böbingen. Gesamtplan eines Tempels mit angebautem Wohnraum

◁ *93. Mars aus Böbingen*

95. Böbingen. Gürtelbeschlag in Durchbruchtechnik ▷

sem Areal gefunden wurde und wohl unmittelbar Bezug zu diesem Bauwerk besitzt.
Das Gebäude wurde erst im Laufe der zweiten Hälfte des 2. Jahrhunderts errichtet. Das zeigte die Analyse des Fundmaterials, das in der älteren Planierungsschicht unter dem angebauten Wohnraum geborgen wurde.
Nach der Limes-Hinweisstele an der *Straße Schönhardt–Böbingen* biegt der Limesweg nach rechts in östlicher Richtung, macht einen kleinen Bogen und schließt wieder an die Limestrasse an. Er verläuft unmittelbar südlich von der Mauer, vorbei am *Erlenbach*. Auf dem ganzen Weg vom Remstal her liegt der Stufenrand der Schwäbischen Alb ausgebreitet. Am nächsten kommt hier der Scheuelberg und Rosenstein (Fernsehturm), am weitesten im Osten schiebt sich der Braunenberg bei Aalen ins Gesichtsfeld. Rückwärts sind Rechberg und Hohenstaufen erkennbar. Der Limesabschnitt im Wald »Grubenholz« nach dem Braunhof ist eine der eindrucksvollsten Stellen des rätischen Limes. Auf eine Länge von etwa 1,5 km ist der von der Steinmauer herrührende **Schuttwall** fast durchgehend erhalten. Er ist stellenweise noch über 1 m hoch und etwa 3 m breit. In diesem Wald ist außerdem ein ausgedehntes hallstattzeitliches Grabhügelfeld bekannt, von dem heute noch zahlreiche Hügel zu sehen sind. Der Limes verläuft im Wald entlang dem nördlichen Rande. Etwa 500 m nach dem Beginn der sichtbaren **Limesstrecke** im Wald steht **WP 12/45**, der westlichste bisher bekannte Holzturmrest des rätischen Limes. Er liegt unmittelbar vor der rätischen Mauer, etwa 20 m westlich von Grenzstein 14 im Wald. Zu erkennen ist er an einem für Holztürme charakteristischen Ringgraben. Seine Lage zur Mauer zeigt deutlich, daß er beim Bau der rätischen Mauer im späten 2. oder frühen 3. Jh. aufgegeben wurde und ein Steinturm (Standort noch unbekannt) in unmittelbarer Nachbarschaft seine Funktion übernahm. Der Limes verläuft weiter nach Nordosten, ist aber in der Wiese zwischen den beiden Wäldern heute nicht mehr erhalten. Hier befindet sich auch ein Knick der Mauer. Östlich davon ist der Limes im Wald wieder sichtbar. Dort liegt der Schutthügel von **WP 12/46** dicht hinter der Mauer. Er ist von vorgeschichtlichen Grabhügeln in der Nähe gut zu unterscheiden. Besonders hinzuweisen ist hier auf einen großen Grabhügel der Hallstattzeit südöstlich des Turmes, in den ein Kalkbrennofen eingebaut wurde, der nach Oskar Paret wohl römischen Ursprungs ist. Die Limesmauer verläuft als flacher **Steinriegel** bis zur Straße *Mögglingen–Heuchlingen*. Westlich parallel von ihr liegt ein Fußweg nach Mögglingen.

96. Böbingen. Silberner Löffel ▷

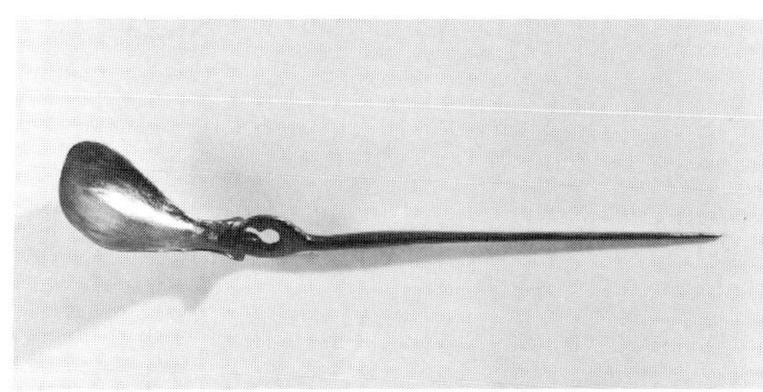

X. Mögglingen–Hüttlingen

Weglänge 18 km, Wanderzeit 5½ Std. Ausschnitt 4 der beigefügten Karte
Top. Karte 1 : 50000, L 7124 Schwäbisch Gmünd, L 7126 Aalen

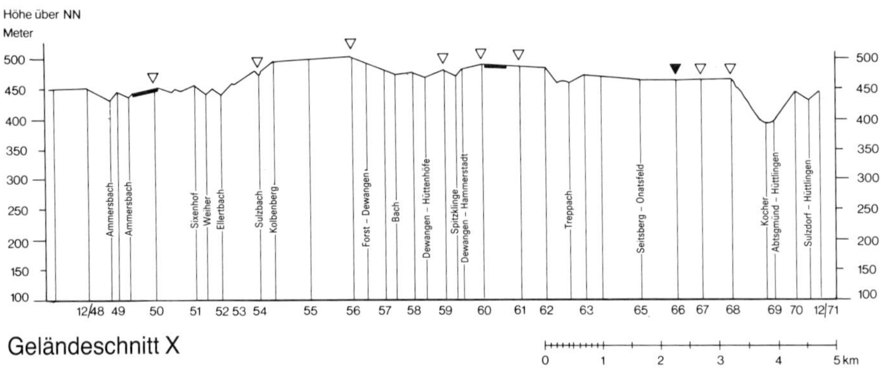

Geländeschnitt X

Landschaft

Etwa von der Linie Mögglingen–Heuchlingen nach Osten ändert sich das Landschaftsbild. Eine wellig-kuppige, siedlungsarme und waldige Landschaft löst die weiten, flachen Hochflächen mit großen Dörfern und ohne Wald ab, in der die Äcker den Wiesen den Platz geräumt haben; an die Stelle der großen Siedlungen sind Einzelhöfe getreten. Das kuppige Gelände wird von zahlreichen Wasserläufen durchzogen, ein Zeichen der Undurchlässigkeit des Bodens und damit eines hohen Wasserabflusses an der Oberfläche. Das »Welland«, das sich nordöstlich von Mögglingen bis in die Gegend von Hüttlingen erstreckt, betont diese Oberflächenstruktur. Der Limes zieht sich in diesem Gebiet auf einer Trennlinie der Einzugsgebiete zwischen den Nebenflüssen des oberen Kochers hin und kreuzt diesen Fluß westwärts von Hüttlingen. Die Altsiedlungen haben sich in die Täler zurückgezogen. Vor dem Anstieg zum Trauf der Schwäbischen Alb liegt eine Tiefenlinie, durch die sich von Schwäbisch Gmünd über Aalen nach Bopfingen ein alter Verkehrsweg zog, dem die B 29 folgt. Von Unterkochen bis Wasseralfingen haben sich im Kochertal große Industriebetriebe ausgebreitet und in letzter Zeit noch ausgeweitet. Der Weg hat das »Vorland der östlichen Schwäbischen Alb« und die Vorbergzone des

Braunen Jura erreicht. An dem siedlerischen Aufschluß neuer Gebiete in der vorrömischen Zeit hat dieses Gebiet kaum Anteil. Auch das Altsiedelland ist dort offenbar nur zaghaft und in den Tälern vorgedrungen. Wanderungen in diesem Gelände sind sehr reizvoll durch den Wechsel von Wäldern und Wiesen, Tälern und Kuppen. Die Höhe nähert sich der 500-Meter-Marke.

Wegbeschreibung

Von Mögglingen geht es wieder zurück zur Höhe 465 und zur nahe gelegenen Abzweigung des Weges zum Gollenhof von der *Straße Mögglingen–Heuchlingen*. Bis kurz vor dem Gollenhof ist der Fahrweg, der der Richtung des Limes folgt, der Wanderweg. Über Mögglingen hinweg bietet sich gute Aussicht auf den Albtrauf. Nach dem Gollenhof schwenkt der Wanderweg in einem großen Bogen nach Süden und kommt östlich des *Ammersbachs* an den Limes zurück. Im Wald »Bibert« ist der Schuttwall der **Mauer** stellenweise noch über 0,5 m hoch mit einer Breite bis zu 4 m erhalten. Der Limes markiert hier die Gemeindegrenze zwischen den Ortschaften Mögglingen und Heuchlingen. Auf der höchsten Stelle dieses Abschnittes befindet sich ein ausgedehnter Schutthügel, der möglicherweise den bisher nicht sicher nachgewiesenen Wachturm (WP 12/50) markiert. Vom Waldrand aus läßt sich dann der Zug der Limeslinie bis zum Nordfuß des markanten Kolbenberges überblicken. Nach dem *Sixenhof* umgeht der Wanderweg den *Kolbenberg* nördlich. Der 552,4 m hohe Kolbenberg, ein das Umland um 50 m überragender Kegel aus Eisensandstein (Braunjura Beta) mit weit sichtbarer Kuppe aus Nadelwald, darf für die Vermessung des Limes als wichtiger Markierungspunkt angesehen werden. Hier biegt der Limes aus der bisherigen Westostrichtung um 39° ab in die Nordostrichtung, die von da ab auf 8 km, und wenn man die kurze Unterbrechung der Geraden über das Kochertal hin abrechnet, auf 14 km bis zur Jagst bei Schwabsberg eingehalten wird. Reste eines Wachtpostens, WP 12/54, glaubt man, unmittelbar nördlich des am Fuße des Berges hinziehenden Weges aufgefunden zu haben. Der Limes verläuft nun durch ein stark landwirtschaftlich genutztes Gebiet, deshalb sind Reste der Limesmauer heute nicht mehr erkennbar. Auf der Hohen Straße nördlich des *Sulzbachs* geht es weiter bis zur Straße *Dewangen–Forst*. Hier bietet sich noch einmal ein Blick auf den kuppigwelligen Aufbau der Landschaft. Jenseits dieser Straße verläuft die Limestrasse auf ca. 350 m unmittelbar im Bereich des Wanderweges. Reste der Limesmauer sind allerdings hier auf weite Strecken nicht mehr erhalten. Im Spätherbst, Winter und zeitigen Frühjahr kann der Wanderer in dem ausgedehnten Wiesengelände dem Zug des Limes folgen. Dagegen ist in der Vegetationsperiode der Umweg über *Hammerstadt* nicht zu vermeiden.
Von Hammerstadt aus bietet sich eine Wanderung nach Aalen an (Rotkreuzweg).

Das Kastell Aalen

Das Kastell Aalen liegt im westlichen Teil der Stadt bei der Stadthalle auf einem nach Nordosten geneigten Abhang im Gewann »Maueräkker« westlich der Einmündung der Aal in den Kocher. Mit 277 m Länge und 214 m Breite hat es eine Innenfläche von 6,07 ha und ist damit das größte römische Lager am rätischen Limes. Vom Kastell selbst hat man einen hervorragenden Blick in die Taleinschnitte der Aal, des Kochers sowie der Rems, eine topographische Lage, die nur wenige römische Kastelle am äußeren rätischen Limes in dieser Weise hatten, was daher die Bedeutung dieses Punktes besonders unterstreicht. Heute ist vom Kastell das **linke Seitentor** (porta principalis sinistra) vor dem neugebauten Limesmuseum sowie das vollstän-

dig restaurierte **Stabsgebäude** (principia) zu sehen.
Obwohl schon im 16. Jh. immer wieder nach archäologischen Funden gegraben wurde, erbrachten erst die Untersuchungen der Reichslimeskommission 1894 und 1895 unter Leitung von H. Steimle und F. Hettner wesentliche Erkenntnisse. Das Kastell bildete ein Rechteck mit abgerundeten Ecken, zwölf Zwischentürmen, vier Ecktürmen mit den vier Toren, die jeweils von zwei Tortürmen flankiert wurden. Fast das gesamte Vorderlager (praetentura) befindet sich heute unter dem städtischen Friedhof. Die St.-Johannis-Kirche liegt unmittelbar vor dem Haupttor (porta praetoria). Das rückwärtige Lager (retentura) ist ebenfalls ohne systematische Ausgrabungen bebaut worden, lediglich der mittlere Teil, die sog. Latera praetorii ist deshalb archäologisch erforschbar. Durch die Grabungen der RLK wissen wir, daß das Kastell von mindestens zwei Spitzgräben umgeben ist. Die Kastellmauer aus weißem Jura ist im Fundament 1,7 m, die aufgehende Mauer 1,4 m breit. Alle vier Tore hatten zwei Durchfahrten. Im Zusammenhang mit dem Bau des Limesmuseums im Jahre 1964 wurde das linke Lagertor (porta principalis sinistra) untersucht. Die Grabung erbrachte eine 7–8 m breite Hauptstraße (via principalis) sowie die beiden Tortürme mit rückwärtigen Eingängen von je 1 m Breite. Die beiden Tordurchfahrten hatten eine Breite von 3,5 m (im Westen) bzw. 4,2 m (im Osten). Der westliche Torturm ist 4,9 m breit. Die Maße des östlichen Turmes konnten nicht sicher ermittelt werden. Der Mittelpfeiler ist 1,1 m breit und heute noch 2,4 m lang. Im Zusammenhang mit dem Erweiterungsbau des Limesmuseums sowie mit der beabsichtigten Überbauung des mittleren Lagerareals wurde von der Stadt Aalen und dem Land Baden-Württemberg eine größere archäologische Ausgrabung im Mittelbereich eingeleitet, die von 1978 bis 1986 dauerte. Dabei konnten neben der gesamten Untersuchung des Stabsgebäudes

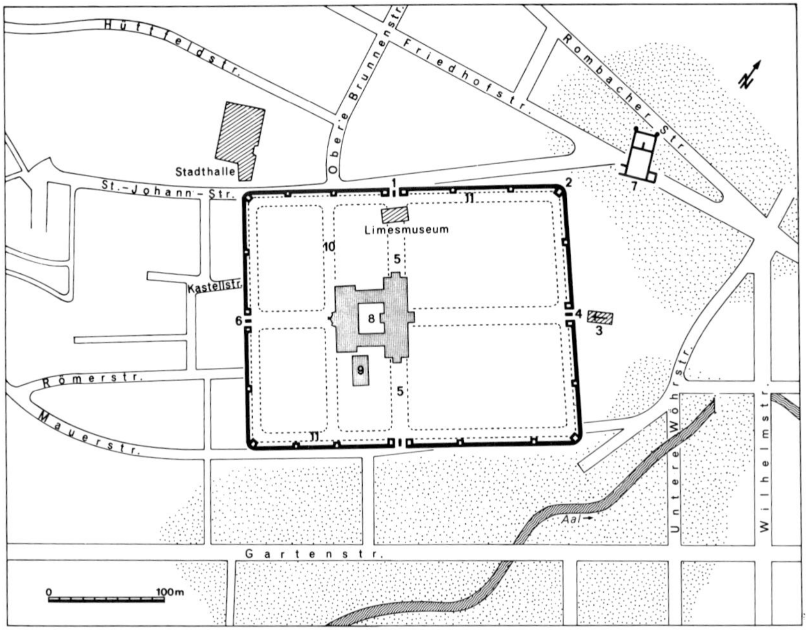

97. Gesamtplan des Kastells Aalen. Gepunktete Fläche = Zivilsiedlung

auch wichtige Erkenntnisse zur Innenstruktur des Lagers erarbeitet werden. Die Via principalis besitzt eine Breite von 7 m und besteht aus einer sorgfältigen Kiesschüttung. Die Straße zieht vom linken Lagertor nach Süden und mußte dabei vom Tor bis zum Stabsgebäude einen Höhenunterschied von mindestens 4 m überwinden. Sie wurde deshalb in die alte Oberfläche eingetieft. Dies bedeutet, daß zwischen ihr und dem nach Westen anschließenden großen Gebäude eine Böschung von über 1 m und mehr entstand. Wie die Untersuchungen gezeigt haben, wurde die Straße mehrfach geschottert und hatte einen sehr aufwendigen, aus einem Holzrost bestehenden Unterbau, der in dieser Art bisher bei keinem Limeskastell vorgefunden wurde. Westlich der Via principalis wurde vom Stabsgebäude bis zur Lagerrandstraße (via sagularis) im Norden ein langes Bauwerk nachgewiesen, von dem bisher zwei parallel zueinander

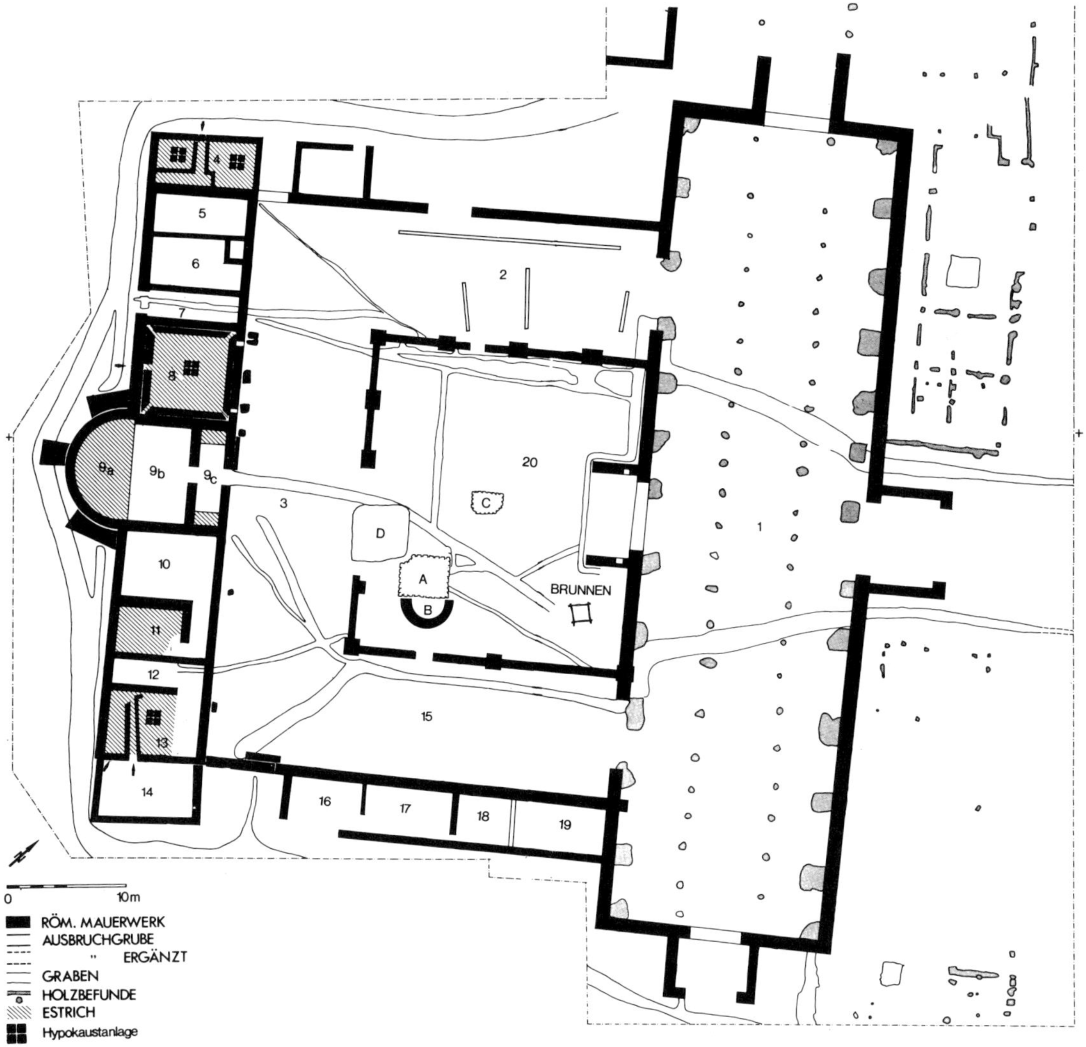

98. Kastell Aalen. Plan des Stabsgebäudes nach Abschluß der Grabungen 1986. 1 Vorhalle, 2, 3, 15 Hallen um den Innenhof (20), 4–8, 10–14 Schreibstuben und Versammlungsräume, 9a–c Fahnenheiligtum, 16–19 Räume, Nutzung unbekannt

verlaufende Mauern erfaßt werden konnten. Weitere Mauern im Norden scheinen eine Zweiteilung des Innenhofes anzuzeigen. Bei diesem etwa 54 m langen Gebäude handelt es sich wahrscheinlich um ein großes Magazin vom sog. Hoftypus.

Östlich der Hauptstraße (via principalis) wurde ein knapp 19 m breiter Streifen des Vorderlagers erfaßt. Hier konnten bei den neuesten Grabungen Spuren hölzerner Mannschaftsbaracken nachgewiesen werden, die jedoch zu einer älteren Bauphase gehören müssen. Jüngere Steinbauten oder jüngere Holzbauten konnten nicht ermittelt werden. Zwei große rechteckige Gruben deuten darauf hin, daß hier jüngere Bauten vorhanden waren. Diese Gruben sind stratigraphisch jünger als die Holzbauten und enthielten datierbares Fundmaterial. Besonders zu erwähnen sind große Teile eines eisernen Gesichtshelmes mit Rückenpartie. Schließlich fand sich in einer anderen Grube ein fast vollständig erhaltenes Pferdeskelett sowie Teile einer schönen und sehr seltenen Millefiori-Glasschale aus dem 3. Jahrhundert n. Chr.

Die Untersuchung des Stabsgebäudes erbrachte für die Architektur römischer Zentralbauten neue Gesichtspunkte. Als älteste Bauperiode konnte hier eine Pfostenreihe im Bereich der Via principalis aufgedeckt werden, die die Straße beidseitig begleitet. Möglicherweise handelt es sich hierbei um eine älteste kurzfristige Überdachung der Via principalis und damit um die älteste Bauphase der Vorhalle von den Principia. Als zweite Holzbauphase konnten wir dann eine sehr massive hölzerne Vorhalle ermitteln, deren große senkrechte Eichenpfosten sich im Opalinuston noch vorzüglich erhalten hatten. Es handelt sich hierbei um große vierkantige Eichenträger mit einer Seitenlänge von 0,4 m, die auf 6–9 cm dicke Eichenbohlen gestellt worden waren, um den Druck der Holzpfosten auf die Fläche zu verteilen. Die Untersuchung mit Hilfe der Dendrochronologie ergab ein einheitliches Fällungsdatum von 160 ± 10 n. Chr. Besonders interessant wird dieser Befund durch die von G. Alföldy nachgewiesene Bauinschrift des Marc Aurel und des Lucius Verus, die er überzeugend zwischen dem Ende 163 und dem Ende 164 n. Chr. datieren konnte. In dieser Zeit wurden offenbar die Baumaßnahmen an den Principia abgeschlossen. Die Tafel, die wahrscheinlich an der Außenwand des Fahnenheiligtums in der Querhalle hing, ist demnach als die eigentliche Bauinschrift von den Principia anzusehen. Dieses Datum läßt sich mit der Ausbauphase des rätischen Limes gleichsetzen. Die große hölzerne Vorhalle wurde Jahrzehnte später zu einer großen massiven Vorhalle umgebaut, die heute restauriert ist. Drei Bauinschriften, die sich wiederum in der Querhalle fanden, gehören nach Alföldy in die Zeit des Septimius Severus und seiner beiden Söhne Caracalla und Geta. Alle drei Inschriften konnten in das Jahr 208 n. Chr. datiert werden. Sie beziehen sich offenbar auf die Wiederherstellung des Stabsgebäudes. Mit großer Wahrscheinlichkeit sind diese Bauinschriften unmittelbar mit dem Bau der Vorhalle in Stein in Verbindung zu bringen. Mit einer Länge von etwa 65 m und einer Breite von ca. 21 m mit repräsentativ gestalteten Eingängen, die besonders durch Zungenmauern nach außen betont sind, gehört diese Vorhalle mit zu den eindrucksvollsten Bauten in römischen Lagern am gesamten äußeren obergermanischen und rätischen Limes. Man darf hier wohl an eine repräsentative Architektur denken, die die Stellung des Kastells Aalen als wichtigstes Auxiliarlager am rätischen Limes besonders unterstreichen sollte. An diese Vorhalle schließt sich nach Westen ein 22 auf 24 m großer Innenhof an, der an drei Seiten von etwa 10,6 m breiten Räumen umgeben wird. Diese Räume sind gleich breit, obwohl Raum 3 als Querhalle zu deuten ist. Unmittelbar vor dem Fahnenheiligtum, etwas aus der Mittelachse versetzt, befindet sich ein etwa 8 m breiter Eingang in den Innenhof. Im Nordwesten konnten zwei Ausgänge festgestellt werden, die zum Gebäude II führten und hier möglicherweise eine wichtige Funktion hatten.

99. Kastell Aalen. Ziegelstempel der Ala II Flavia

101. Kastell Aalen. Gesichtshelm eines Reiters ▷

Es ist auffallend, daß bei diesem Stabsgebäude in den seitlichen Räumlichkeiten keine Waffenkammern eingebaut sind. Der Zugang von der Vorhalle in die Seitenflucht ist so breit und zentral ausgelegt, daß hier keine zusätzliche Raumunterteilung möglich ist. Die rückwärtigen Räume, die im Stabsgebäude eine ganz wichtige Funktion einnahmen, sind teilweise noch gut erhalten. Die Mauern, die glücklicherweise keiner hochmittelalterlichen Kalkbrennerei zum Opfer fielen, ergaben wichtige und interessante Hinweise. So hat der zentrale Raum eine lichte Weite von 7,5 × 7,5 m sowie eine knapp 5 m tiefe Apsis. Das eigentliche Heiligtum war wahrscheinlich 9 m tief und bestand aus den

100. Kastell Aalen. Bronzener Adler aus dem Keller unter dem Fahnenheiligtum im Stabsgebäude

Raumteilen 9a und 9b. Raum 9c möchte ich als Treppenaufgang deuten, da das gesamte Gebäude mindestens drei, möglicherweise sogar vier Begehungsniveaus besaß. Fundamente von Holz- und Steintreppen liegen vor. Das Fahnenheiligtum war nur teilweise unterkellert. Der Keller (aerarium) hatte eine Größe von 4,5 × 7,5 m und war nur von oben, wohl über eine hölzerne Leiter, begehbar. Die lichte Höhe betrug etwa 1,8 m, wie die vorhandenen Balkenlöcher beweisen. In der Apsis war noch der ursprüngliche Estrichboden erhalten. Deutlich erkennbar waren Spuren einer runden, eingebauten Bank aus Stein. Im Estrichboden fand sich 1984 ein Aureus des Kaisers Vespasian, der wohl als Bauopfer angesprochen werden muß. In der Verfüllung des Kellers fanden sich zahlreiche Münzen, Gold- und Silberschmuck, ein

massiv silberner, vergoldeter, herzförmiger Anhänger einer Standarte und ein bronzener Adler, der möglicherweise als Aufsatz eines Feldzeichens gedient hat. Besonders zu erwähnen sind Hunderte von Fragmenten einer bronzenen Panzerstatue eines Kaisers. Außerdem fanden sich 32 Silbermünzen in der Verfüllung dieses Kellers, was zeigt, daß hier ein verschleiftes Münzdepot vorliegt. Nach Nordwesten schlossen sich an das Fahnenheiligtum in der ältesten Bauperiode zwei Räume (8, 6/5) und ein Gang (7) nach außen an, von denen Raum 8 mit Fußbodenheizung ausgestattet war. Möglicherweise handelt es sich hier um Versammlungsräume bzw. Schreibstuben. Der ursprüngliche Raum 5/6 wurde bei einer späteren Umbaumaßnahme aufgeteilt. Besonders merkwürdig ist der kleine Raum im Nordwesten, dessen Funktion vorläufig offen bleiben muß. In einem jüngeren Anbau wurde Raum 4 angefügt, der ursprünglich beheizbar war und später eine einfache, L-förmige Kanalheizung erhielt. Die Räume 4–6 wurden wohl über den Gang 7 begangen.
Südöstlich des Fahnenheiligtums konnten weitere unbeheizte Räume aufgedeckt werden. Auch hier bildet offenbar ein nicht nach außen führender Gang (12) den Zugang zu diesen unbeheizten Räumen. Lediglich der äußerste Raum (13) erhielt wieder eine Fußbodenheizung. Hier fanden sich zum Abschluß der Grabung im Jahre 1986 Ziegelstempel der Legio VIII Augusta aus Straßburg und der Ala II Flavia. Im Innenhof wurde eine 5 × 5 m große, ursprünglich etwa 1 m tiefe, holzverschalte Zisterne aufgedeckt (D), die jedoch mittelalterlichen Ursprungs ist und möglicherweise im Zusammenhang mit der Kalkbrennerei zu sehen ist. Ein 4 × 4 m großes Fundament (A), das nach Südosten von einer Apsis abgeschlossen wird, von der noch die Rollierung erhalten blieb, kann wohl als Fundament für ein großes Wasserbecken gedeutet werden. In der Apsis war möglicherweise eine Quellnymphe aufgestellt. In der östlichen Ecke des Innenhofes fand sich ein holzverschalter Brunnen, der 1986 zum Abschluß der Grabung untersucht wurde. Die vorzüglich erhaltene, verzapfte Holzverschalung ergab ein Fällungsdatum von 179 ± 10 n. Chr. In der Verfüllung selbst fanden sich nur wenige Gegenstände. Der Brunnen war insgesamt ca. 11 m tief. Die bei den Grabungen geborgenen Funde aus Terra sigillata, aber auch die Münzfunde bestätigen, daß das Kastell nicht vor 259/60 aufgegeben wurde. Die bisher jüngste Mün-

102. Das neue Limesmuseum und das daneben liegende Stabsgebäude während der Restaurierung

103. Aalen. St.-Johannis-Kirche. Die großformatigen Steine sind römischer Herkunft ▷

ze, ein Denar des Aemilianus aus dem Jahre 253 n. Chr. bestätigt dies. Deutliche Brandspuren markieren das Ende des Kastells.
Eine wesentliche Ergänzung der Kenntnis römischer Militärarchitektur gelang G. Alföldy aus einer Bauinschrift, die in das Jahr 208 n. Chr. datiert werden kann. In der zweiten Hälfte dieser Inschrift ist davon die Rede, daß die Ala II Flavia unter dem Kommando eines kaiserlichen Legaten einige Bauwerke wieder herstellte. In einer Inschrift wird das Fahnenheiligtum von Aalen als Capitolium bezeichnet. Es handelt sich hierbei zum erstenmal um eine gesicherte antike Benennung des Fahnenheiligtums in den Principia. Betrachten wir uns die Größe des Fahnenheiligtums von Aalen, so wird deutlich, daß dieses Lagerheiligtum von herausragender Größe war und dem Vergleich mit großen Legionslagern standhält. In diesem zentralen Kultraum wurde wohl Jupiter bzw. die capitolinische Trias verehrt. Dazu passen vorzüglich das schon von der Reichslimeskommission geborgene, ursprünglich vergoldete Bronzeblech mit der Darstellung der dolichenischen Götter und die im Jahre 1973 in Wiederverwendung in der St.-Johannis-Kirche unmittelbar vor dem Haupttor des Lagers im heutigen Friedhof geborgene Weiheinschrift des Decurio der Ala II Flavia, Titus Vitalius Adventus, für Jupiter Dolichenus. Diese Inschrift stammt wohl aus diesem Bereich innerhalb des Stabsgebäudes.

St.-Johannis-Kirche im städtischen Friedhof

Unmittelbar vor dem Haupttor (porta praetoria) des Kastells von Aalen wurde der älteste Kirchenbau der St.-Johannis-Kirche errichtet. Möglicherweise gehört ein ältester Kirchenbau in den Zusammenhang mit den alamannischen Funden des 7. Jh., die 1979 stark 100 m nördlich der Johanniskirche bei Bauarbeiten in der römischen Ruine eines großen Badehauses aufgedeckt wurden.

Bei den Renovierungsarbeiten im Jahre 1973 konnten im Fundament Bruchstücke von Zinnendeckeln der römischen Lagermauer sowie im aufgehenden Mauerwerk großformatige **Kalk- und Tuffquader** von abgebrochenen römischen Bauten festgestellt werden. Ähnlich wie an der südlichen Friedhofsmauer ist damit zu rechnen, daß die Ruine des römischen Lagers im frühen und hohen Mittelalter als Steinbruch gedient hat und für den ersten Sakralbau hier willkommenes Baumaterial lieferte. Bei der äußeren Gestaltung des Kirchenbaus wurde das auf Sicht gearbeitete Mauerwerk des ersten und zweiten Kirchenbaus unverputzt belassen, so daß der Besucher sich heute vom Aufbau dieser Kirche ein Bild verschaffen kann. Im Innenraum wurde in den Fundamenten der abgebrochenen gotischen Ostwand der **Inschriftenstein** für Jupiter Dolichenus gefunden, der ebenfalls aus dem Lager oder aus einem Tempel des Jupiter Dolichenus stammen dürfte. Spuren eines spätantiken Steinbaus, wie er verschiedentlich vermutet wurde, lassen sich aufgrund der vorliegenden Befunde nicht nachweisen.

Das Lagerdorf

Vom Vicus des Kastells Aalen sind bisher nur einzelne Zusammenhänge erkennbar. Vor allen

Dingen nordöstlich, östlich und südöstlich des Kastells sind Spuren römischer Zivilbauten bekannt geworden, die darauf hinweisen, daß wir in diesen Gebieten das Lagerdorf lokalisieren können. Unmittelbar außerhalb der Nordostekke des Kastells wurde 1882 ein großer Gebäudekomplex ausgegraben, dessen Räume fast durchweg mit Fußbodenheizung ausgestattet waren. Die Größe der beheizten Räume sowie merkwürdige, turmartige Eckbauten lassen jedoch an der früheren Deutung als Kastellbad gewisse Zweifel aufkommen. Hier fanden sich Stempel der Ala II Flavia, die zeigen, daß dieses Gebäude unter dem Kommando der hier stationierten Reitereinheit errichtet wurde. Unmittelbar südöstlich davon wurde beim Bau der Leichenhalle im Jahre 1897 etwa 60 m vor der Front des Kastells ein weiterer größerer Baukomplex angeschnitten. Mehrere rechtwinklig zueinander stehende Mauern sowie ein Raum, der gegen Nordwesten mit einer Apsis ausgestattet wurde, konnten dabei aufgenommen werden. H. Steimle vermutete, daß es sich hierbei um ein Wohngebäude handelt. 1980 konnte beim Bau eines großen Wohnhauses Ecke Friedhofstraße/Untere Wöhrstraße etwa 130 m nordöstlich des Haupttores (porta praetoria) unmittelbar nordöstlich des städtischen Friedhofes Teile eines großen Gebäudes aufgedeckt werden. Vor allen Dingen ein 10 × 10 m großer, mit Fußbodenheizung ausgestatteter Raum, der von Südosten aus beheizt wurde, macht es wahrscheinlich, daß hier Teile des Kastellbades angeschnitten worden sind. Infolge moderner Fundamente war der Bau so stark fragmentiert, daß sich sein Zusammenhang nicht näher rekonstruieren läßt. Mit hoher Wahrscheinlichkeit können wir jedoch die 1897 beim Bau der Leichenhalle etwa 60 m von den neuen Gebäuden entfernten Ruinenreste zu diesem Gebäude hinzurechnen, so daß hier stattliche Thermen vorliegen, die durchaus vergleichbar sind mit den Thermen, die 1980 in Heidenheim entdeckt wurden. Das Lagerdorf erstreckte sich aber auch südlich beiderseits der Aal zwischen Garten- und Gmünderstraße bis hin zum Kocher. Südlich der oberen Bahnstraße wurden 1938 im Gewann »Neue Breite« auf einer Fläche von etwa 150 m römische Baureste des 2. und 3. Jh. aufgedeckt. Besonders zu erwähnen sind sieben holzverschalte Brunnen, die Tiefen bis zu 8 m hatten. Im Brunnen 1 lag ein Einhenkelkrug mit der Aufschrift »Decoratus turm Pris«, zu deutsch »Decoratus, Eigentümer des Kruges aus der Schwadron des Priskus«.

Das römische Gräberfeld, das zum Kastell und zur Zivilsiedlung gehört, liegt wohl im Gewann »Krähenbühl« am Fuße des Burgstalls. Hier wurde 1925 ein Totenverbrennungsplatz des 2./3. Jh. n. Chr. aufgedeckt. Das Fundament eines großen Grabbaus konnte 80–100 m östlich davon in der Burgstallstraße 32 entdeckt werden. Alle bisher vorliegenden Funde zeigen, daß die römische Besiedlung in Aalen mit dem Fall des rätischen Limes spätestens um 259/60 endet.

104. Aalen. Gemme

Limesmuseum

Öffnungszeiten: Dienstag bis Sonntag 10–12 und 13–17 Uhr

Das Limesmuseum in Aalen wurde 1963/64 als Zweigmuseum des Württembergischen Landesmuseums mit Mitteln des Landes Baden-Württemberg, der Stadt Aalen und einer Stiftung an der Nordfront des römischen Lagers errichtet. Bedingt durch die zahlreichen neuesten Forschungsergebnisse am obergermanischen und rätischen Limes entschloß sich die Stadt Aalen 1978, das Limesmuseum wesentlich zu erweitern. Museum und konservierte Teile des Kastells bilden heute eine Einheit. Das erweiterte Limesmuseum konnte am 12. September 1981 der Öffentlichkeit zugänglich gemacht werden. Im Eingangsbereich zum Museum findet der Besucher die wichtigen Inschriften zur Geschichte des Kastells Aalen, so die Inschrift aus der St.-Johannis-Kirche mit der Nennung

105. Blick in das Limesmuseum

Römische
Straßenkarten

der Ala II Flavia pia fidelis Domitiana milliaria. Die eigentliche Ausstellung beginnt im Obergeschoß. Anhand von Karten des römischen Weltreiches sowie der Provinzen Obergermanien und Rätien wird der Besucher mit der geschichtlichen Entwicklung der Römer in Südwestdeutschland und mit der Funktion des obergermanischen und rätischen Limes vertraut gemacht. Im Mittelpunkt der Ausstellung stehen hier Funde vom Limes, insbesondere die Funde aus den Grabungen am Limestor bei Dalkingen und die Funde aus dem Kastell Aalen, aber auch aus den benachbarten Kastellen am rätischen Limes und den dazugehörenden Lagerdörfern. Ein Überblick über die Religion des römischen Heeres im 2.–3. Jh. rundet den Gang im Obergeschoß ab. Im Erdgeschoß erhält der Besucher zunächst einen umfassenden Einblick in die Funde aus dem Lagerdorf Rainau-Buch, das in den Jahren von 1975 bis 1979 im Rahmen eines Straßenbaus in großen Zügen erforscht werden mußte. Darüber hinaus sind hier jedoch auch Funde aus anderen Regionen des Landes ausgestellt, so etwa ein Überblick über die Töpferei von Waiblingen, die römischen Straßenstationen sowie die römischen Gutshöfe. Funde aus dem Gräberfeld von Schwäbisch Gmünd-Schirenhof geben Einblick in die Bestattungssitte in römischer Zeit am rätischen Limes. Im Mittelpunkt dieser Ausstellung stehen die 1978 und 1979 geborgenen Schatzfunde in Rainau-Buch.

Römisches Parkmuseum bei der Stadthalle

Ständig zugänglich

Das römische Parkmuseum wurde 1973 durch die Stadt Aalen eingerichtet und dem Limesmuseum angeschlossen. Im Parkmuseum werden 16 Kunststeinabformungen römischer Steindenkmäler des 2. und 3. Jh. n. Chr. von württembergischen Fundorten gezeigt:

1. Leugenstein von Friolzheim, Enzkreis

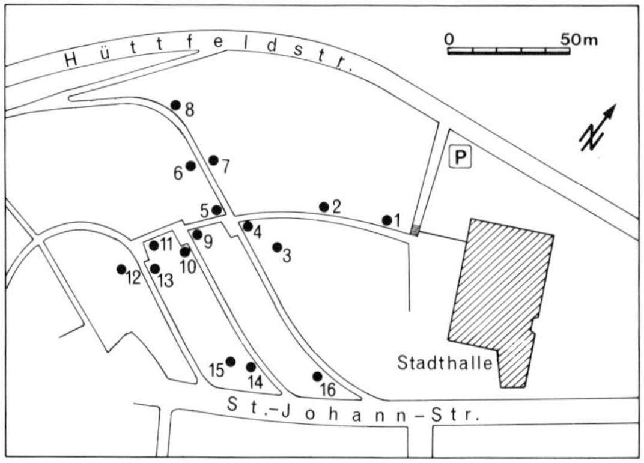

106. Das Römische Parkmuseum in Aalen

2. Altar für die Vierwegegöttinnen von Stuttgart-Bad Cannstatt
3. Die Jupitergigantensäule von Walheim, Lkr. Ludwigsburg
4. Siebengötterstein von Schwaigern, Lkr. Heilbronn
5. Jupiter fährt in einem von zwei Pferden gezogenen Wagen über einen Giganten, von Weißenhof, Gde. Löchgau, Lkr. Ludwigsburg
6. Merkur aus Rottenburg a. N., Lkr. Tübingen
7. Trauernder Jüngling aus Stuttgart-Bad Cannstatt
8. Grabstein von Langenau, Alb-Donau-Kreis
9. Der Viergötterstein von Maulbronn, Enzkreis
10. Relief der Diana aus Weil im Schönbuch, Lkr. Böblingen
11. Statue der Minerva aus Öhringen, Hohenlohekreis
12. Mithrasaltar aus Fellbach, Rems-Murr-Kreis
13. Relief, Rückkehr von der Reise mit der Darstellung der Göttin Epona, Freiberg-Beihingen, Lkr. Ludwigsburg
14. Relief der keltischen Pferdegöttin Epona aus Köngen, Lkr. Esslingen

15. Relief der Göttin Herecura aus Stuttgart-Bad Cannstatt
16. Weiherelief für Merkur, Apollo und Minerva aus Conweiler, Enzkreis.

Von Aalen auf demselben Weg (Rotkreuzweg) nach Hammerstadt zurück. Von dort wird der als Ödlandstreifen erkennbare Limes nach einem nördlichen Umweg wieder erreicht. Schließlich liegt auf etwa 600 m die Limeslinie an der Südseite des Wanderweges, der schräg hangabwärts nach Treppach führt. Im Talgrund biegt der Weg nach Norden ab, hier verliert sich die Spur des Limes. Besonders aufmerksam zu machen ist auf das Neubaugebiet im Süden von Treppach, wo 1974 der mittelalterliche Burgstall, der unmittelbar auf dem Limes lag, abplaniert wurde. Auf der Höhe hinter *Treppach* folgt der Weg wieder der Limeslinie. Es bieten sich schöne Ausblicke. Jetzt liegen auf den Höhen auch wieder größere Gemeinden und Weiler. Der Braune Jura hat sich auf den Liasflächen verloren. Nahe der Nordwestecke des Waldstückes »Brücklesholz« liegen die Reste des Wachturms **WP 12/66**. Am Schnittpunkt mit der Straße Hüttlingen–Seitsberg ist WP 12/67 nachgewiesen. Von hier aus hatte man einen vorzüglichen Blick auf eine weite Limesstrecke. Der Waldrand des »Langholzes« und das Sträßchen markieren den weiteren Verlauf der rätischen Mauer bis zum Abstieg ins Kochertal. Der *Kocher* selbst wurde unmittelbar östlich der Straubenmühle überschritten. Am Schnittpunkt der B 19 steht eine Limesstele. Sie weist auch auf die kleine Limesanlage hin. Ein Abstecher dorthin lohnt sich.

107. Jupitergigantensäule im Römischen Parkmuseum Aalen

Die **Limesanlage am Kocher** bei Hüttlingen, am westlichen Ortsausgang, unmittelbar an der B 19, wurde 1976 von der Gemeinde und mit privaten Spenden angelegt. Rund 80 m westlich dieser Anlage überquert die rätische Mauer das Kochertal. Die **Rekonstruktion** von **Palisade** und **Mauer** zeigt den Zustand des Limes zu Beginn des 3. Jh. n. Chr. In den Talniederungen begnügten sich die Römer auch nach Anlage der durchgehenden Mauer aus bautechnischen Gründen mit der Erstellung einer Palisade. Vor der Rekonstruktion befindet sich im Pflaster ein **Mosaik**, das eine Landkarte darstellt. Sie zeigt den nördlichen Teil der Provinz Rätien mit dem Verlauf der Flüsse, dem Zug des Limes und der Lage der Kastelle. Den Standort der Limesanlage markiert die Nachbildung des im Kocher bei Hüttlingen gefundenen römischen **Pinienzapfens**. Er dient zugleich der Orientierung. Da die Karte genordet ist, läßt sich leicht bestimmen, in welcher Richtung die einzelnen Kastelle liegen.

XI. Hüttlingen–Pfahlheim

Wanderstrecke 20 km, Wanderzeit 6 Std. Ausschnitt 5 der beigefügten Karte
Top. Karte 1 : 50000; L 7126 Aalen

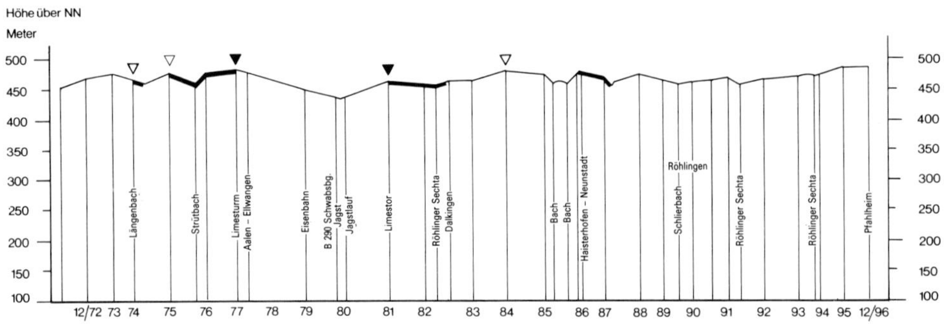

Geländeschnitt XI

Landschaft

Das Gelände gleicht in Aufbau und Siedlungsbild jenen Bildern, die im letzten Abschnitt den Weg begleiteten. Wenigstens trifft das für die nächste Umgebung seiner Trasse zu. Hier liegt der Limes ganz im Liasgebiet. Der maximale Höhenunterschied ist kaum größer als 50 m. Auf der rechten, südöstlichen Seite der Trasse ziehen sich bis nach Halheim Wälder hin. Sie markieren mit ihren nördlichen Rändern etwa die Grenze zwischen Braunem und Schwarzem Jura. Nordöstlich von Hüttlingen zeigen sich auf der Ebene plötzlich Wälder, die weniger in das bisher entworfene Bild der Liasflächen passen wollen. Dort haben sich sandige, wenig fruchtbare Schichten eingelagert, die dem Wald günstiger sind. Mit dem Braunenberg südöstlich Hüttlingen schiebt sich der Haupttrauf der Schwäbischen Alb, und damit der Weiße Jura, bis auf 4 km an den Limes heran.

Das Gewässernetz spiegelt einen eigenartigen Aufbau. Die *Jagst* mit ihren Nebenflüssen hat ein sehr großes Einzugsgebiet. Sie fließt zunächst von Südosten nach Nordwesten und schwenkt vor Ellwangen auf Nordrichtung ein. Sowohl westwärts wie auch ostwärts von ihr bilden Rückhaltebecken Schutz vor Hochwasser.

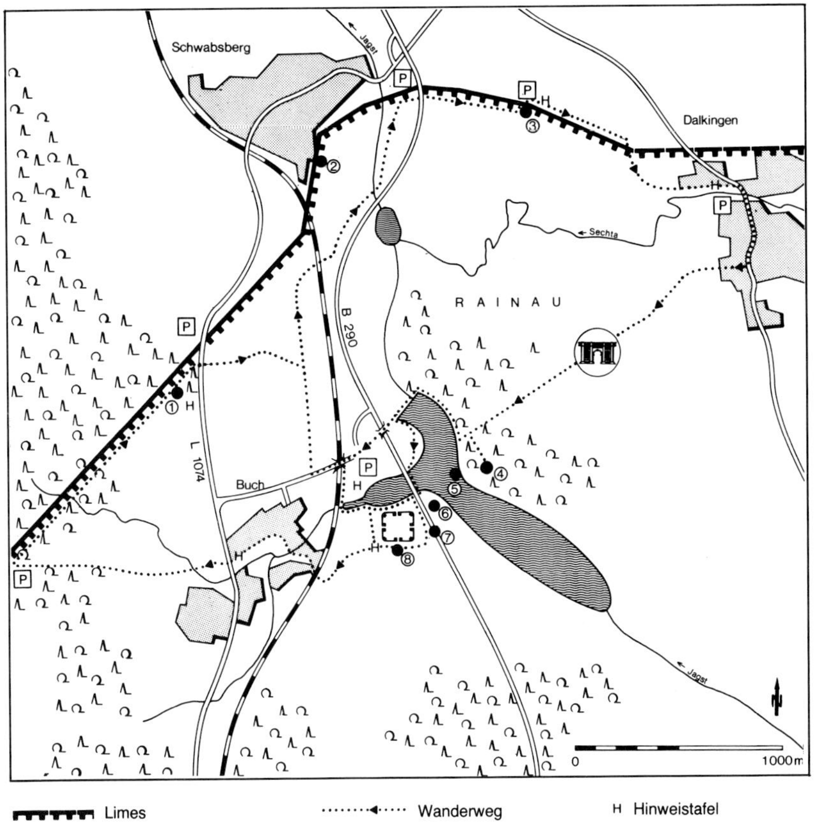

108. Rainau. Freilichtmuseum. Gesamtplan mit Eintragung des Wanderwegs. 1 Mahdholz, 2 Limespalisade Schwabsberg, 3 Limestor Dalkingen, 4 römisches Gebäude (nicht sichtbar), 5 römische Ziegelei (nicht sichtbar), 6 Kastellbad Buch, 7 römische Steinbauten, 8 Kastell Buch

Das Gefälle dieser abgesicherten Bachläufe befindet sich in ihrem Oberlauf. Die Entnahme der entsprechenden Werte aus der Karte und ihre Umrechnung ergibt, daß sie das 5- bis 10fache über demjenigen des Unterlaufs liegt. Die Dichte der Gewässer offenbart einen hohen Oberflächenabfluß des Wassers. Die Hochwassergefahr der nieder gelegenen Gebiete ist daher besonders groß. Die Zahl der Becken läßt auf das Ausmaß der Gefährdung schließen.
Der Kocher mit seinem Gewässernetz ist dagegen nord-süd-, ost-westorientiert. Er hat sich in das Gelände um etwa 40 m mehr eingetieft als die Jagst. An dem scharfen Knick, den er in Hüttlingen bildet, ist er von der Jagst nur noch etwa 4 km entfernt.
Die Wälder rahmen den Limes auf seinem Zug nach Nordosten ein. Sie wachsen im Nordwesten, im Vorland der höher gelegenen, offenen Flächen, in den Sandsteinflächen des Keupers ebenso wie im Südosten über und an den Kuppen des Braunjuras, am Hang und Trauf der Hauptstufe und auf der Stufenfläche selbst zu größeren Flächen zusammen.

Wegbeschreibung

Vor der Straubenmühle in *Hüttlingen* beginnt die Wanderstrecke. Sobald die Hochfläche erreicht ist, stellt sich im Süden und Südosten der Albtrauf dem Blick, sind Schloß Kapfenburg, Schloß Baldern und der Hornsberg zu sehen und breitet sich im Norden und Süden die waldlose, fast ebene Fläche aus. In der Nahzone fällt zunächst der Aussiedlerhof südlich Unterlengenfeld auf. Er liegt hart unmittelbar am Limes. Von hier aus zieht dieser als Damm und als Parzellengrenze über ein Wiesengelände hangabwärts. Nach Überschreiten eines flachen Bachgrundes markiert ein mit **Hecken** bestandener **Rain** die Reste der Mauer. Im Acker selbst beobachtet man vor allem im Frühjahr und Herbst den Mauerschutt von WP 12/74. Im weiteren Verlauf sind insbesondere nach dem Pflügen deutliche Schuttstreifen im Ackerland erkennbar, die den Verlauf der Limesmauer markieren. An der Straßengabel Hüttlingen–Buch bzw. Oberlengenfeld, im Wald »Bächholz«, wurden 1854 Reste von WP 12/75 beobachtet. Sie wurden allerdings durch Straßenbauarbeiten vollständig abplaniert. Einige Meter südwestlich dieser Kreuzung befindet sich im Acker eine leichte Erhebung, die möglicherweise die Ruine eines Holzwachturmes ist. Von dieser Stelle an verläuft die rätische Mauer als

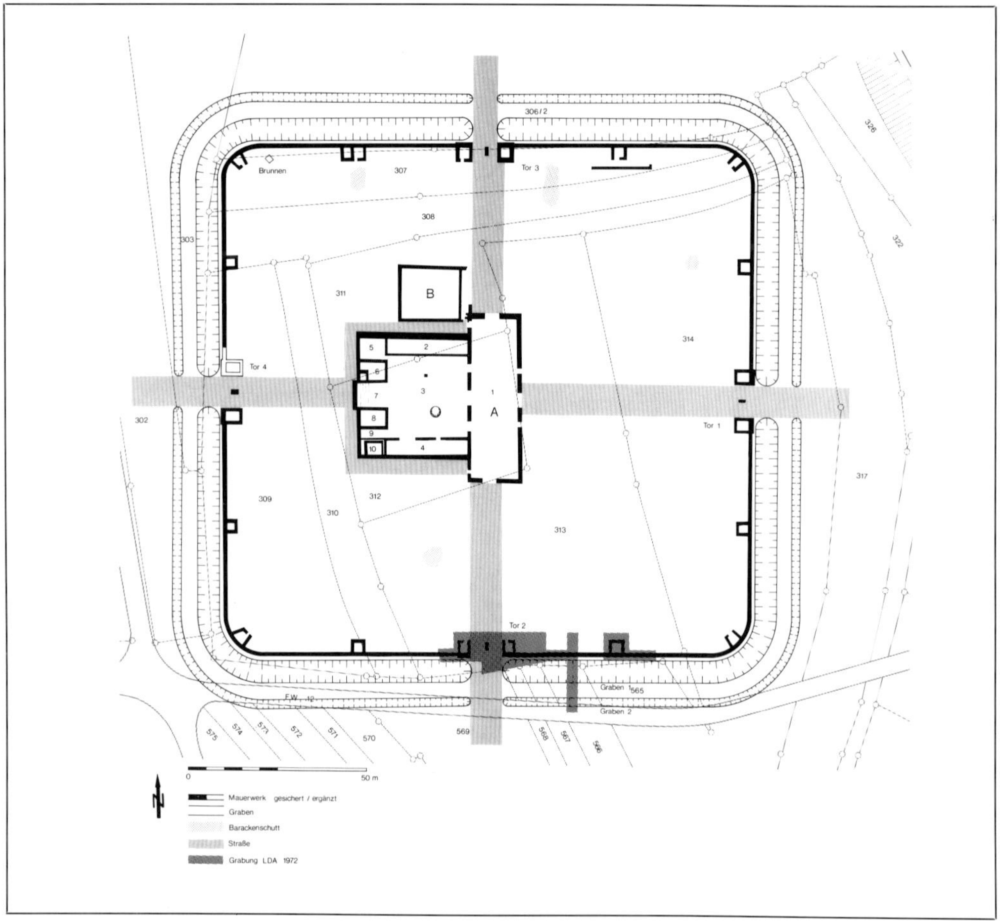

109. Rainau-Buch. Gesamtplan des Kohortenkastells Buch. A Stabsgebäude, B Magazin

fast 1 m hoher und 3 m breiter **Steinriegel** am Waldrand des Bächholzes bis zum *Strütbach*. Dieses Stück wird vom Wanderweg begleitet. Am jenseitigen Hang des Baches führt ein Weg hangaufwärts, wiederum den Limes begleitend, bis zum Wald »Mahdholz«. Von dort lohnt sich ein Abstecher ins Limesfreilichtmuseum.

Freilichtmuseum am rätischen Limes

In Verbindung mit dem Bau eines Speichersees östlich der Ortschaft Buch wurde hier ein Naherholungszentrum eingerichtet. Der Ostalbkreis, das LDA und das Flurbereinigungsamt Ellwangen haben hier in Gemeinschaftsarbeit das Freilichtmuseum am rätischen Limes angelegt, eine hervorragende Ergänzung zum Limesmuseum in Aalen. An einem Rundwanderweg sieht der Besucher die wichtigsten Arten der römischen Befestigung anhand konservierter Anlagen. Der Wanderweg ist mit einem entsprechenden Wanderzeichen ausgeschildert. Östlich von Buch liegt das Kastell mit dem dazugehörenden Kastellbad und zivilen Bauten.

Kastell Buch

Das Kohortenkastell diente in erster Linie der Überwachung des natürlichen Zugangs zum römischen Gebiet, den das Tal der Jagst bildete. Wahrscheinlich gab es hier in vorgeschichtlicher Zeit eine wichtige Nord-Süd-Durchgangsstraße. Die Kastellanlage Buch (2,1 ha) bildet ein fast regelmäßiges Rechteck. Konserviert sind nach Grabungen 1972 das **Südtor** und die anschließende **Kastellmauer mit Zwischenturm**. Die weitere Ausgrabung des Kastells ist für die kommenden Jahre beabsichtigt.
Die Mauer (Breite 1,2 m) aus dem hier ortsanstehenden Sandstein war von mindestens 2 Spitzgräben (Breite 6 und 2 m) umgeben und hatte an der Innenseite eine Erdrampe (Breite 3 m), die zur Lagerringstraße (via sagularis) durch Pfosten abgegrenzt war. Alle Tore, außer dem Westtor, hatten 2 von Türmen flankierte Durchfahrten. Die Innenbebauung ist bis heute nur durch die Grabungen der RLK (1887) erforscht. Das Stabsgebäude ist danach nach Osten orientiert, d. h. die Front des Kastells liegt nach Osten und das konservierte Südtor ist das rechte Lagertor (porta principalis dextra). Die Lagerhauptstraße war vor dem Stabsgebäude mit einer Vorhalle (Länge 46,6 m) überdacht. Nördlich des Stabsgebäudes wurde ein rechteckiger Steinbau beobachtet, vermutlich ein Getreidemagazin (horreum). Bei den Grabungen 1887 und 1972 fanden sich zahlreiche Bruchstücke von Gesichtshelmen (eiserne bzw. bronzene Masken, die für Reiterspiele benutzt wurden), wie sie in zahlreichen Lagern dieser Zeit vorkommen. Nach den Funden wurde das Kastell bis um die Mitte des 3. Jh. benutzt. Die jüngste Münze stammt von 241/43.

110. Kastell Buch. Südtor mit anschließender Kastellmauer und Zwischenturm

Das Kastellbad

Etwa 100 m nordöstlich der Nordostecke des Kastells, dicht oberhalb der Einmündung des Ahlbaches in die Jagst, wurde schon von der RLK das zum Kastell gehörende **Badegebäude** aufgedeckt. Nach erneuten Untersuchungen 1975 und 1976 durch das LDA wurde es konserviert. Das Bad hatte vier Bauphasen.
1. Bauphase: Eingang von Westen in einen Auskleideraum. Von dort in ein Kaltbad (frigidarium) mit nach Osten angebautem Schwitzbad (sudatorium) (D). Nach Norden folgen in einer Reihe angeordnet zwei Laubäder (tepidarium) (F und G) sowie ein Warmbad (caldarium) (H) mit angebautem Badebecken (I). Die große Heizanlage (J) lag nördlich des Warmbades.
2. und 3. Bauphase (2. Hälfte des 2. Jh.): Vergrößerung der Räume südlich des Kaltbades, Eingang jetzt von Süden. Über einen porticus-

artigen Gang (A) gelangte man in einen großen Versammlungsraum (basilica) (B). Von hier ab nach Norden blieben die Baderäume der ersten Bauphase in Benutzung. Anstelle des ursprünglichen Schwitzbades (D), das zu einem Kaltwasserbecken umgebaut wurde, wurde nach Westen ein größeres Schwitzbad (E) angebaut.
4. Bauphase: Nach teilweiser Zerstörung im 3. Jh., wohl in Zusammenhang mit den Alamanneneinfällen 233/34, wurde der aufwendige Vorbau (A und B) aufgegeben, dafür eine auf Holzstützen errichtete kleinere Vorhalle angelegt. Kaltbad (C) und Laubad 1 (F) wurden beibehalten, Laubad 2 (G) wurde als Warmbad (caldarium) benutzt. Das Warmbad (H) wurde aufgegeben.
Die Grabungen erbrachten eine Fülle von interessanten Kleinfunden: Fingerringe, Gemmen, Münzen, Haarnadeln, Glasgefäße und natürlich eine ganze Anzahl von Tonscherben.

Steingebäude

Unmittelbar S des Kastellbades konnten vom LDA 1979/80 zwei Gebäude untersucht werden, deren Grundrisse heute durch Natursteine

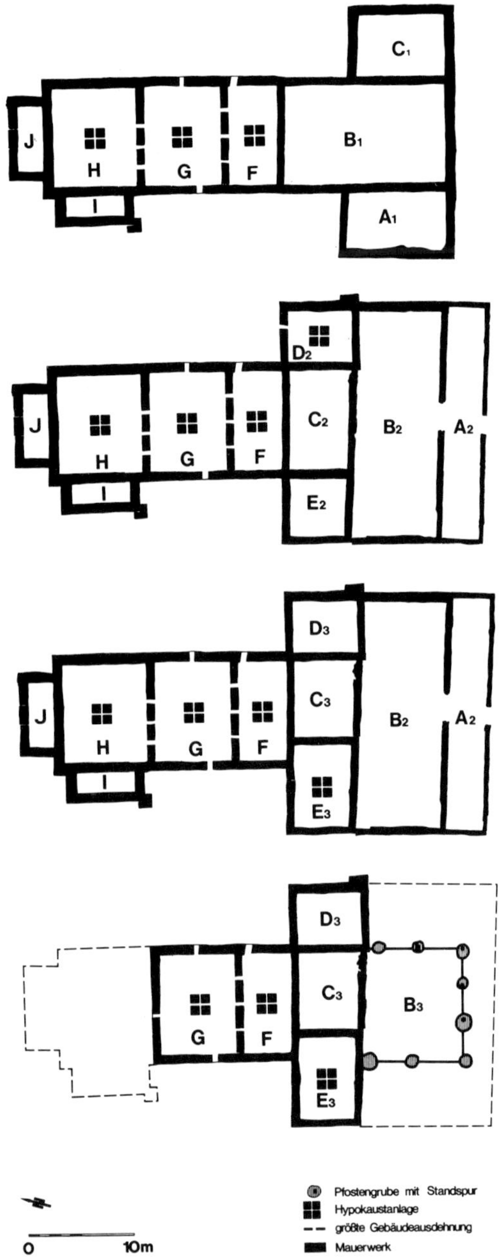

1
2
3
4

112. Stein- und Holzbauten in der Zivilsiedlung beim Kastell Buch (Grabung 1976–1979)

◁ *111. Rainau-Buch. Kastellbad. Bauphase 1–4*

114. *Buch. Holzplastik. Höhe 20 cm* ▷

im Gelände markiert sind. Zweifellos stellen sie eine bauliche Einheit dar. Ihre unmittelbare Nachbarschaft zum Kastellbad ist auffallend. Gebäude I ist als Wohnhaus anzusehen. Die durch einen vorspringenden Mitteltrakt gegliederte Fassade spricht für ein Wohnhaus mit repräsentativem Charakter. Dieses Gebäude paßt nicht in den bisherigen Bestand ziviler Wohnbauten im Kastellvicus. Deshalb ist anzunehmen, daß es sich hier entweder um eine Raststation, ein Unterkunftshaus für Durchreisende oder evtl. um das Wohnhaus des Lagerkommandanten handelt. Zu Gebäude I gehört Gebäude II, das unmittelbar SW anschließende kleine Badehaus, das aus einem großen Warmbad, einem Kaltbad sowie einem Raum mit Kanalheizung besteht. Unter diesem Gebäude fanden sich Teile ausgedehnter Holzbauten, die zweifellos in die Frühphase des Lagerdorfes gehören. Unter den Funden sind vor allem zahlreiche Tongefäße zu nennen, die germanischen Ursprungs sind, so etwa handgemachte Töpfe, Dreifußschalen und Teller. Darüber hinaus fanden sich zahlreiche Inschriften, Tierpfoten- und Gewebeabdrücke auf den Ziegeln in den Hypokausträumen.

Südlich und südöstlich des Kastells Buch erstreckte sich eine ausgedehnte Zivilsiedlung (vicus). 1976 bis 1979 fanden im Bereich der neuen Trasse der B 290 Ausgrabungen des LDA statt. Sie brachten erstmals einen genauen Einblick in die Struktur und die Ausdehnung dieses Kastelldorfs. Rechtwinklig zu der schon erwähnten Straße vom Südtor des Kastells in nordöstlicher Richtung erstreckten sich Holzbauten (Länge bis zu 40 m) mit zahlreichen holzverschalten Kellern. Besonders zu erwähnen sind insgesamt 13, fast durchweg holzverschalte Brunnen. In den tiefsten Brunnen hat sich dank günstiger geologischer Verhältnisse das Holz der Verschalung erhalten, so daß dendrochronologische Untersuchungen durch Dr. B. Becker von der Universität Hohenheim absolute Daten für ihren Bau und ihre Anlage erbringen. In 3 dieser Brunnen fanden sich Schatzfunde, die wohl in den Wirren des 3. Jh. hier an sicherem Ort abgelegt worden sind und nicht mehr gehoben wurden. So fanden sich in einem Brunnen neben einem fast vollständigen eisernen Kettenhemd ein sehr gut erhaltener bronzener Infanterie-

113. *Buch. Brunnen mit Bronzegefäßen während der Ausgrabung*

◁ *115. Römische Feldflasche aus der Zivilsiedlung beim Kastell Buch*

116. Buch. Bronzener Amor mit vergoldeter Schale aus einem Brunnen. Höhe 10,7 cm

117. Buch. Bronzefunde aus 1978/79 untersuchten Brunnen in der Zivilsiedlung. Links Griffschale, Sieb und Schöpfer, Kessel und Eimer. Rechts Parfümflasche und Kanne

helm und eine etwa 20 cm hohe Holzplastik. Dargestellt ist ein buckliger Mann, der auf der Schulter ein wollballenähnliches Gebilde trägt und mit einem pelzartigen Mäntelchen bekleidet ist. Die Figur wird durch einen übermäßig betonten Phallus charakterisiert. In einem anderen Brunnen (Tiefe 7 m) kamen auf der Sohle zahlreiche Eisen- und Bronzefunde von beachtlichem Umfang und Qualität zutage, u. a. ein vollständig erhaltener Kessel (Durchmesser 0,7 m, Höhe 0,4 m), 2 Bronzeeimer mit Eisenhenkel, eine flache Pfanne mit sternförmiger Attasche und Ring und eine Feldflasche aus Eisenblech. Besonders kostbar und selten ist eine vollständige eiserne Waage mit einem Waagbalken (Länge 91 cm), 3 verschiedenen Meßskalen, der Waagschale aus Blech, dem mit Blei gefüllten Gewicht und der Aufhängevorrichtung. In einem weiteren Brunnen (Nr. 7) wurde einer der umfangreichsten Schatzfunde römischer Zeit in Württemberg gehoben. Unter den 15 bronzenen Gefäßen, 2 kleinen bronzenen Figuren (Mars und Amor) sowie etwa 20 Eisengeräten sind einige Bronzegefäße des 1. Jh. n. Chr. besonders interessant. Sie stammen vermutlich aus einer campanischen Werkstatt und waren, wie deutliche Abnützungsspuren zeigen, sehr lange in Gebrauch.

Wie die Grabungen gezeigt haben, waren die meisten Häuser dieses Kastelldorfes im späten 2. und frühen 3. Jh. noch aus Holz. Langgestreckte Gebäude reihten sich entlang der Stra-

118. Bronzefigürchen eines Mars aus dem Kastelldorf Buch

119. Buch. Terra-Sigillata-Schüssel ▷

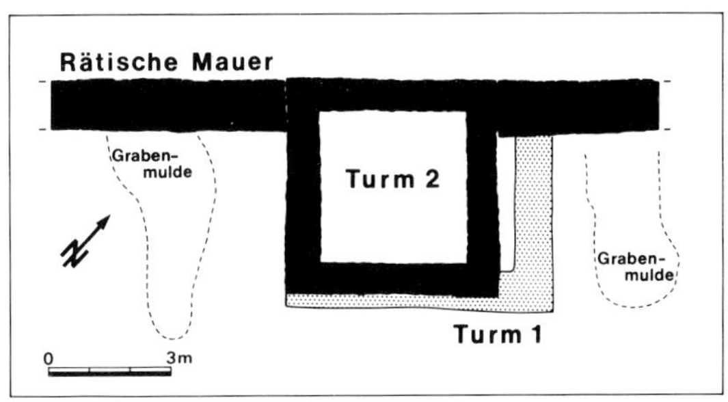

120. Gesamtplan des Limesturmes im Wald Mahdholz (WP 12/77) ▷

ße aneinander. Neben den schon genannten Schatzfunden zeugt hervorragender Schmuck aus Silber und Bronze vom Reichtum der hier ansässigen Bevölkerung, die ihren wirtschaftlichen Wohlstand vermutlich dem Handel mit dem jenseitigen Germanien verdankte.
Nordöstlich des Kastellbades, jenseits der Jagst, wurde 1979 bei Planierungsarbeiten ein großer römischer Ziegelbrennofen (Länge 4 m, Breite 3,5 m) entdeckt und untersucht. Zahlreiche Fehlbrände an Dachziegeln und Bauziegeln zeigen, daß hier die für das Kastelldorf und vermutlich auch für das Bad notwendigen Ziegelmaterialien gebrannt worden sind.
Das gesamte Gelände ist Grabungsschutzgebiet.
Zurück geht es am Limes entlang weiter zur **Limesanlage** im Wald »Mahdholz«. Die **rätische Mauer** verläuft hier entlang des Waldes, deutlich erkennbar als 3 m breiter und 1 m hoher Damm. 1969 legte das LDA die Fundamente des *Wachturms* **WP 12/77** frei. Sie wurden anschließend vom Ostalbkreis konserviert. Die Grabung 1969 erbrachte 2 Bauperioden. Der ersten Bauphase gehörte ein nur noch in wenigen Fundamentresten vorhandener Turm (6,5 × 5,5 m) an. Er stand vermutlich in einer Waldschneise und markierte gleichzeitig die Grenze. Reste einer um den Turm verlaufenden grabenartigen Vertiefung wurden ebenfalls aufgedeckt. Zu diesem Turm gehörte zweifellos eine hölzerne Palisade, die hier nicht nachgewiesen werden konnte. Die durchgehende Limesmauer wurde später errichtet. Als jüngere, zweite Bauphase wurde ein quadratischer Turm (5 × 5 m) nachgewiesen, der zusammen mit der durchgehenden Limesmauer errichtet worden ist. Die zahlreichen Kleinfunde deuten auf eine längerfristige Besetzung der Türme hin. Vermutlich lag hier eine Wachmannschaft von 4 bis 5 Soldaten. Reste von rot nachgezogenem Fugenputz vom aufgehenden Mauerwerk beweisen, daß Turm und Limesmauer in dieser Art verziert waren. Die **Limesmauer**, die nur wenige Meter nordöstlich der Turmruine in voller Höhe rekonstruiert wurde, gibt dem Besucher einen ausgezeichneten Eindruck vom Aussehen dieser Grenzwehr des römischen Weltreiches. Hier wird deutlich, daß der Limes nie als uneinnehmbares Bollwerk errichtet wurde, sondern lediglich der Grenzmarkierung diente.
Südlich am Waldrand konnte ein hölzerner **Limesturm** mit dazugehörender Palisade nachgewiesen werden. Er wurde rekonstruiert. Obwohl Details dieser Rekonstruktion umstritten sind, gibt sie einen guten Eindruck vom Aussehen der ältesten Befestigung am rätischen Limes.
Wenige Schritte nordöstlich, an der alten *B 290*, der heutigen Verbindungsstraße zwischen *Schwabsberg* und Buch, geht der Blick in nordöstliche Richtung ins Tal der *Jagst* und auf die gegenüberliegende Anhöhe, wo deutlich die Ruine des *Limestores* bei Dalkingen erkennbar wird. Vom Limes gibt es hier nur noch geringe Spuren. Lediglich am Südrand von Schwabsberg konnten 1969 und 1976 Teile der hölzernen Palisade aufgedeckt werden. Die außerordent-

121. Reste der hölzernen Palisade südlich Schwabsberg bei der Ausgrabung 1976

122. Rekonstruktion eines Holzturms im Mahdholz bei Schwabsberg

123. Der Schutthügel bei Dalkingen vor der Ausgrabung

lich gut erhaltenen Hölzer zeigen ihre Konstruktion. Gespaltene Eichenstämme von ca. 40 bis 60 cm Durchmesser wurden in einen Graben so eingestellt, daß die gespaltene Seite nach außen zeigte, die halbrunde nach innen. An der Innenseite wurden Querhölzer befestigt, die wiederum durch kleinere senkrechte Hölzer verspannt worden waren. Die dendrochronologische Untersuchung der noch knapp 1 m hoch erhaltenen Hölzer ergab ein Baudatum dieser Palisade von ca. 165 n. Chr. Vermutlich war dies nicht die älteste Limesbefestigung, sondern eine jüngere Ausbauphase. Der Limes verläuft in einem großen Bogen am Südrand von Schwabsberg vorbei über die Jagst hinweg und dann in südöstlicher Richtung bis zum Limestor.

Der Wanderweg führt nun hinab in die Jagstniederung und an der östlichen Seite der Jagst nordwärts bis zum Limes. 1973 wurde im Rahmen der Flurbereinigungsarbeiten der Limesverlauf von der Jagst bis zum Limestor korrigiert. Die rätische Mauer, angedeutet durch eine **Hecke**, zieht genau unmittelbar nördlich des Wanderweges hinauf bis zum **WP 12/81**, dem *Limestor bei Dalkingen*.

Das Limestor bei Dalkingen

Es ist ein bisher einmaliges römisches Bauwerk am gesamten Limes vom Rhein bis zur Donau. Erste Grabungen 1873 hatten die Funktion des

124. Das Limestor bei Dalkingen während der Ausgrabung

Gebäudes nicht näher umreißen können. Im Herbst 1973 und im Frühjahr 1974 wurde die **Anlage** erneut durch das LDA untersucht und danach restauriert. Es ergab sich ein rechteckiges **Gebäude** (13 × 12 m). Bei den neuesten Untersuchungen konnten insgesamt 5 Bauphasen festgestellt werden.

Bauphase 1: Ein einfacher Zaun aus einzelstehenden Pfosten. Diese Pfostengruben wurden vom Pfostengraben der 2. Phase abgeschnitten, so daß eine einwandfrei chronologische Abfolge gegeben ist. Zu diesem Zaun gehörte ein Turm (5,5 × 5,5 m), dessen südlicher Pfostengraben ebenfalls aufgedeckt werden konnte.

Bauphase 2: Das älteste Befestigungswerk des

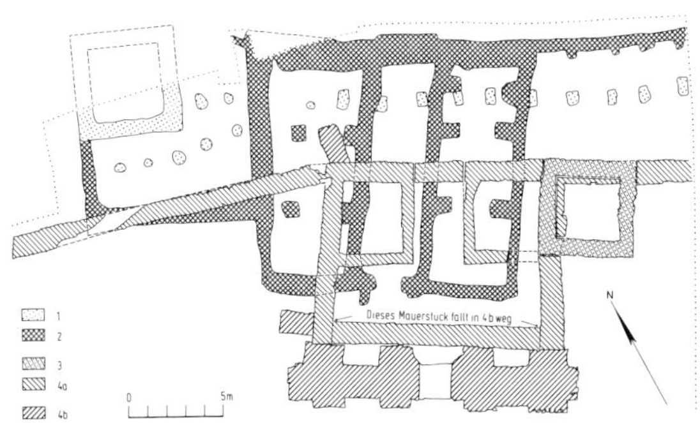

125. Limestor Dalkingen. Die Bauphasen der Anlage ▷

Limes an dieser Stelle wurde durch einen Palisadengraben mit halbrunden Ausbuchtungen an der Innenseite ersetzt. In unmittelbarem Zusammenhang mit dieser Palisade wurde ein Holzgebäude (Breite 13,3 m, Länge 14,5 m) errichtet mit südlichem Eingang, der in einen Mittelgang führte, an den sich nach Osten und Westen je 3 bzw. 4 Räume anschlossen. Der Holzturm der 1. Bauphase wurde möglicherweise noch weiter benutzt. Das Gebäude, das unmittelbar an den Limes anschließt und von dem noch Pfostengräben (Tiefe 1,1 m) festgestellt wurden, war vermutlich eine »Feldwache«, die einen Limesdurchgang zu decken hatte.
Bauphase 3: Östlich des Holzgebäudes wurde ein Steinturm (5 × 4,8 m) gebaut. Die dazugehörende Palisade konnte noch nicht festgestellt werden.
Bauphase 4 a: Nach Abbruch des Turmes wurde im Zusammenhang mit dem Bau der durchgehenden Limesmauer ein Gebäude (Länge 12,6 m, Breite 9,3 m) errichtet, das unmittelbar an die Limesmauer anschließt. An der Nordsei-

c

b

a

◁ *126. Rainau-Dalkingen. Rekonstruktion der nachweisbaren Grenzbefestigungen. a Zaun aus Einzelzapfen, b Palisade, c Mauer*

127. Dalkingen. Bruchstück vom Unterteil des Brustpanzers einer Kaiserstatue. Bronze

128. Dalkingen. Bruchstück des Bronzeschwerts der Kaiserstatue mit Adlerkopfknauf

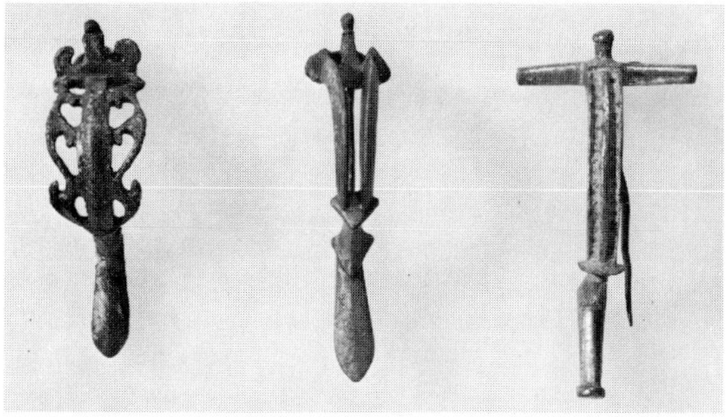

129. Limestor Dalkingen. Fibeln

te, in der Front der Limesmauer selbst, konnte der Abdruck eines Schwellsteines festgestellt werden, der als Beweis dafür angesehen werden muß, daß hier ein Durchgang durch die Limesmauer bestand.

Bauphase 4b: Sie ist eine Erweiterung des Bauwerkes der Bauperiode 4a. Die südliche Mauer wurde bis unter die alte Oberfläche abgetragen, um einer bis zu 3,4 m breiten, reich gegliederten Fassade zu weichen. Sie hat ein wesentlich tieferes Fundament als die übrigen Gebäudemauern

130. Der Limes bei Haisterhofen/Röhlingen

und wird in der Mitte durch ein von großen Quadern flankiertes Tor unterbrochen. Die beiden Flächen östlich und westlich dieses Tores wurden mit einer Verblendung aus Kalktuff versehen. Die Gliederung dieser Fassade durch Pilaster erinnert ohne Zweifel an Triumphbogenarchitektur. Die etwas zurückversetzten Flächen sind außerdem noch durch ein Feld mit **Netzmauerwerk** unterbrochen mit offensichtlich ornamentalem Charakter (siehe Abb. 7). Die Bedeutung dieser für militärische Bauten am gesamten Limes in Deutschland ungewöhnlichen **Fassade**, die außerdem noch in das Landesinnere weist, wird unterstützt durch eine ganze Reihe auffallender Kleinfunde.

Besonders zu erwähnen sind etwa 50 Fragmente einer überlebensgroßen bronzenen Panzerstatue. Teile vom reich dekorierten Brustpanzer, insbesondere die mit Masken des Jupiter Amon und der Gorgo verzierten schuppenförmigen Abschlüsse des Panzers, zeigen die Qualität dieser Arbeit. Außerdem sind zahlreiche Körperteile, darunter auch Fragmente eines Bartes und schließlich der Knauf eines Schwertes mit Adlerkopf erhalten. Gerade dieses Schwert muß auch als Beweis dafür angesehen werden, daß diese Statue ein Kaiserstandbild war. Stilistisch gehören die Stücke in das frühe 3. Jh.

Wie schon erwähnt, ist die Bedeutung dieser späten Bauzutaten nicht sicher zu erfassen. Die militärische Funktion des älteren Steinbaues, nämlich die Funktion eines überwachten Torbaues, scheint beibehalten worden zu sein. Für einen Wechsel der Aufgabenstellung liegt zumindest baulich kein Beweis vor. Es besteht kein Zweifel, daß die triumphbogenartige Fassade aus einem besonderen Anlaß im frühen 3. Jh. errichtet worden ist. Es liegt nahe, an den Aufenthalt Kaiser Caracallas im Jahre 213 n. Chr. zu denken, zumal nur wenige Kilometer südwestlich das wichtigste römische Lager am rätischen Limes lag, das Kastell der Ala II Flavia in Aalen. Vielleicht wurde diese Fassade zusammen mit einer Inschrift und dem Stand-

bild des Kaisers als Erinnerung an seinen Aufenthalt und an seinen Sieg über die Germanen errichtet. Das Limestor von Dalkingen stellt eine der eindrucksvollsten römischen Ruinen am rätischen Limes überhaupt dar und wird seit dieser Zeit von vielen Besuchern aufgesucht.
Der Limes verläuft von diesem Limestor in südöstlicher Richtung bis nach *Dalkingen*. Deutlich erkennbar ist der Verlauf durch eine prächtige, natürlich gewachsene **Hecke und Bäume**. Die Spur verliert sich dort, wo der Wanderweg nach Süden abbiegt. Im Bereich von Dalkingen ist der Limesverlauf bis heute nicht sicher geklärt. Hart östlich von dem nicht sicher nachgewiesenen Wachtposten WP 12/84 bog dann der Limes in nordöstliche Richtung ab. Der Weg verläßt nun den Limes in Richtung Haisterhofen, um den Truppenübungsplatz der Garnison Ellwangen zu umgehen. Von *Haisterhofen* aus geht es etwa 800 m auf der Straße Richtung *Neunstadt* bis zum neu errichteten Straßenwärterhaus (Blockhütte), an dem auch eine Informationstafel angebracht ist. Hier läßt sich die 10 km lange Limesstrecke bis zum Freihof überblicken. Unmittelbar hinter diesem Haus beginnt ein 3 bis 4 m breiter Ödlandstreifen, der sich bald zu einem Damm aufwölbt, in dessen Kern sich die **Limesmauer** befindet.
200 m nach diesem Blockhaus in Richtung *Neunstadt* setzt sich ein Feldweg nach rechts ab, der kurz vor *Röhlingen*, nahe der Hinweisstele, auf die Straße Haisterhofen–Röhlingen stößt. Erst im Talgrund verschwindet die Spur der Limesmauer erneut. In gerader Linie verläuft der Limes weiter in nordöstlicher Richtung durch Röhlingen. Die Trasse liegt im Ort unter der Dorfstraße. Kurz vor Erpfental, südlich der *Röhlinger Sechta*, muß die Straße noch einmal auf 900 m benutzt werden. Dann beginnt auf der rechten Seite ein Treppweg, der sich auf der Höhe links fortsetzt. Sichtbare Spuren des Limes sind hier nicht erhalten, dagegen ist der Verlauf des Limes aus dem Flugzeug (Luftaufnahmen) gut zu sehen. In *Pfahlheim* bezeichnet die den Friedhof entlangführende Ortsstraße den Limesverlauf.

◁ *131. Limesstele an der Straße Röhlingen-Pfahlheim. Im Hintergrund die Kirche von Röhlingen*

XII. Pfahlheim–Wilburgstetten

Weglänge 18 km, Wanderzeit 5 Std. Ausschnitt 5 der beigefügten Karte
Top. Karte 1 : 50000, L 7126 Aalen, L 6926 Crailsheim, L 6928 Wassertrüdingen

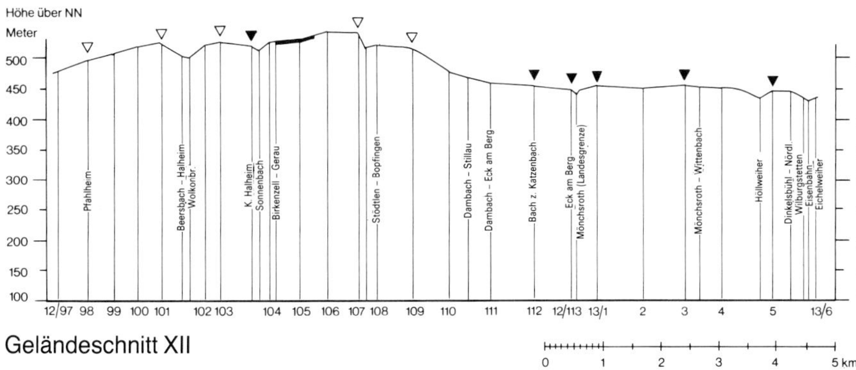

Geländeschnitt XII

Landschaft

Am Rand der Liasflächen, in der Nähe der Landesgrenze Baden-Württemberg zu Bayern, verläßt der Limes das Vorland der östlichen Schwäbischen Alb und wechselt zunächst in das Mittelfränkische Becken über. Der Schnittpunkt des Limes mit der Straße Oberzell–Freihof liegt etwa 350 m westlich ihrer Kreuzung mit der Straße Stödtlen–Bopfingen und kennzeichnet den Übergang in das Becken. Nördlich der Linie Oberzell–Birkenzell liegt der Stufenrand des Lias, ein Rutschgebiet, das im Gelände ins Auge fällt. Die Hochfläche selbst ist jetzt wieder von den Nebentälern des Röhlinger Sechtatals stärker zerschnitten und gegliedert. Sie haben sich teilweise bis zu den Keuperschichten eingetieft. Die Rückhaltebecken kennzeichnen diese Täler. Hier herrscht bis heute die Landwirtschaft vor. Große Einzelhöfe und Weiler bestimmen den Siedlungscharakter.

Wegbeschreibung

Von *Pfahlheim* muß die kaum befahrene Straße nach Halheim benutzt werden. Nach der Straßengabel *Pfahlheim–Beersbach* begleitet der Li-

132. Halheim, Stadt Ellwangen. Luftbild des Kastells mit Verlauf der Limesmauer

mes ab dem Anwesen »Ziegelhütte« die Straße auf ihrer Südseite. Südlich von Halheim auf dem höchsten Punkt der Straße beim trigonometrischen Punkt 531,2 befand sich der WP 12/101. Nur wenige Meter nordöstlich davon biegt der Limes leicht nach Norden ab, überquert das Tal und den gegenüberliegenden Hang. In diesem Knick befindet sich das *Numeruskastell Halheim*, dessen Besuch besonders empfohlen wird.

Kastell Halheim

Zum Kastell gelangt man auf der Straße Halheim–Gerau, wo eine Hinweisstele steht. Das Kastell (Seitenlänge 80–82,5 m = 0,67 ha) liegt auf einer leichten Erhebung südlich des Sonnenbaches, 35 m südlich der rätischen Mauer, mitten im Ackergelände. Eine **Buschhecke**, die auf dem Schuttwall der Mauer wächst, kennzeichnet die Schanze und macht sie zu einem eindrucksvollen Bodendenkmal.
Die RLK führte 1894 hier Grabungen durch.

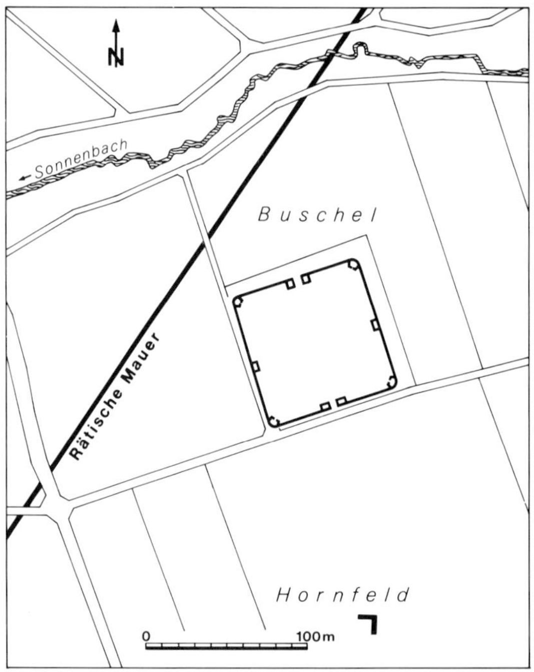

133. Halheim. Gesamtplan des Kastells mit rätischer Mauer

Auf ihnen fußt der heutige Kenntnisstand. Die Kastellmauer (Breite 1,2 m) wurde an der Nord- und Südseite von je einem Tor unterbrochen und war von einem Spitzgraben (Breite 6,5 m, Tiefe 1,1 m) umgeben. Die Ecken und die Mitte der Ost- und Westseite wurden von je einem rechteckigen Turm verstärkt. Über die Innenbebauung gibt es keine klaren Ergebnisse. Südlich des Kastells wurden einige Mauerzüge freigelegt, die vermutlich zur Zivilsiedlung gehörten.
Das Kastell Halheim gehört zur kleineren Gruppe der Kastellanlagen am obergermanisch-rätischen Limes. Die hier stationierte Einheit von etwa 100 bis 200 Mann (Numerusstärke) hatte einen Limesabschnitt zu überwachen. Es wurde vermutlich Mitte des 2. Jh. erbaut und bis zur Mitte des 3. Jh. benutzt.
Nordöstlich des Kastells, unmittelbar östlich der Straße *Birkenzell–Gerau*, wird der Limes wieder deutlich als schmaler **Damm** im Wiesengelände sichtbar. Am Waldsaum sind weiter nordöstlich die Reste zunächst noch 0,75 m hoch. Etwa 400 m östlich des Freihofes wurde der WP 12/107 (Breite 4,9 m, Länge 4 m) festgestellt, von ihm war eine weite Sicht möglich.
Der Wanderweg biegt an der Straße Birkenzell–Gerau nach rechts auf einen Feldweg ein. Dieser führt über Weiler an der Eck und die *Straße Stödtlen–Bopfingen* zu der Höhe 548 südlich Oberzell. Von dieser Höhe ist die Aussicht großartig. Es ist zwar geplant, südlich Freihof dem Limes entlang einen Weg festzulegen. Dadurch entfiele der Umweg über Weiler, und die Reste der Mauer, die hier im Wiesengelände noch zu erkennen sind, würden dem Wanderer augenfälliger erschlossen, doch ließ sich dieses Vorhaben bis jetzt noch nicht realisieren. Nördlich von Oberzell liegt in Flur »Steinacker« beim trigonometrischen Punkt 532,6, nur wenige Meter nördlich des Signalsteins, der WP 12/109. Er ist teilweise nachgewiesen. Der Blick von dieser bastionartig vortretenden Höhe der Liaskante auf die Keuperniederungen ist überwältigend. Von hier sieht man über das 80 bis 100 m tiefer liegende, meist waldbedeckte Stubensandsteingelände bis über Dinkelsbühl hinaus zum Hesselberg, zweifellos einer der Hauptmarkierungspunkte für die Vermessung des rätischen Limes. Noch vor Dambach liegt der Weg wieder in der Nähe des Limes. Nach Dambach zweigt der Wanderweg von der Straße *Dambach–Eck am Berg* ab und liegt auf oder neben dem Limes bis zur Straße *Mönchsroth–Eck am Berg*. Im Talgrund, nordöstlich des Ortes, wurden die Reste der Limesmauer bei der Anlage eines Feldweges, der unmittelbar auf der Trasse liegt, vollständig beseitigt. An der Südwestecke des Waldes »Eckerheide« liegt der **WP 12/112**, von dem noch geringe Reste erkennbar sind. Auch der letzte Turm dieser Strecke, **WP 12/113**, ist als flacher Schuttkegel unschwer im Wiesengelände zu erkennen. Der Limes verläuft weiter in nordöstlicher Richtung und erscheint im Wald »Schwedenholz« wiederum als **flacher Damm**. An der Straße Mönchsroth–Eck am Berg erreicht die Limesmauer die Landesgrenze nach Bayern. Hier ist außerdem das Ende der 12. Limesstrecke und der Anfang von Strecke 13.
Spärliche Reste des Limes sind östlich der Straße im Wald auf wenige kurze Strecken erkennbar. 50 m von der Straße entfernt liegt der nächste große Wachturmrest **WP 13/1** im »Maihinger Schlag«. Die Ruine ist heute als flacher Hügel erkennbar. Von den Teichen an der Straße muß in einem großen Bogen zuerst nach Süden ausgeholt werden, um dann nach Norden wieder in die Nähe des Limes zu kommen. Da die Kennzeichnung des Weges vorerst nicht durchführbar ist, muß ganz nach der Karte gewandert werden. Der Umweg wurde wegen der relativ stark befahrenen Straße Mönchsroth–Eck am Berg gewählt.
Die rätische Mauer aber zieht in gerader Linie etwa auf die Mitte des Hesselberges zu, der als weiterer Hauptvermessungspunkt und Richtungspunkt für die Anlage des rätischen Limes zu gelten hat. Auf dem Hesselberg sind umfangreiche vor- und frühgeschichtliche Wehranla-

gen. Sie könnten für die Römer ein Grund gewesen sein, ihn mit in das römische Imperium einzubeziehen, weil sie Hinterhalte von Einheimischen fürchteten. Ein weiterer Grund war sicher, das für Siedlungen günstige nördliche Albvorland mit einzuschließen, bis hin zu der nach Norden vorgelegten Stufe des Sandsteinkeupers. Sie war in der Vorgeschichte zweifellos stark bewaldet und bildete einen natürlichen Schutz der römischen Provinz.
Südlich von *Mönchsroth* und nördlich des Waldrandes wird der Limes wieder sichtbar. Hier wurde von der RLK der WP 13/2 vermutet. Er ist jedoch bisher nicht gesichert. Ungefähr an seiner Stelle wurde im Jahre 1986 eine Rekonstruktion eines **Steinturmes** errichtet. Von hier hat der Besucher einen vorzüglichen Blick über diesen Limesabschnitt. Südlich der Straße *Mönchsroth–Wiesenbach* befinden sich im Wald »Unterer Espan« Reste eines Holz- und Steinturmes. Durch die von der RLK aufgedeckte Ruine ist bekannt, daß der Holzturm einen Ringgraben hatte, der heute noch erkennbar ist. Vom Steinturm sind lediglich noch Reste des Schutthügels sichtbar. Dieser Wachtposten **WP 13/3** ist insofern von Bedeutung, als man anläßlich der Grabung östlich des Turmes noch Holzreste der Palisade aufdecken konnte. Östlich der Straße verläuft die Limesmauer auf den *Oberen und Unteren Höllweiher* zu. Hier sind nur wenige Reste der Mauer zu erkennen. Etwa 150 m östlich vom Höllweiher befinden sich die spärlichen Reste des WP 13/5 in der Flur »Hetschenlache« auf beiden Seiten des Waldweges, der als Limesweg markiert ist. An der Westseite des Waldweges befinden sich Reste des hölzernen Vorgängerturmes, der von der Steinmauer später überschnitten wurde. Die Limesmauer zieht weiter in östlicher Richtung und verschwindet am Waldrand kurz vor der Straße *Dinkelsbühl–Nördlingen* (B 25). Am Westrand dieser Straße steht ein Gedenkstein, den König Max von Bayern im Jahre 1861 hier zur Erinnerung an den Limes errichten ließ. Hier endet auch unser Wanderweg.
Die rätische Mauer aber zieht über Ruffenhofen, Unterschwaningen, Gunzenhausen, Weißenburg, Kipfenberg und Eining zur Donau.

134. Mönchsroth. WP 13/3. Teilrekonstruktion des Steinturmes

Literatur

Adam, E.: Baukunst der Stauferzeit in Baden-Württemberg und im Elsaß. Stuttgart 1977

–: Murrhardt die Stadt im Schwäbischen Wald. Gerlingen

Alföldy, G.: Gaius Popilius Carus Pedo und die Vorverlegung des obergermanischen Limes. Fundberichte aus Baden-Württemberg 8, 1983, 55 ff.

Archäologische Ausgrabungen in Baden-Württemberg 1981, ff.

Baatz, D.: Der römische Limes. Archäologische Ausflüge zwischen Rhein und Donau. Berlin 1975[2]

–: Lopodunum-Ladenburg a. N. Die Grabungen im Frühjahr 1960. Badische Fundberichte Sonderhefte 1. 1962

–: Mogontiacum. Neue Untersuchungen am römischen Legionslager in Mainz. Limesforschungen Bd. 4. 1962

–: Kastell Hesselbach und andere Forschungen am Odenwaldlimes. Limesforschungen Bd. 12. 1973

Baatz, D. und F. R. Herrmann: Die Römer in Hessen. Stuttgart 1982

Badische Fundberichte 1–23. Freiburg 1925–1967

Barthel, W.: Die Erforschungen des obergermanisch-raetischen Limes in den Jahren 1908–1926. Bericht der Römisch-Germanischen Kommission 1913, 114–181

Becker, B.: Fällungsdaten römischer Bauhölzer. Fundberichte aus Baden-Württemberg 6, 1981, 369 ff.

Bisdorf, H. und A. Gaebele: Öhringen, Residenz an der Burgenstraße, Hohenlohekreis

Braasch, O.: Luftbildarchäologie in Süddeutschland. Spuren aus römischer Zeit. Kleine Schriften der römischen Besetzungsgeschichte Südwestdeutschlands 30, 1982

Braun, R.: Die Erforschung der Teufelsmauer in Württemberg bis 1890. Fundberichte aus Baden-Württemberg 10, 1985 (1986), 37 ff.

–: Die Anfänge der Erforschung des rätischen Limes. Kleine Schriften zur Kenntnis der römischen Besetzungsgeschichte Südwestdeutschlands 33, 1984

Bull, K.-O.: Städte des Mittelalters. Historischer Atlas von Baden-Württemberg IV, 4

Christlein, R.: Die frühe Alemannenzeit. 3. bis frühes 5. Jh. n. Chr. Historischer Atlas von Baden-Württemberg III, 6

Dauber, A.: Die Reihengräber der Merowingerzeit. Historischer Atlas von Baden-Württemberg III, 7

Eisenhut, E.: Geologische Karte von Baden-Württemberg 1:25000. Erläuterungen zu Blatt 7023, Murrhardt. Stuttgart 1971

Fabricius, E., F. Hetter und O. von Sarway: Der obergermanisch-raetische Limes des Römerreiches. Berlin und Leipzig 1894–1937. Abt. A Streckenbeschreibungen, Abt. B Beschreibung der Kastelle

Fellmann, R.: Principia, Stabsgebäude. Kleine Schriften zur Kenntnis der römischen Besetzungsgeschichte Südwestdeutschlands 31 (1983)

Filtzinger, Ph.: Bemerkungen zur römischen Okkupationsgeschichte Südwestdeutschlands. Bonner Jahrbücher 157. 1957, 181 ff.

–: Die militärische Besitznahme durch die Römer. Historischer Atlas von Baden-Württemberg III, 3

–: Limesmuseum Aalen, Stuttgart 1983

Filtzinger, Ph., D. Planck und B. Cämmerer: Die Römer in Baden-Württemberg. Stuttgart 1986[3]

Führer zu römischen Militäranlagen in Süddeutschland. Herausgegeben aus Anlaß des 13. Internationalen Limeskongresses in Aalen. 18.–25. September 1983, Stuttgart 1983

Fundberichte aus Baden-Württemberg Bd. 1ff. Stuttgart 1974ff.
Fundberichte aus Schwaben 1–21. 1893–1916. N.F. 1–20. Stuttgart 1922–1978
Germania Romana I. Römerstädte in Deutschland. Gymnasium Beiheft 1. Heidelberg 1960
Germania Romana II. Kunst und Kunstgewerbe im römischen Deutschland. Gymnasium Beiheft 5. 1965
Goessler, P., F. Hertlein und O. Paret: Die Römer in Württemberg Bd. 1–3. Stuttgart 1928–1932
Hammer, E.: Über die Genauigkeit einiger antiker Absteckkungen. Zeitschrift für Vermessungswesen, Heft 21. 1911
Haug, F. und G. Sixt: Die römischen Inschriften und Bildwerke Württembergs. Stuttgart 1914²
Huttenlocher, F.: Naturräumliche Gliederung von Baden-Württemberg. Historischer Atlas von Baden-Württemberg II, 4
Jänichen, H.: Der alemannische und fränkische Siedlungsraum. Historischer Atlas von Baden-Württemberg IV, 1–2
–: Das Land Baden-Württemberg. Amtliche Beschreibung nach Kreisen und Gemeinden Bd. III und V. Stuttgart 1978 und 1976
–: Stadt- und Landkreis Heilbronn. Stuttgart 1974
Kapff, D.: Römer, Rätsel und Ruinen – Ausflüge in die heimatliche Archäologie, Stuttgart 1984
Kellner, H. J.: Die Römer in Bayern. München 1972²
Klee, M.: Archäologie-Führer Baden-Württemberg, Stuttgart 1986
Kleiber, W.: Vordeutsche, nichtgermanische Gewässer- und Siedlungsnamen. Historischer Atlas von Baden-Württemberg III, 5
Körber-Grohne, U.: Nutzpflanzen und Umwelt im römichen Germanien. Kleine Schriften zur Kenntnis der römischen Besetzungsgeschichte Südwestdeutschlands 21. 1979
Kraft, K.: Zur Rekrutierung der Alen und Kohorten an Rhein und Donau. Dissertationes Bernenses Ser. I. Fasc. 3. Bern 1951
Kromayer, J. und G. Veith: Heerwesen und Kriegführung der Griechen und Römer. In: Handbuch der Altertumswissenschaft IV. 3.2. München 1928
Limesforschungen. Studien zur Organisation der römischen Reichsgrenze an Rhein und Donau Bd. 1. Berlin 1959ff.
Miltenberg. Kleiner Führer durch die historische Stadt
Neumaier, H.: Osterburken, Stationen seiner Geschichte. Heidelberg 1973
Oldenstein-Pferdehirt, D.: Die römischen Hilfstruppen nördlich des Mains. Jahrbuch des Römisch-Germanischen Zentralmuseums Mainz 30, 1983, 303ff.
Planck, D.: Arae Flaviae I. Forschungen und Berichte zur Vor- und Frühgeschichte in Baden-Württemberg Bd. 6. 1975
–: Neue Forschungen zum obergermanischen und rätischen Limes. In: Aufstieg und Niedergang der römischen Welt II, 5, 1. 1976, 404ff.
Raub, Ch. J.: Technologische Untersuchung einer römischen Silberkette aus Buch, Ostalbkreis. Fundberichte aus Baden-Württemberg 6, 1981, 529ff.
Römer am Rhein. Katalog der Ausstellung des Römisch-Germanischen Museums in Köln vom 15. 4. bis 30. 6. 1967
Roos, F., O. Paret und K.-H. Mistele: Kloster Lorch. Stuttgart
Saalburg Jahrbuch 1–36. 1910–1979
Schallmayer, E.: Der Odenwaldlimes. Stuttgart 1984
–: Das zweite römische Militärbad von Neckarburken, Gemeinde Elztal, Neckar-Odenwald-Kreis, mit neuen Inschriften. Fundberichte aus Baden-Württemberg 9, 1984, 435ff.
Schleiermacher, W.: Der obergermanische Limes und spätrömische Wehranlagen am Rhein. 33 BRKG 1943 bis 1950, 133ff.
Schönberger, H.: Neuere Grabungen am obergermanischen und rätischen Limes. Limesforschungen Bd. 2. Berlin 1962, 69ff.
–: Kastell Künzing – Quintana. Limesforschungen Bd. 13. 1975
–: The Roman frontier in Germany: an archaeological survey. Journal of Roman Studies 59. 1969, 144ff.
–: Die römischen Truppenlager der frühen und mittleren Kaiserzeit zwischen Nordsee und Inn. Bericht der Römisch-Germanischen Kommission 66, 1985, 321ff.
Schumacher, K.: Siedlungs- und Kulturgeschichte der Rheinlande von der Urzeit bis ins Mittelalter, Tl. 2. Mainz 1923
Seitz, G.: Militärdiplomfragmente aus Rainau-Buch und Aalen. Fundberichte aus Baden-Württemberg 7, 1982, 317ff.
Siefert, E.: Das Lexikon der deutschen Städte und Gemeinden. Stuttgart
Studien zu den Militärgrenzen Roms III. 13. Internationaler Limeskongreß Aalen 1983. Vorträge. Forschungen und Berichte zur Vor- und Frühgeschichte in Baden-Württemberg, Band 20, 1986
Ulbert, G. und Th. Fischer: Der Limes in Bayern. Stuttgart 1983

Vierengel, R.: Miltenberg am Main. Amorbach 1972
–: Walldürner Museumsschriften, Heft 1–4. 1964/65, 1965, 1974, 1977
Wagner, E.: Fundstätten und Funde im Großherzogtum Baden, 2 Teile. Tübingen 1908 und 1911
Wagner, G.: Einführung in die Erd- und Landschaftsgeschichte mit besonderer Berücksichtigung Süddeutschlands. Öhringen
–: Der Kreis Schwäbisch Hall. Stuttgart 1976
–: Der Ostalbkreis. Stuttgart 1978
Wahle, E.: Die Ausweitung des Siedlungsraumes während der vorrömischen Metallzeit. Historischer Atlas von Baden-Württemberg III,2

Kastelle

Aalen H. Steimle, ORL Abt. B, Nr. 66 (1904). Ph. Filtzinger, Limesmuseum Aalen. Kleine Schriften zur Kenntnis der römischen Besetzungsgeschichte 7, 1975. – D. Planck, Arch. Ausgrabungen 1978, 49ff. – G. Alföldy, Die Inschriften aus den Principia des Alenkastells Aalen (Vorbericht). Studien zu den Militärgrenzen Roms III. Forschungen und Berichte zur Vor- und Frühgeschichte in Baden-Württemberg 20, 1986, 69ff. – D. Planck, Untersuchungen im Alenkastell Aalen, Ostalbkreis. Studien zu den Militärgrenzen Roms III. Forschungen und Berichte zur Vor- und Frühgeschichte in Baden-Württemberg 20, 1986, 247ff. – B. Hildebrand, 13. Internationaler Limeskongreß (1986)
Böbingen H. Steimle, ORL Abt. B, Nr. 65 (1894). – H. U. Nuber, Fundber. aus Schwaben N. F. 18/I, 1967, 283ff. – A.H. Nuber, Ein Mars von Böbingen an der Rems. Germania 41, 1963, 250ff. – D. Planck, Arch. Ausgrabungen 1975, 52ff. – Ders., Aufstieg und Niedergang der römischen Welt II 5, 1, 1976, 426ff. – D. Planck, Ein römischer Kultbau in Böbingen, Ostalbkreis. Archäologische Ausgrabungen in Baden-Württemberg 1981, 171ff.
Halheim H. Steimle, ORL, Abt. B, Nr. 67a (1901)
Haselburg H.U. Nuber, Ausgrabungen im römischen Kleinkastell Haselburg. Denkmalpflege in Baden-Württemberg, Jg. 5, 1976, 64ff. – Ders., Das römische Kastell Haselburg. Gemeinde Walldürn-Reinhardsachsen. Neckar-Odenwald-Kreis, Freiburger Universitätsblätter 65, 1979, 63ff.
Hönehaus R. Wiegels, Ein römisches Inschriftenhäuschen aus dem Kleinkastell Hönehaus (Odenwald). Germania 51, 1973, 543ff.
Jagsthausen A. Mettler, ORL Abt. B, Nr. 41 (1909) – K. Korthüm, Archäologische Ausgrabungen in Baden-Württemberg 1984
Lorch H. Steimle, ORL Abt. B, Nr. 63 (1897)
Mainhardt A. Mettler, ORL Abt. B, Nr. 43 (1909). – D. Planck, Arch. Ausgrabungen 1975, 35ff. – Ders., Aufstieg und Niedergang der römischen Welt II 5, 1, 1976, 404ff. – Ders., Arch. Ausgrabungen 1978, 46ff.
Miltenberg-Altstadt Fr. Leonhard, ORL Abt. B, Nr. 38 (1911) und Abt. B, 38a (1929). – H. Schönberger, Die Kastelle in Miltenberg. Führer zu vor- und frühgeschichtlichen Denkmälern 8 (1967), 75ff. – B. Beckmann, Akten des XI. Internationalen Limeskongresses (1977), 113ff. – Museum der Stadt Miltenberg. Römisches Lapidarium. Sammlung römischer Steindenkmäler. Miltenberg 1984. – B. Beckmann, Die Sigillata des Limeskastells Miltenberg-Altstadt und die Frage der Errichtung des vorderen Limes. Studien zu den Militärgrenzen Roms III. Forschungen und Berichte zur Vor- und Frühgeschichte in Baden-Württemberg 20, 1986, 101ff.
Miltenberg-Ost O. Winterheld, ORL Abt. B, Nr. 38a (1929)
Murrhardt Hämmerle, ORL Abt. B, Nr. 44 (1894). – R. Schweizer, Arch. Ausgrabungen 1975, 39ff. – D. Planck, Arch. Ausgrabungen 1977, 59ff. – Ders., Aufstieg und Niedergang der römischen Welt II 5, 1, 1976, 424ff. – R. Krause, Neue Untersuchungen im römischen Kohortenkastell Murrhardt, Rems-Murr-Kreis. Fundberichte aus Baden-Württemberg 9, 1984, 289ff.
Öhringen E. Herzog, ORL Abt. B, Nr. 42 (1897). – H. Schönberger, Eine Grabung im Rendelkastell zu Öhringen. Fundber. aus Schwaben N.F. 15, 1959, 46ff. – Ders., Das Römerkastell Öhringen-West (Burgkastell). 53. Bericht der Röm.-Germ. Kommission 1972, 233ff. – Ders., Das römische Öhringen. In: Führer zu vor- und frühgeschichtlichen Denkmälern 24, 1973, 119ff. – Fundberichte aus Baden-Württemberg 9, 1984, 689 (D. Planck). – E. Olshausen, Archäologische Ausgrabungen in Baden Württemberg
Osterburken K. Schumacher, ORL Abt. B, Nr. 40 (1895). – D. Baatz und R.H. Behrends, Fundber. aus Baden-Württemberg 3 (1977) 265ff. – D. Baatz, Gestempelte Ziegel der 8. Legion aus Osterburken. Fundber. aus Baden-Württemberg 4, 1979, 130ff. – F. Reutti, Zum Stand der Kenntnis des römischen Osterburken. Fundber. aus Baden-Württemberg 4, 1979, 230ff. – E. Schallmayer, Ein Weihebezirk römischer Soldaten am Limes. In: Der Keltenfürst von Hochdorf – Methoden und Ergebnisse

der Landesarchäologie. Katalog zur Ausstellung. Stuttgart 1985. 378ff. – Ders., Archäologische Ausgrabungen in Baden-Württemberg 1981, 138ff. – Ders., Archäologische Ausgrabungen in Baden-Württemberg 1983, 171ff. – Ders., Archäologische Ausgrabungen in Baden-Württemberg 1984, 141ff.

Rainau (mit Teilgemeinden Buch, Schwabsberg, Dalkingen) R. Herzog, ORL Abt. B, Nr. 67 (1898). – D. Planck, Das Limesfreilichtmuseum Schwabsberg-Buch, Ostalbkreis. Denkmalpflege in Baden-Württemberg 2, 1973, 40ff. – Ders., Das Limesfreilichtmuseum am rätischen Limes im Ostalbkreis. Ellwanger Jahrbücher 25, 1975, 21ff. – Ders., Studien zu den Militärgrenzen Roms II (1977) 231ff. – D. Planck, Freilichtmuseum am rätischen Limes im Ostalbkreis. Führer zu archäologischen Denkmälern in Baden-Württemberg 9, 1983. – Ders., Fundberichte aus Baden-Württemberg 8, 1983, 327ff.

Schwäbisch Gmünd-Schirenhof H. Steimle, ORL Abt. B, Nr. 64 (1897). – H. U. Nuber, Studien zu den Militärgrenzen Roms II (1977), 225ff. – D. Planck, Arch. Ausgrabungen 1977, 67ff. – D. Planck, Fundberichte aus Baden-Württemberg 8, 1983, 348. – I. Stork, Archäologische Ausgrabungen 1980, 95ff. – Ders., In: Führer zu römischen Militäranlagen in Süddeutschland (1983) 48ff.

Walldürn W. Conrady, ORL Abt. B, Nr. 39 (1904). – D. Baatz, Das Badegebäude des Limeskastells Walldürn (Odenwaldkreis). Saalburg-Jahrbuch 35, 1978, 61ff. – E. Schallmayer, Neue Funde aus dem römischen Kastell und Lagerdorfbereich von Walldürn, Neckar-Odenwald-Kreis. Fundberichte aus Baden-Württemberg 10, 1985 (1986), 197ff.

Welzheim A. Mettler, ORL Abt. B, Nr. 45 (1904). – D. Planck, Arch. Ausgrabungen 1976, 50ff. – Ders., Arch. Ausgrabungen 1977, 61ff. – D. Planck, Das römische Welzheim. In: 800 Jahre Welzheim. Jahresheft Historischer Verein Welzheimer Wald 1, 1980, 23ff. – Ders., Archäologische Ausgrabungen in Baden-Württemberg 1981, 169ff. – Ders., Archäologische Ausgrabungen in Baden-Württemberg 1983, 178ff. – Fundberichte aus Baden-Württemberg 9, 1984, 713ff. – U. Körber-Grohne, M. Kokabi, U. Piening, D. Planck, Flora und Fauna im Ostkastell von Welzheim. Forschungen und Berichte zur Vor- und Frühgeschichte in Baden-Württemberg 14, 1983

Westernbach ORL Abt. B, Nr. 41 a (1929) – D. Baatz, Der römische Limes. Berlin 1975, 196f. – A. Böhme, In: Führer zu vor- und frühgeschichtlichen Denkmälern 24 (1973) 147f.

Register